皂角树下 花开有声

——庆阳市第三中学办学思考与探索

王岩 编著

云南出版集团
云南美术出版社

图书在版编目（ＣＩＰ）数据

皂角树下　花开有声：庆阳市第三中学办学思考与探索 / 王岩编著 . -- 昆明：云南美术出版社，2023.5
ISBN 978-7-5489-5323-4

Ⅰ . ①皂… Ⅱ . ①王… Ⅲ . ①中学－办学经验－庆阳 Ⅳ . ① G639.284.23

中国国家版本馆 CIP 数据核字 (2023) 第 088818 号

责任编辑：方　帆
责任校对：庞　宇　贾　远
装帧设计：书点文化

皂角树下　花开有声——庆阳市第三中学办学思考与探索
王岩　编著

出版发行：云南出版集团
　　　　　云南美术出版社（昆明市环城西路 609 号）
印　　装：四川科德彩色数码科技有限公司
开　　本：787mm×1092mm　1/16
印　　张：22.75
版　　次：2023 年 5 月第 1 版
印　　次：2023 年 5 月第 1 次印刷
书　　号：ISBN 978-7-5489-5323-4
定　　价：89.00 元

写在前面的话

六十年沧桑砥砺，一甲子春华秋实，庆阳第三中学从1962年建校至今，已经历六十春秋，一任任校长的精心管理，一批批教职工的辛勤耕耘，一届届校友的奋力拼搏，学校目前已成为全市办学规模最大的完全中学之一。三中人乘着教育改革的东风，积极进取，抢抓机遇，使学校站在了办学理念先进，教育质量上乘，师资素质良好，人际关系和谐，文化氛围浓厚的历史新高度上，为党的百年华诞交出了靓丽的时代答卷。

"使君为创新堂事，若解尊贤即是贤"。有改革才有动力，有创新才有出路。2015年作者担任三中校长以来，在上级各级领导及教育主管部门的关心支持下，秉承历届学校领导优良的工作作风，总结前辈办学经验，紧跟党的步伐，认真贯彻落实党的教育方针，坚持立德树人的根本任务，逐步探索并确立了"创设学生多元化发展的教育"办学理念，以"办优质初中，特色高中，突出术科教育，办人民满意的学校"为办学目标。坚持"优质+特色"的办学方向，形成了学校特色发展、教师专业发展、学生个性发展的办学思想。使学校走上"以德立校，教研兴校，质量强校，文化润校，特色亮校"的内涵发展之路。学校办学特色成绩显明，综合办学实力和教育教学质量得到稳步提升，赢得了各级领导的充分肯定和社会各界的一致好评。

"桑榆初心不变，奉献矢志不渝。"痴心教育的情怀，促使作者将多年来团结带领班子群策群力，勇于创新，在教学质量提升、特色教育发展、校园文化建设、师资队伍建设、党团建设方面进行了较为深入的探索，现将本人创作或参与创作的二十多篇具有代表性的文章和学校近年来结题或获奖的 10 项省级课题结集成册，用三中人在创办学校内涵式发展中的思想精华，对学校定位与未来发展的思考以飨同仁。同时，也是作者站在两个一百年的历史交汇点上，对自己教育工作矢志不渝的初心体现。

皂角树下，花开有声。作者将和一代又一代的三中人共同坚守这片教育热土，在"崇德、尚美、博学、笃行"的校训指引下，踏石留印，抓铁有痕，赓续前辈精神，继承优良传统，汲取前行力量，争做时代先锋，为庆阳教育事业高质量发展再创新功。由于作者学校管理工作经验有限，文集中的思考定会肤浅，文集整理编纂难免瑕疵，敬请大家批评指正。

最后，对曾为学校发展做出过积极贡献的历任领导、老师们表示诚挚的敬意！对理解、支持三中发展和对本文集结集出版做出努力的同仁们表示衷心的感谢！

王岩

二〇二二年五月十日

目录
contents

上篇

一、校园文化、安全建设
对学校文化建设的思考　王　岩　/2
筑牢"禁毒防线"　守护"育人乐园"
　　——庆阳第三中学毒品预防教育做法　王　岩　/7

二、教学质量提升
"六步三会教学模式"构建实践研究
　　杨自盛　王　岩　王文舟　/13
"六步三会"课堂教学模式对教学效率的影响
　　王文舟　王　岩　杨自盛　/19
创特色　谋发展　谱新篇
　　——2018学年度学校工作回顾　王　岩　/23
立足校情　走特色办学之路
　　——"新时代高品质学校建设"论坛交流材料　王　岩　/34
深入推进改革创新着力提升学校教育高质量发展
　　——实施"优教庆阳"工程之思考　王　岩　/41
我的质量观校长谈
"双减"政策下如何全面提高教育教学质量　王　岩　/45

三、教师队伍建设
在教研组长、年级主任会议上的讲话　王　岩　/50
在全体教职工会议上的讲话　王　岩　/54

在全校教职工开展师德师风专项整治活动动员大会上的讲话

　　王　岩　　　　　　　　　　　　　　　　　　　/58

目标引领　团结一心　披坚执锐　再创新功

　　——在 2018 届高、中考总结表彰会上的讲话　王　岩　　/62

深入调查研究　着力破解难题

　　——庆阳第三中学 2019 年教师队伍建设情况的调研报告　王　岩 /68

四、寄语学生

勤学积淀青春力量　奋斗成就理想事业

　　——致 2018 届高、初三毕业生　王　岩　　　　　　　/71

国士无双　巨星陨落

　　——缅怀袁隆平院士　王　岩　　　　　　　　　　　　/74

强国有我　青年人当不负韶华

　　——2021 年高考优秀贫困学生奖励资助大会上的致辞　王　岩 /76

在庆祝中国共产主义青年团成立 100 周年暨 2022 年新团员入团仪式上的讲话　王　岩　　　　　　　　　　　　　　　/79

五、党团建设、心得体会

缅怀革命先驱　弘扬老区精神

　　——党史学习教育专题党课《五四运动学生领袖王自治、陇东革命播火者王孝锡，诞生在庆阳的两位杰出革命先辈》　王　岩 /82

《中国共产党简史》书籍读后感　王　岩　　　　　　　　/94

传承红色基因，坚守初心使命

　　——赴环县红色革命圣地参观学习有感　王　岩　　　　/99

礼赞建党百年华诞　共谱教育强国新篇

　　——在庆祝中国共产党成立 100 周年大会上的讲话　王　岩 /101

坚定理想信念　办人民满意教育

　　——党的十九届四中全会精神学习体会　王　岩　　　　/103

落实立德树人根本任务推动学校教育高质量发展

　　——贯彻落实党的十九届五中全会精神之我见　王　岩　/107

下篇

微课与自主学习的教学实践研究　　田巧荣

　　GS[2016]GHB0752　　GSGB[2018]J1241

　　　　开题报告　　　　　　　　　　　　　　　　/112

　　　　研究总报告　　　　　　　　　　　　　　　/118

中学教师职业压力状况调查与对策研究　　吴　宏

　　GS[2016]GHB0777　　GSGB[2018]J1200

　　　　开题报告　　　　　　　　　　　　　　　　/133

　　　　研究总报告　　　　　　　　　　　　　　　/139

新课程下高中课堂教学中和谐师生关系的构建策略　　张晓红

　　GS[2016]GHB1672　　GSGB[2017]J1120

　　　　开题报告　　　　　　　　　　　　　　　　/161

　　　　研究总报告　　　　　　　　　　　　　　　/169

体育教学中渗透心理健康教育的研究与探索　　冯　璟

　　GS[2017]GHB1097　　GSGB[2018]J1229

　　　　开题报告　　　　　　　　　　　　　　　　/185

　　　　研究总报告　　　　　　　　　　　　　　　/190

用爱撑起一片天空

——初中问题学生帮教案例研究　　李阿庆

　　GS[2017]GHB1124　　GSGB[2018]J1225

　　　　开题报告　　　　　　　　　　　　　　　　/196

　　　　研究总报告　　　　　　　　　　　　　　　/205

"六步三会"课堂教学模式的实践研究　　杨自盛

　　GS[2017]GHB2879　　GSGB[2018]J1247

　　　　开题报告　　　　　　　　　　　　　　　　/225

　　　　研究总报告　　　　　　　　　　　　　　　/231

乡土地理课程资源的利用研究　刘向学

　　GS[2018]GHB3216　　GSGB[2020]J2589

　　　　开题报告　　　　　　　　　　　　　　　　　　　　　　　　　　/244

　　　　研究总报告　　　　　　　　　　　　　　　　　　　　　　　　　/249

初中数学综合实践课的实践与探究　田巧荣

　　GS[2018]GHB3148　　GSGB[2020]J2586

　　　　开题报告　　　　　　　　　　　　　　　　　　　　　　　　　　/262

　　　　研究总报告　　　　　　　　　　　　　　　　　　　　　　　　　/267

"互联网+高中政治教学"行动研究　王正甲

　　GS[2018]GHB3208　　GSGB[2020]J2585

　　　　开题报告　　　　　　　　　　　　　　　　　　　　　　　　　　/283

　　　　研究总报告　　　　　　　　　　　　　　　　　　　　　　　　　/287

初中生健康生活方式养成研究　张晓红

　　GS[2018]GHB3267　　GSGB[2020]J2588

　　　　开题报告　　　　　　　　　　　　　　　　　　　　　　　　　　/295

　　　　研究总报告　　　　　　　　　　　　　　　　　　　　　　　　　/301

智能手机对中学生的影响及对策研究　李远航

　　GS[2018]GHB3136　　GSGB[2020]J2587

　　　　开题报告　　　　　　　　　　　　　　　　　　　　　　　　　　/333

　　　　研究总报告　　　　　　　　　　　　　　　　　　　　　　　　　/340

上篇

一、校园文化、安全建设

对学校文化建设的思考

王 岩

学校文化是学校的环境氛围、办学风格、办学思想和价值取向的反映，是学校的精神和灵魂，它为学校的发展提供精神动力和智力支持，对学生掌握知识、陶冶情操、发展能力、构建健康人格，全面提高素质产生重大的影响，对提高学校管理水平和教育质量，增强学校凝聚力和竞争力，提升办学品位和软实力都有重要作用。因此，随着时代的要求和"新课程"的逐步推进，学校应重视加强学校文化建设。但审视我们周围一些学校的学校文化建设，总觉得"别有一番滋味在心头"，仔细品尝，原来是一些学校的学校文化建设出现了偏差，陷入了误区。根据我的观察，其主要表现在以下几个方面：

一、把学校文化建设狭隘地理解为校园"文化知识"宣传，为了体现这些"文化知识"，在校园的橱窗里、走廊上、墙壁上、立柱上到处喷绘张贴着各种各样的名言警句、口号标语、古文涩句。把学校搞成了"墙壁展览"。这样做最多只是一种学校文化建设的初级阶段，操作不好便会使学校文化建设陷入"形式化"的误区，同时也会产生"花多不香"的歧效。

二、把学校文化建设等同于校园环境的美化，追求物质文化建设，认为教学楼盖漂亮了，学校就有文化内涵了。殊不知校园物质文化建设只是承担精神文化的载体，如果离开了办学理念、价值追求等校园精神文化建设，单纯的物质文化建设就失去了文化建设的意义。

三、把学校文化建设搞成对"标新立异"的追求。在学校文化建设方面不断地出花样，口号、标语等不断翻新，如一些学校的各类制度、各类活动、工作目标、工作计划，缺少连续性、针对性和实效性。殊不知学校文化建设需要一所学校日复一日、年复一年、前赴后继地去实践、去努力，它的形式不在乎花哨，只在乎实效；不在乎新潮，只在乎实在，应该是一种办学历史和文化的沉淀。

我们应重视学校文化建设，让学校文化扎根在人们的心中，植根于师生的大脑中，体现在人们的精气神中，让学校文化建设的树干体现在课堂中、综合实践中、所有教育活动中，让学校文化的枝叶展现在环境中。学校文化建设需要模仿，更需要创新；需要传承，更需要经营。我认为学校文化建设应从以下几个方面入手：

一、研究学校历史，宏观规划，确定学校文化建设的主题

对于一所学校，学校文化建设者首先应该考虑的是学校文化主题，也就是要根据学校历史背景和发展情况，先研究学校的文本资料、办学条件、人文历史、师资水平、生源状况、学生特点等，然后扬长避短，去粗取精，与时俱进，宏观规划，大处着手，确定清晰的办学思路，给自己的学校文化建设准确定位。定位准确，学校就会办出自己的特色，就会成就一批批的学生，否则就会面对如林的强手，黯然失"色"，误导学生的成长。

二、学校文化建设者要耐的住"寂寞"，克服急功近利的政绩观心理的"骚动"

学校文化建设者如果把学校文化建设看成是"短平快"的项目，要求学校文化建设在短时间内取得看得见、摸得着的成果，把学校文化作为应付上级领导检查、评比的重要政绩，并最大限度地取得热热闹闹的轰动效应。这些学校貌似事事有文化、处处有文化，其实文化的内涵也极其浅薄，往往有文化之名而无文化之实。这种现象对学校文化建设和学校发展毫无裨益，甚至还会造成负面的影响，形成追求假大空和形式主义的恶劣风气。"十年树木，百年树人"，教育是一个漫长的过程，是一个耳濡目染、潜移默化的浸润、

熏陶过程，教育需要润物无声，文化摒弃矫揉造作，只有文化建设者耐得住"寂寞"，抛弃功利政绩，方能成就"厚德载物"。

三、学校文化建设者要把"育人为本，提高质量"作为学校文化建设的指导思想，在目标上"仰望星空"，在行动中脚踏实地

教育工作的核心内容，要求学校要以学生为主体，以教师为主导，充分发挥学生的主动性，把促进学生健康成长作为学校一切工作的出发点和落脚点，要建立以提高教育质量为导向的管理制度和工作机制，把教育资源配置和学校工作重点集中到提高教育质量上来。

作为学校管理者，要树立学校文化是学校管理灵魂的观点。学校文化既是一个学校历经风雨及沧桑经营的积淀，又是校长人格、学识、魄力、魅力，领导班子整体水平与整体效能，教师业务及政治素质，完善科学的管理制度，教学设备、育人环境、人际关系，校风、教风、学风等诸多因素的综合体。因此，管理者要努力构建学校的"人本文化"、"教研文化"和"课堂文化"。尊重师生的个性，发展师生的个性特长，要为师生提供充足的机会来满足其个人发展专长、爱好和成就事业的需要，努力营造宽松、和谐、健康、向上的学校育人文化。

教学研究是提高学校教育教学质量的重要途经，是促进学校可持续性发展的根本动力。学校文化建设要重视建立一种促进师生学习、思考的教研文化，形成读书、研究的校园氛围，培养师生的人文精神。要将教师的"日常性"工作转化为"研究性"工作，使教师在教学研究中互相切磋、互相启发、互相鼓励，使学生在研究性学习中互相协作、自主探究、开发潜能，切实构建起平等、自由、反思、对话、互动的教研文化，提升学校的文化品位和教学层次，促进教师与学生共同成长。

课堂是学校文化建设的推手和抓手。课堂文化是一种特殊的聚合化的文化，并带有一定的情境性，主要体现的是一种氛围，是一种人的精神气象，要从人的角度出发,体现对人的关怀与重视，建立在心与心的交流和沟通之上。学校管理者要引导和鼓励教师打造课堂的"文化味"，教师要根据学科特点、教学内容，努力追求文化品味、追求民主平等、追求精进激情、追求减负增

效，要充分认识到学科教学是学生教育的主渠道作用，将学校文化建设与学科教育结合起来，发挥各学科特点和优势，不断挖掘学科中的教育因素，共同搞好学校文化建设。通过智慧型教师的教育智慧，创建、激发富有生命的、有效的课堂，从而形成一种对生命的理解、关怀与尊重；开放、自由、和谐、智慧的；提升教师和学生生命质量的课堂文化。进而展现一个班级乃至一个学校的风貌和校风。

四、学校要开展多种育人活动，促进学校文化建设整体水准的提升

学校要按照学生身心发展规律，充分发挥学生个性特长，开展形式多样的校园文化教育活动，培养学生的各种兴趣和特长，以良好的文化活动占领校园文化阵地，促进学校文化建设整体水准的提升。要积极开展丰富多彩的"主题实践活动"，不断丰富师生精神文化生活，提高师生审美情趣，提升校园文化品位。如结合升国旗和国旗下讲话的传统活动，开展爱国主义教育和宣传，教师节可举行以"尊师重教"为主题的演讲和壁报、板报比赛，激发学生尊重师长、感恩师长的情怀，构建和谐师生关系。国庆节可举办"迎国庆"爱国主义歌曲大合唱活动，培养师生爱党、爱国、永远跟党走的坚定信念。结合崇尚科学、反对邪教教育，可组织"校园拒绝邪教"图片展览，让广大师生从中受到深刻的教育。可组织学生走出校园，深入自然，开展艺术采风活动，积累素材，激发学生爱我河山的激情。还可以按照学生的兴趣、爱好和特长，开展舞蹈、合唱、礼仪、体操、技能等活动。在丰富多样的活动中，对学生进行政治，道德品质，身体心理，文化专业和综合能力等方面的培养和训练，充分挖掘和发挥他们的天赋，促进他们德、智、体全面发展，培养学生健康的情操，推动学校文化建设。

五、校长要有领导智慧，要对学校文化建设精心设计和经营

校长是一校之魂。校长的学识、胆略、人格和办学理念往往决定学校文化品位的高低，校长的精神状态、人格魅力和工作作风往往决定着学校文化根基的深浅，因此，校长是学校文化的引领者、发展者和践行者，要培育意

蕴深厚的校园文化，必须牢牢抓住"文化育人"的核心，要使学校成为学生的精神家园，而非"考试机器""升学基地"，使学校文化在推进素质教育、提高学生综合素质过程中，发挥"文化育人"功能。校长必须具有新的理念，始终站在改革的前沿，从民族与国家发展的角度审视运筹教育发展的问题，要反思学校的昨天，奋斗学校的今天，展望学校的明天，发挥自己的智慧，重视学校文化的建设和发展。

总之，学校文化建设不仅能使校园环境提升到文化的高度，更能让学校具有灵魂，带来学校品质的全面提升。尤其是在"新课改"全面实施的今天，如何搞好学校文化建设，需要我们不断地学习研究、探索实践，在探索实践的过程中不断地自我反省、自我超越和自我完善。

筑牢"禁毒防线" 守护"育人乐园"
——庆阳第三中学毒品预防教育做法

王 岩

庆阳第三中学坐落于甘肃省庆阳市美丽的董志塬腹地、庆阳市党委政府所在地——西峰区,是一所区属正县级完全中学,现有教学班62个,在校学生3556人,教职工309人。我任学校党总支书记、校长之后,全面贯彻党的教育方针,坚持立德树人的根本任务,确立了"创设学生多元化发展的教育"办学理念,以"办优质初中,特色高中,突出术科教育,办人民满意的学校"为办学目标,大力实施以德育为首,以课堂教学为中心,以培养学生创新精神和实践能力为重点的素质教育,全面提升学校的办学水平和教育教学质量,强力推进学校走上"以德立校,依法治校,教研兴校,质量强校,文化润校,特色亮校"的内涵发展之路。

近三年来,学校先后被评为"全国中小学心理健康教育示范学校";甘肃省"德育示范学校""语言文字规范化示范学校""快乐校园示范学校""卫生单位";庆阳市"市级文明校园""体育业余训练工作先进集体""五四红旗团委""心理健康教育示范点""素质教育督导评估先进集体";西峰区"教育系统先进集体""先进基层党组织""平安示范单位""校园信息化建设先进集体""禁毒先进单位"等。我也因此荣获西峰区"模范校长"、庆阳市"模范校长""优秀教育工作者"、甘肃省"园丁奖"等,倍受各级领导和群众的赞誉。

我是从庆阳三中成长起来的，先后担任班主任、团委副书记、书记、政教主任、副校长、校长等职，丰富的职业经历和角色，使我对教育有着一种独特的情怀，对师生的师德教育、德育教育、行为习惯养成教育、法纪教育有着独到的见解和策略。西峰区在20世纪90年代，是全省"千人吸毒县区"之一，是庆阳市毒品交易集散地，禁毒工作成为历届市区党委政府的工作重点。作为城区学校团委书记、政教主任的我始终把抓师生毒品预防教育和抓教育教学质量相提并论，经常组织师生参观禁毒展馆，在一次次的参观过程中，我看到了母亲的泪、妻子的血、孩子的伤；看到了吸毒者的痛苦、贩毒者的张狂、制毒者的猖獗……这一切深深地刺痛了我的心。从此，无论是后来担任学校的副校长还是校长，我都把毒品预防教育工作作为一项长期的主要工作亲自抓在手上。这一抓，就是整整25年。

25年来，我不断探索总结学校毒品预防教育的渠道、方法，创新毒品预防教育的形式，丰富毒品预防教育的内容，使庆阳第三中学在活动中，形成了系统化的教育过程，构筑起学生拒毒心理防线；以"小手拉大手"的形式，构筑起家庭拒毒心理防线；以丰富多彩的活动为载体，构筑起街办社区禁毒防线。筑牢"禁毒防线"，守护"育人乐园"。

一、构建毒品预防教育制度体系，筑牢"禁毒防线"

"毒品之害猛于虎。"历史上的毒品曾给中华民族带来过深重的灾祸，当前的毒品像瘟疫一样向未成年人中蔓延，直接危害到青少年的身心健康。我深刻地认识到做好中学生毒品预防教育工作是贯彻《预防未成年人犯罪法》《未成年人保护法》的具体措施，体现了党中央、国务院对未成年人的无比关怀，我把毒品预防教育工作纳入学校常规工作之中，摆在了和抓学校教育教学质量工作一样的高度。

我从中学生的认知心理特点入手，不断分析中学生对毒品的心理认知，研判中学生对毒品诱惑的抵抗能力，不断探究中学生毒品预防教育的策略。通过长期的工作实践，我从制度建设入手，成立了以我为组长，主管德育工作的副校长任副组长，政教主任、法制处主任、教务处主任为组员的毒品预防教育工作领导小组；建立和完善学生毒品预防教育管理制度、班纪班风考评制度、学生违纪违规惩处制度、家校共管共育制度等，力求使毒品预防教育工作有章可循，预防教育工作落到实处。

一是把毒品预防教育课程化。我要求教务处把毒品预防教育和法制安全教育作为课程安排在学期课表中，分单双周由专任教师交替进行授课，教务处、法制处、政教处通过对教学计划、教案、作业、活动等教学环节和社会实践活动的检查，督促毒品预防教育课程的有效落实。同时我还要求各学科教学中要渗透毒品预防教育，特别是要通过化学、历史、生物、思想品德等学科渗透涉毒的各种危害及防范思想，培养学生的恒心、毅力、忍耐、克制等非智力因素，让学生不断增强明辨是非、抵制诱惑、克服非分欲望的抗体，做到自觉远离毒品。

为了使毒品预防教育工作抓实抓细，2016年9月，我亲自牵头，成立编委会，组织编写了《生命与健康安全教育读本》校本教材，我在序言中写道："人最宝贵的是生命，生命对每一个人来说都只有一次；一切源于生命，一切依附于生命。生命如此宝贵，让我们珍爱生命，远离毒品。"该校本教材出版后，一直在学校各级使用，深受师生和家长的欢迎。在使用好校本教材的同时，为了进一步充实毒品预防教育素材，拓宽毒品预防教育渠道，2021年9月，我批示学校总务处为全校每个学生购买了《中小学生毒品预防教育知识读本》，充实了学校毒品预防教育工作的内容。

二是把毒品预防教育制度化。我要求毒品预防教育工作领导小组要以《中学生行为规范》和《中学生在校一日常规》为学生行为规范的纲目，大力开展"无烟学校"创建及毒品预防教育工作。制定了《庆阳三中学生吸烟行为管理制度》《禁毒教育工作责任书》《禁毒教育教学计划》等，严禁学生接触香烟，严禁学生结交有不良行为的人员，严禁学生进入酒吧和歌舞厅，在班纪班风考核中实行一票否决制。通过建立和完善各种教育管理制度，使学生的养成教育和行为习惯教育得到持续深化，使学生的严重不良行为得到有效控制，使学生的素质教育得到不断提升。

三是把毒品预防教育形式生活化。我认为：中学生正处于青春期，由于生理与心理发展的不平衡，其人生观、价值观还没有成熟，容易受外界的影响。特别是学习困难学生、生活困难学生、外来务工人员子女、单亲家庭学生，这些学生容易产生自卑和自暴自弃的情绪。对于这些重点教育对象，依靠传统的说教和理论灌输几乎起不到什么作用。因此，我要求禁毒教育形式应生活化，使学生在喜闻乐见的生活情境下，潜移默化地接受拒毒思想。

学校每年都坚持组织"五个一"活动。要求以年级组为单位，每年组织学生读一本禁毒书籍、听一场禁毒报告、举办一次禁毒展览、写一篇禁毒心得、开展一次主题班（团）会；在每年的 6.26 国际禁毒日，10.26 中国禁毒日，都会组织全体师生观看《珍爱生命，拒绝毒品》《新型毒品摇头丸、冰毒》等影片，让师生了解毒品，认识毒品给个人、家庭和社会造成的严重危害，提高预防毒品意识，养成"珍爱生命、远离毒品"良好习惯；学校经常组织社会实践活动，以学生干部为主体，成立禁毒志愿者队伍，走进农村，走上街头，走进社区宣讲毒品危害，净化生活环境；利用学校公众号、校园电视台、校园 LED 宣传屏等媒体，播放禁毒宣传片；举办"远离毒品"大型图片展览、禁毒宣传手抄报比赛，让学生从中直观地了解毒品的种类、毒品的来源、毒品的危害、我国打击吸毒贩毒的法律法规及因吸毒而违法犯罪的典型案例；开展"不吸第一支烟"活动，通过同伴互助、小组讨论、小品劝戒等形式，引导学生抵御烟草侵袭，树立"拒烟为荣、吸烟为耻"的观念。生活化的教育形式，使师生愉快地形成了"认识社会，拒绝诱惑，远离毒品，防范侵害"的心理防范意识。

四是把毒品预防教育功能社会化。我十分重视毒品预防教育的社会化功能，构建起了学校、家庭、社会三位一体的毒品预防教育体系。

在学校一系列教育活动的基础上，我还认为：吸烟跟吸毒相似，学生毒品预防教育在学校要靠教师去落实。于是我首先要求教师要具有良好的行为习惯，要以自己的模范行为影响和教育学生，帮助学生构筑拒毒心理防线。因此，我通过校园禁烟来辐射带动毒品预防教育，一方面禁止教师在校园或者在学生面前吸烟，另一方面，建立教师与吸烟学生的结对帮扶制度。要求教师以了解到的香烟危害或者亲身感受到的危害，现身说法，帮助有吸烟倾向或者有吸烟经历的学生自愿拒绝吸烟和放弃吸烟。通过"禁烟活动"推动"禁毒工作"取得了明显成效。

家庭是社会的基本单元，家庭的育人功能受损，将会对家庭所有成员产生深远后果。因此，我要求政教处、法制处通过"小手拉大手"的形式，通过学生认识到的的禁烟和禁毒意义进而带动家庭和社会防毒、拒毒。每一次禁毒课或禁毒活动，学校都向家长发放"告家长书"，要求家长阅读相关信息并签字反馈。以学生的正面作用影响家庭，带动社会，同守学生学习生活环境这一方"无毒净土"，使学校禁毒教育的社会化功能发挥得淋漓尽致。学校每年都组织部分学生到市戒毒所举行警示教育，活生生的事例让学生谈毒色变。学校还与禁毒大队建立警校联谊单位，聘请禁毒专业人员为学校法制副校长，定时到学校给学生上毒品预防教育课和作法制教育报告，让法制教育和禁毒教育有机结合。由于学校、家庭、社会的有机结合教育，近年来，庆阳第三中学学生没有一例青少年涉毒事件发生。

二、创新办学思路，为学生营造快乐的学习生活环境

我任学校校长后，根据当前学生学习压力和学校生源实际，适时提出了"创设学生多元化发展的教育"理念，率先全省在学校开设了心理健康教育课，成立了心理咨询室，开设了科技创新、航模、海模、车模、音乐（舞蹈、合唱、传媒、声乐）、美术（素描、色彩、速写、动漫）、体育（篮球、排球、足球、乒乓球、田径）、社会实践、素质拓展、文学天地、礼仪教育、机器人社团、书法、英美文化鉴赏、地方戏剧传播等60多门校本、班本课程既实施了素质教育，更活跃了校园生活，释放了学生的学习压力，让学生每天都在学校找到了学习生活的乐趣，找到了成功的快乐。丰富多彩的校园生活，培养了学生高尚的人生追求，塑造了学生健康的心理素质，增强了学生抵御不良风气的诱惑能力，为学校毒品预防教育提供了优质的土壤，守护了"育人乐园"。

一份耕耘，一份收获。我在庆阳三中坚持25年的构筑心理防线，使学校成为"无毒净土"。2018年6月，甘肃省禁毒委以"三方评价"的形式对全省教育系统"6.27工程"进行验收，省教育厅、公安厅和高校专家组一行到庆阳三中参加6.26禁毒专项教育活动，在现场观摩学校组织的"珍爱生命、远离毒品"主题班会、察看学校毒品预防教育成果展览、翻阅学生毒品预防教育征文、心得体会等相关档案资料后，大家一致对学校"内容课程化、教

育制度化、形式生活化、功能社会化"的中学生毒品预防教育特点给予充分肯定和高度评价。

  毒品预防教育的成功促进了学校整体工作的健康发展。庆阳第三中学近年来教育教学质量大幅提升，在获得一系列省市区殊荣之后，学校正在向创建"省级文明校园"的目标迈进。教育是永远没有止境的千秋大业，也是永远充满希望和挑战的民生工程，我要继续带领庆阳第三中学人站在新的起点，更高水平地做好毒品预防教育工作，办让社会放心和人民满意的学校，用更好的工作业绩回报社会的关切和家长的期望。

二、教学质量提升

"六步三会教学模式"构建实践研究

甘肃省教育科学"十三五"规划立项课题

课题批准号：GS［2017］GHB2879.

课题负责人：甘肃省庆阳第三中学　杨自盛　王　岩　王文舟

摘要： "六步三会教学模式"依据建构主义理论和校本实际，把课堂教学分为目标展示、自主学习、合作探究、展示分享、点拨梳理和应用检测六个步骤，促使学生从学会到会学、会用的升华。该模式以学生"三会"为课堂教学的价值追求，力求新课程"过程与方法、知识与技能、情感态度与价值观"三维目标的全面落实，促成高效课堂的合理构建。

新课程实施以来，新的育人理念与传统教学模式的矛盾一直困扰着我们，如何摆脱传统观念的束缚，培养具有人文情怀、科学精神和创新能力的现代化人才，是我国教育亟待解决的问题。新课程提出"过程与方法、知识与技能、情感态度与价值观"的三维目标，要求我们通过"教"和"学"的过程让学生习得方法、学会知识、提高技能、形成正确的情感态度价值观。为了深入推进新课程改革，践行新的育人模式，我们以建构主义理论、人本主义理论为依据，把课堂教学设计为六个具体环节（步骤），即：目标展示——自主学习——合作探究——展示分享——点拨梳理——检测运用六个环节（步骤），促使学生对当堂所学知识"学会、会学、会用"的升华，创立了"六步三会教学模式"。"六步"是教和学的流程，"三会"是教和学要达到的效果。"六步"教学流程的设计，其目的是要构建高效课堂，让学生在老师的引领下，积极主动、目的明确地去学习思维，在单位时间内（一般是一节课）获得高效发展。"三会"是对课堂教与学效果的评价，主要是判断教学三维目标是否达成，教学是否"面向学生的发展"。该模式从目标上力求学生从学会到会学、会用的升华；从理念上旨在体现以学生为主体，以教师为主导，全面落实新课程"三维目标"的育人观念。该模式在我校实践以来，教师的教学方式、学生的学习方式得到了根本转变，新的课堂教学生态正在逐步形成。学生从学会到会学、会用的升华，使课堂教学效益得到有效提升，为学生的终身学习和终身发展奠定了良好的基础。

关键词：六步三会；建构主义；三维目标；高效课堂

一、"六步三会教学模式"的设计理念

（一）自主学习，主动建构

皮亚杰和布鲁纳的建构主义学习认为，知识不是通过教师传授得到的，而是学习者在一定的情境即社会文化背景下，借助他人（包括教师和学习伙伴）的帮助，利用必要的学习资料，通过意义建构的方式而获得的。因此，建构主义学习理论认为"情境"、"协作"、"会话"和"意义建构"是学习环境中的四大要素。在"六步三会教学模式"设计中，我们注重学生的前认知，注重体验式教学，培养学生的探究和思维能力。教师创设有利于学生建构意义的教学情境，学生通过自主学习、合作探究、展示分享等过程完成对新的学习内容的意义建构，也就是让学生用自己的方式在自己的大脑中建构自己对外部世界的理解。

建构主义的学习观和学生观，决定了建构主义新颖的教学观，这种主张主要表现在教师和学生的角色及其作用的巨大改变上。建构主义提倡在教师指导下以学习者为中心，既强调学习者对知识的主动探索、主动发现和对所学知识的主动建构的认知主体作用，又不忽视教师的主导作用。教师是意义建构的帮助者、促进者，学生是学习信息加工的主体，是意义建构的主动者。

（二）以人为本，激发潜能

人本主义理论是把学习者作为一个活生生的完整的人进行全面描述。人本主义心理学家认为，行为主义将人类学习混同于一般动物学习，不能体现人类本身的特性，而认知心理学虽然重视人类认知结构，却忽视了人类情感、价值观、态度等最能体现人类特性的因素对学习的影响。"六步三会教学模式"积极倡导教师在关注学生的学习行为的同时，更加关注学生的个人知觉、情感、信念和意图，关注导致学生差异的"内部行为"。

人本主义心理学代表人物罗杰斯认为，人类具有天生的学习愿望和潜能，这是一种值得信赖的心理倾向，它们可以在合适的条件下释放出来；当学生了解到学习内容与自身需要相关时，学习的积极性最容易激发；在一种具有心理安全感的环境下可以更好地学习。"六步三会教学模式"从人本主义出发，注重发挥学生的主体性，以培养学生的学习能力为目标。在学与教的关系上，置学生于教学的主体地位，以学生的学为中心组织教学；在教学目标上，以教会学生学会学习为主，通过学生的自主学习，探究学习，师生、生生平等交流互动、学习成果展示分享等环节，培养学生的学习兴趣、挖掘学生的学习潜能、激发学生学习的源动力。

二、"六步三会教学模式"的功能目标

（一）落实"三会"，关注学生终身发展

人的学习从空间上不应只局限于学校课堂，还应包括社会课堂，从时间上不应只局限于学生时代，还应包括终生工作、生活的全部。"六步三会教学模式"的设计是为了改变传统教学过于注重知识传授的倾向，强调形成积极主动的学习态度，使获得基础知识与基本技能的过程同时成为学会学习和形成正确价值观的过程；改变传统教学过于强调接受学习、死记硬背、机械训练的现状，倡导学生主动参与、乐于探究、勤于动手，培养学生搜集和处理信息的能力、获取新知识的能力、分析和解决问题的能力以及交流与合作的能力。通过该模式的实施，探索有利于促进学生从学会到会学、会用的升华，有利于提高学生的学习力，为学生的终身学习和终身发展提供有效的支持途径。

（二）落实三维目标，培养全面发展的人

"新课程实验"提出了课程与教学实施目标的三个维度：知识与技能、过程与方法、情感态度与价值观。"六步三会教学模式"旨在通过学生自主学习、合作探究、展示分享等学习流程让学生体验和习得学习方法、学会知识、提高技能、形成正确的情感态度价值观。三维目标是一个目标（培养全面发展的人）的三个维度，知识与技能是教学活动的出发点和归宿点，过程与方法是教学活动的操作系统，情感态度与价值观是教学活动的动力源泉，只有统筹兼顾三个维度，才能培养全面发展的人。

三、"六步三会教学模式"的操作流程

（一）目标展示

学习目标是课程标准规定本节课必须让学生了解、掌握、巩固的学习任务，目标明确了，才能进行有效的教和学的双向实践。一个新的教学过程开始时，教师要明确告诉学生课上将要学习什么，有利于学生在学习过程中把握学习方向，抓住学习重点，避免盲目性。展示目标前，教师应该设置一定的情境，将新课教学置于恰当的情境之中。

（二）自主学习

本阶段是学生自主学习阶段。教师根据教学内容，把教学目标具体化、问题化，给学生设计一定的自学线路图（如导学案），让学生带着问题，沿着自学线路，学习课程文本或其他学习材料，掌握基础知识，对学科内容有初步认识，找出自己的疑难之处，在课堂上有目的地学习。自主学习是培养学生独立思考能力，独立发现问题、解决问题能力的重要途径，是学生养成良好的学习习惯，学会学习，提高学习力，为终身学习奠定基础的必须过程。自主学习要适度，体现在内容上，教师的预设要恰当，学习内容要适量，确保学生能进入最佳学习状态；体现在时间上，教师要准确把控，确保学生能顺利完成学习任务。自主学习阶段，教师要巡回观察指导，及时发现生成的问题，将其作为后续的教学资源。

（三）合作探究

本阶段是师生、生生合作学习和探究学习阶段，是对自主学习阶段中的重点、难点以及个体学习有疑惑的问题，通过交流质疑，思想碰撞，形成理性思维的阶段，是对自主学习阶段的再思考与再提升。合作探究的对象主要是小组内的成员，其表现形式多是互帮互教、开展讨论、深入探究等等。合作探究要全员参与，面向全体，防止小组内优秀学生一言堂，把持讨论话语权，要让学困生积极参与进来，充分调动学困生的学习积极性，利用好"兵教兵，兵练兵，兵强兵"的战略，让学生在交流中学习，在主动中发展，在合作中增智，在探索中创新。

（四）展示分享

展示分享是学生合作探究完毕后，教师组织学生采取多种多样、合适的方法去表达合作探究的过程和成果。既分享学习成果，为学生展示自我、张扬个性、培养自信搭建平台；又便于教师及时获知学生的得失，为后面的点拨指导提供教学依据。本阶段要抓住学生展示的效度，让学生在展示中共同发现问题、改正错误、调整思维方式，让全体学生的脑子动起来，让课堂活起来。

（五）点拨梳理

本阶段是在学生展示后，教师要组织进行合适的评价和学习内容的归纳总结，是升华课堂教学的阶段。一方面，教师要把学生小组合作、探究、交流、展示过程中暴露出的问题，作为教学难点处理，分析并指出学生学习过程中出现偏差的本质原因；另一方面，教师要恰当挖掘各知识点的内涵，拓展其外延，对各知识点进行提炼、归纳和总结，使相关的知识由分散到集中，由无序到有序，帮助学生建构新的知识体系。

（六）应用检测

应用检测是落实课堂教学目标、形成技能技巧的重要环节。教师要根据每节内容精选或精编与学习目标相吻合的题目，对学生的学习状况进行及时检测。检测要突出"四性"，即：检测试题要紧扣教学目标，有针对性；覆盖教学重点、难点，有典型性；设置一定梯度，有层次性；要把课内知识与解决实际问题结合，有拓展性。

四、"六步三会教学模式"在实践中的反思

"六步三会教学模式"在我校实践以来，受到了老师和同学们的欢迎，提高了老师的教学效率和学生的学习效率，学校的教学质量也得到了大幅度的提升，特别是对学生自主学习能力和学科素养的提升具有积极的指导作用，教研部门的专家们也认为"六步三会教学模式"理论依据充分，符合建构的规范要求。

"六步三会教学模式"的实践，要紧紧围绕"学会、会学、会用"这个目标来开展教学工作，既要强化教学活动中学生的主体地位，又要体现教师的主导作用，正确协调教与学的关系，全面落实新课程"三维目标"，促进高效化、魅力化课堂的有效构建。老师们一定要践行模式，在熟练掌握模式，一切流程招数融会贯通到一定境界后，方可抛开模式或升华模式。

"六步三会"课堂教学模式对教学效率的影响

王文舟　王　岩　杨自盛

摘要：追求效率是教育教学亘古不变的一个话题，如何选择适合的教学模式，让日常教学从精英走向大众，从应试教育走向素质教育，这是诸多教育专家和一线教师倾心钻研的课题。本文从一种新的教学法入手来剖析教学模式对教学效率的影响。

关键词：六步三会；教学模式；教学效率

随着新课改的深入推进，传统课堂教学模式的弊端日益明显，师生间缺少理解与沟通，学生缺乏合作意识与交往技能，两极分化、机械照搬、效率低下等问题日益凸显。我校通过近十年的课改探索，在吸收借鉴诸多先进教育理念特别是魏书生老师"六步教学法"的基础上，进一步提出了"六步三会教学法"，即：目标展示、自主学习、合作探究、展示分享、点拨梳理、检测应用等六个教学环节，以期达到学会、会学、会用的教学效果。该模式着眼于突出学生主体地位，注重教学效果，重建教学模式，强调学法指导和学以致用，从知识积累、方法掌握、能力提升三个维度，致力于学生自学能力和创造性思维品质的培养。

一、目标要清晰

从一般意义上说，目标决定了人类一切有意识活动的基本行为取向，教学目标就是一切教学行为的最终取舍依据。新课改对教学目标的定位不再把每一个人都当作未来的科学家来培养，而是让所有的学生都能"获得适应未来社会生活和进一步发展所必需的"基本素养，由"以学科为中心"转向了"以人为本"的生命教育。目标明确可以使教与学都处于积极状态，避免教学中的随意性和盲目性。教学目标对一堂课的效果有着直接或间接的影响，在课堂教学中主导教与学的方法与过程。目标展示要具体、直观，尽量将目标问题化，让学生印象深刻。

二、自学要充分

这个环节是体现学生主体地位的关键，是新课程课堂教学的重点。数学家波利亚认为："学习任何知识的最佳途径都是自己去发现，因为这种发现理解最深刻。"教师备课中关于自主学习应该作为学案导学的核心部分。在学生自学过程中教师应做到以下几点：第一，要指导学生自学的方法。如告诉学生学案中哪些内容只要略读教材就能掌握，哪些内容应注意知识前后联系才能解决等等，让学生逐步理解掌握教材。第二，引导学生多设疑，多发现问题，没有问题就是最大的问题。爱因斯坦说："提出问题往往比解决问题更重要，提出问题需要一定的对问题的感知力和创造想象力。"教师应要求学生把预习中遇到的问题及时梳理汇总，让学生带着问题进入下一个环节，为合作探究做好准备。

三、探讨要深入

合作探究主要采取小组合作学习的方法，按照小组的功能定位对小组成员进行分工，学习小组的划分要根据学情把学生按好、中、差分组，一般6人一组，这一环节的重点是对知识点和难点进行整理，达成共识，为展示和点评做准备。小组合作学习法在我校经过近二十年的实践探索，被证明是一种非常高效的学习模式。在这一学习环节，教师要始终给学生以鼓励、表扬与启发，创设活跃、充满激情与挑战的课堂氛围。在学生讨论交流过程中，教师应积极引导学生紧扣教材、学案，针对学案中的问题展开讨论交流，避免草草了事或形式主义，最大限度地提高课堂教学效率。

四、展示要全面

展示分享是指学生在自学、探究交流的基础上，将自学讨论的结果向全班展示交流，现不同层次的学生都有发言的机会。展示中一般坚持让学困生或中等生展示，让优等生补充纠错，让不同程度的学生都有发言的机会；二是展示的内容要涵盖课堂的重要知识点和易错点；三是要让自学讨论中出现的问题得到充分暴露。展示评价采取小组竞赛积分形式，这种方式尤其可以给学困生充分展示锻炼的机会，增强他们的学习自信心。科学合理的评价方式是课堂展示是否成功的前提和保证，要力求做到小组内互助，小组间竞争，面向全体，最终达到共同进步。

五、点拨要精练

教师根据教学重点、难点及学生在自学交流及展示分享过程中遇到的问题进行点拨。教师的点拨梳理要力争做到语言精练、针对性强、有启发性。切忌面面俱到，应根据学生自学、讨论交流过程中反馈的信息展开，教师虽然在前几个环节发言较少，但并不意味着无事可做，教师只有吃透教材，全面了解学生，时刻关注课堂中遇到的问题，才能在点拨中游刃有余，有的放矢，抓住重点。学生经过老师的适当点拨，能解决的问题应尽量自主解决，培养思维能力。另外，对表现较好的学生要及时表扬肯定，对表现较差的学生要多启发引导，最大限度地调动学生的积极性和维持活跃的课堂氛围。

六、检测要有度

检测应用是"六步三会教学法"的最后一个环节，设计练习题应紧扣本节课的教学内容、能力培养目标及学生的认知水平，对不同程度的学生要分层训练，检测题要能概括本节课的重点、难点，要求学生当堂完成。要精准把握检测的深度和广度，尽量避免简单重复的无效练习和偏、难、怪题，让学生通过练习既能消化、巩固知识，又能为教师提供直接的信息反馈，以便对练习中出现的问题及时发现和纠正，做出正确的评价，并根据练习情况及时调整随后的教学目标、教学进度、教学方法，增强课堂的实效性。

课堂教学是一门缺憾的艺术，孔子云"因材施教"，教无定法，教学模式也千变万化，富于时代气息，不同的教学模式在实践操作中各有利弊，唯一的评价标准就是能否更好地提高教学效率，培养合格人才，体现生命关怀。这也是教育工作者的光荣使命和义不容辞的责任。

参考文献

[1]浅谈如何引导学生参与学习 提高课堂教学效率：改变课堂教学模式 注重学生自我学习[J].薄新兵.教育教学论坛，2012（22）：185-187.

[2]高效课堂一本通[M].金太阳教育研究院.长春：东北师范大学出版社，2017.

创特色　谋发展　谱新篇

——2018学年度学校工作回顾

王　岩

岁月回眸，欢歌如潮。2018年是贯彻党的十九大精神的开局之年，是改革开放40周年，也是我校实施五年发展规划的关键之年。学校在区委、区政府的领导下，在区教体局的指导、支持下，全面贯彻党的教育方针，大力实施以德育为首，以课堂教学为中心，以培养学生创新精神和实践能力为重点的素质教育，全面提升学校的办学水平和教育教学质量，学校面貌发生了很大的变化，硬件设施不断完善，学校文化氛围、教师队伍的敬业精神、学生综合素质都有了明显的提升，2018年的庆阳三中校园内处处呈现出健康向上的蓬勃景象。学校被西峰区委、区政府授予"西峰区高中教育优胜集体"奖和"教育系统先进集体"奖，被西峰区教体局授予"完职中教育教学质量进步"奖、"初中教育教学质量优胜"奖等荣誉称号、庆阳市"普通中学素质教育督导评估优秀学校"；甘肃省"德育示范学校"、西峰区"德育示范学校""第五届迎新年庆阳市区全民健步行活动最佳团队""综治维稳工作先进单位""全区共青团工作先进单位"等荣誉称号。

喜人成绩的取得不仅是学校遵从教育规律，制定科学制度，重视细化管理的成果，更是因为有全体老师的倾情奉献，全体同学的努力拼搏。

一、明晰办学思路　促进学校可持续发展

一年来，学校认真落实"创设学生多元化发展的教育"的办学理念，为学生提供适合的教育，促使学生全面发展与个性发展的有机结合；以"办优质初中，特色高中，突出术科教育，办人民满意的学校"为办学目标，为学校的发展准确定位，促使学校全面发展与特色发展的有机统一和可持续发展；认真践行"崇德、尚美、博学、笃行"的校训，"博采精教、爱心育人"的教风，"自主、合作、探究、创新"的学风，"互研互促、合作共赢"的研风，"严格、规范、高效、创优"的政风，"清正廉洁、创先争优"的党风，为教师、学生和全体党员提出了高标准的要求，促使教师爱岗敬业，促使学生德才兼备，促使学校健康、良性发展，努力营造"博学、博爱、善教、乐学"的良好校风。教学质量稳步提升，连续三年荣获西峰区"高考质量进步奖""中考质量优胜奖"。2018年高考、中考成绩喜人，我校413名同学参加高考，被各级各类院校录取381人，应届生二本进线率为36.32%，在全市32所公办高中排名第七，较上年进线率增长了6.66%，增长率在全市32所公办高中排名第六，石逸萱、张超等15名术科考生取得了各类院校专业单招考试前三名，石逸萱、张超、齐旺龙等二十多名同学被中国美术学院、西安美术学院、浙江音乐学院等知名院校录取，文理类考生张奎水、刘洋、郑品轩等8人被陕西师范大学、中国矿业大学、天津工业大学等重点大学录取；本届初三年级498名学生参加中考，综合排名全区第二，九科人均总分较上年提高了45.62分，庆阳一中录取分数线上95人，庆阳二中录取分数线上172人，5名同学进入庆阳一中榜前50名，郭佳佳同学以930.5分的优异成绩名列庆阳一中榜第11名。

二、健全各类制度　促进学校健康有序发展

为了进一步推进我校管理进程，形成有章可循、按章办事、规范高效的管理体制，促使学校健康发展，我们对学校现有制度进行了审定、修改和增补，并提请学校"八届一次教代会"常务代表讨论通过，最终制订了一套比较完整的、符合学校当前实际的规章制度。学校《制度汇编》含盖行政、教学、德育、总务后勤、党务群团组织等，是我校教育教学管理规范化、制度化的一个重要标志，保证了学校民主化、高效化、科学化管理的顺利推进。

三、创新德育工作思路　创建学校德育特色

我们始终坚持"德育为先，德、智、体、美全面发展"的理念，把德育工作延伸到学校工作的各个方面，关注学生终身发展，注重德育的实效性，全力创建新时期学校德育特色。以活动为载体，以自主化管理为抓手，坚持育人为本，把立德树人作为教育的根本任务，把社会主义核心价值观融入到教育的全过程，形成了"机构网络化、途径多样化、活动系列化、环境特色化"的"四化"德育特色。学校先后被评为"西峰区德育示范学校""甘肃省德育示范学校"。

1. 德育机构网络化

我校在不断努力与探索中，结合区情、校情，调整德育内容，提出了"管理育人、教书育人、活动育人、服务育人"的德育方针，构建了庆阳三中德育工作网络，倡导学校上下参与、全员管理，形成了"学校无闲人，人人育人；学校无闲事，事事育人；学校无闲地，处处育人"的良好氛围，做到高起点要求，低切入实施。建立了德育工作分层负责制和包级负责制。形成了校长→分管副校长→政教处→年级组→班主任（德育教师）→学生干部全员参与的德育网络。校长总体负责学校德育工作，分管德育工作的副校长对德育工作承担具体的领导责任，政教处具体负责规划和管理学校德育工作，各年级组对各自年级常规的德育工作根据政教处的规划进行设计，班主任（德育教师）充分发挥学生自主管理作用，注重学生的自我教育。学校设专职老师负责管理、指导学生会的工作，学生会负责自习课考勤与学习纪律记载、两操的组织管理、日常保洁的安排与督促、卫生大扫除的布置与监督、文体活动的组织与策划、自行车的管理等工作。年级组实行包干负责制，设立专职老师检查、考核、指导、管理本年级的各项工作，做到节检查通报、日小结处理、周总结评比、月奖惩兑现。各个班级都制定了详细的自主化管理制度和细则，做到了人人有事干、事事有人管。自主化管理既调动了学生参与的积极性、主动性，又增强了学生的创新意识，提高了实践能力，培养了他们高尚的品质、健全的人格，还减轻了老师管理的工作强度，促进了各项工作的落实。

2. 德育途径多样化

我们以革命传统教育、思想道德教育、环境教育、法制教育、安全教育、

心理健康教育、国防教育等为主题，以学科渗透、热点追踪、实践锻炼、团队活动、社区活动、家校联合、警校互动等方式，逐步形成了多管齐下，全员参与的多样化德育途径，取得了较好的社会效果。为了进一步加强学校与家庭、社会的联系，我们通过家长会、网站等多种途径，深入广泛地宣传学校的办学理念、办学目标和教学方法等，及时听取家长、社会对学校教育的意见和建议，及时沟通家校之间的教育思想、教育方法和教育信息，成立了家长委员会，构建起了良性、畅通的德育工作途径。

3. 德育活动系列化

学校坚持德育工作实效性的原则，坚持以爱国主义、集体主义、社会主义荣辱观教育为核心，以自信心教育为主线，广泛开展丰富多彩的系列化德育活动。学校通过国旗下的讲话、主题班会、"文明班级""文明宿舍"评选、开展社区义务劳动、社会实践、召开考前动员大会等活动，把以自信心为主线的德育活动逐步引向深入。在组织开展一系列德育活动的过程中，我们注重各项活动的目的性和计划性，使每一次活动都能够贴近当代社会，贴近学生的思想实际和生活实际，每一次活动都旨在教育学生养成良好风貌和文明习惯。

4. 德育环境特色化

学校按照"校园建设营造整体美、绿化亮化营造环境美、名人佳作营造艺术美、人际和谐营造文明美"的思想，遵循"整体规划、分项实施、逐步完善"的原则，分设施建设、环境建设、文化建设、活动建设和制度建设五个方面进行的校园文化建设，初见成效，特别是文化建设方面，体现了我校的特色。将师生优秀书画作品以及图文并茂的道德模范人物图片和名言警句，挂在教学楼的楼道，还通过橱窗专栏、板报、学习园地、手抄报、道德讲堂、校园广播等宣传教育，对学生进行心灵净化，让学生在潜移默化中接受教育，以达到环境育人的目的。

四、不断探索实践，逐步形成六大校本课程特色

学校不断探索、总结提炼学生素质教育做法和经验，做大做强术科教育、心理健康教育、文明礼仪教育、科技创新教育、学生综合社会实践活动、校

园文学与写作等"六大特色课程"。开设了美术、传媒、机器人、校园文学教育、航模科技、心理与健康等精品特色课程，成立了写字、美术达人、管弦乐队、文学社、各种球类俱乐部等18个门类20多个学生社团，目前，各类校本特色课程开展蔚然成风。

1.做大做强术科教育。我们的培养目标是：根据我校学生实际，培养合格的艺术、体育专业人才，培养一批有良好艺术欣赏水平的青年群体。学校每年至少为高等院校输送术科类优秀毕业生150名，保持艺术团队在市、区的领先地位，做到人无我有，人有我精。为保证艺术教育规划、目标顺利实现，落实好学校艺术教育工作的各项任务，学校在资金十分困难的情况下，累计投入资金一百多万元，加强硬件设备、设施建设，保证了艺术教育的健康发展。学校美术、音乐、体育学科高考质量稳步提升，术科特色办学已进入良性循环，每年都有30多名学生被"985"和"211"院校录取。今年高考，学生在美术专业取得了全省第一、三、五、九、十一名的好成绩，有多名学生被中国美术学院、四川美术学院、西安音乐学院等80所全国著名院校录取。

我们积极参加省市区组织的各类文体活动，2018年荣获西峰区第19届"园丁杯"篮球邀请赛"精神文明奖""女子组冠军奖"，西峰区第10届"希望杯"篮球联赛"高中男子组亚军""高中女子组季军""初中男子组亚军"及第3届陇东学院"欢送杯"排球邀请赛女子组第3名的好成绩。刘憬、贺玉洁、冯璟、梁敏等10人获市、区级体育先进个人称号，这些比赛活动为学生搭建了一个交流与展示的平台，锻炼了学生的意志，为学生全面发展和素质教育提供了条件。

2.心理健康教育常抓不懈。学校通过心理健康教育课程、校园广播、心语空间栏目、宣传专栏等途径普及心理健康知识，扩大心理教育对学生尤其是家庭的辐射和影响。通过举行大型心理知识讲座，给全体学生普及心理健康知识。定期组织高一新生入学适应教育、高考考前学生心理调适、百日冲刺誓师动员大会、如何健康度过青春期、"奋斗的青春最美丽"、"我的情绪我做主"、"做个美丽女生"、"十八岁我已长大成人"等专题活动。各班级与不同学科相结合，在班团会、课堂教学中渗透心理健康教育，涌现出了一批班主任、教师、学生心理辅导团队。同时，我们还经常联系家庭，引导学生家长关心子女的心理健康，发现问题及时矫正。2018年学校共组织了4次大型心理健康教育报告会，收到了良好的效果，陈婷老师被评为"西峰区青年岗位能手"，学校心理咨询室被共青团庆阳市委评为全市"心理健康教育示范点"，省内外兄弟学校多次到我校参观学习。

3. 普及文明礼仪教育。学校实施"文明礼仪进课堂"工程，以教师的示范作用为先导，以礼仪养成教育为突破口，以培养良好的礼仪行为为根本，全面提升中学生的思想道德素养和文明礼仪素养，营造礼貌文明的校园环境。全校礼仪课有专任老师承担，每个班级每周至少开设一节礼仪课。学校以养成教育为抓手，以社会主义核心价值观为主要学习内容，借助庆阳市创建全国文明城市的东风，推动学生文明修养的提升。我们以培养学生卫生习惯为切入点，严惩乱扔垃圾行为，教育学生自觉维护校园卫生、城市卫生，学生良好的卫生习惯已初步养成。要求学生主动向老师问好，培养他们的礼貌习惯，孩子们更讲礼节，更懂礼貌了。学校团委、政教处先后组织学生开展了"文明出行，从我做起"交通安全宣传和劝导活动、"小手拉大手，文明齐步走"家校共建文明城市活动等，我校"文明小卫士"护卫学生上放学的形象成为一道靓丽的风景，学生的不文明行为得到前所未有的改变。

4. 多彩的社团活动。学校共有30多个师生社团，其中学生特色社团有：青年志愿者协会、校园之声广播站、校园小记者站、摄影协会、青春新语文学社、机器人社团、航模社团、音翼器乐社、科技发明制作协会、云峰书画社；教工社团有：书画、象棋协会、欢乐集结号舞蹈队、各类球队。学校将学生社团活动纳入课程管理，做到活动有计划、有主题、有内容，力求使社团活动规范化、课程化、有特色、有创新，社团在校风、学风、校园文化建设及素质教育等方面的作用日益显现。

2018年，学校共组织了两次科技创新比赛，有30多名学生获奖。在第20届"飞向北京，飞向太空"甘肃省青少年科技体育航模教育竞赛中，我校荣获"优秀组织奖"；在第20届"飞向北京，飞向太空"甘肃省青少年科技体育航模教育竞赛"翼神"像筋动力扑翼机项目比赛中，我校代表队荣获中学男子组团体第三名；在第19届"共筑家园"甘肃省青少年科技体育建筑模型教育竞赛中，荣获"优秀组织奖"。李忠山、杨世敏、嵇兴洲、许瑞珍、张小红、李文娟等10多位老师荣获各类科技创新优秀指导教师奖。

5.综合社会实践活动有声有色。2018年学校组织师生开展社会实践活动20余次，如："走进养老院看望孤寡老人""清明节祭扫烈士墓""爱心同行送温暖""青年志愿者学雷锋""走进社区，感悟生活""阳光助学，爱心传递"图书捐赠，"走进革命老区南梁体验"、参加社区义务清扫、洁净校园美化环境等活动以及寒暑期参加区教体局组织的"传承民俗文化，践行社会主义核心价值观"社会实践活动，既培养了学生的爱心、信心与责任心，也提高了学生的实践能力与团队协作能力，达到了素质教育的目的。

6.校园文学与写作教育活动如火如荼。学校为创建富有人文气息的校园文化环境，让学生在浓郁的文化环境中提升素质，修炼品格，办有《庆阳三中校刊》，刊发的文章理念先进、论据充分，论证严密，对促进理念转变、深化教学改革发挥了理论指引作用。学校倡议六个年级创建特色文学社团并纳入课程管理，由陈剑华老师组织，以互动交流、丰富体验、提升读写能力为经线，从自主活动、网络研讨与教师辅导等三个纬度开展活动。成立了"耘梦"教师文学社，"青鸟""飓风""梧桐雨"等学生文学社，先后组织了"文学实践教育活动""读写讲座""采风调查""诗文朗诵"等活动30多次，文学社团自主组织"成语接龙""诗歌笔会"等活动15次，网络主题讨论数十次。编辑出版《耘梦》《青鸟》等社刊6期，共计60余万字，组织研发16万字校本教材《中学生阅读写作》。岳阳、任璐、杨美馨、贾凯程、左钰轩、谷苗等数十名同学的作品在各类报刊上发表。社团被《学生天地》《西峰教育》等刊物专题报道。

五、狠抓教学常规及教学研究　促进学校内涵发展

"细节决定成败""过程产生效益""目标谋求发展""结果就是奇迹"，一年来，我们从严、从实抓教学，力求教学管理工作规范到位，注重并创新教学研究工作，促进学校走上内涵发展之路。

1.加强教学常规检查。学校主要领导和教务处、教研室、年级组一起坚持不懈地对各科任教师的备课、上课、作业布置与批改、辅导、考试等情况进行检查、分析与指导，把握好教学的每一个环节，向课堂40分钟要质量。

教务处、教研室、年级组联手以盯背检测为平台，狠抓学风，以推门听课为平台，狠抓教风，每学期坚持以示范课、公开课、组内听课和推门听课相结合的形式开展听评课活动，推动课堂教学改革。一年来，各包级、包组负责人人均听课达60节以上，各任课教师人均听课达20节以上，涌现出了王玉平、蔡霞、田巧荣、何红娟、左雪宁、贺彦波、张楠、耿耀成等一批备课扎实，上课认真，辅导积极，教学业绩突出的老师。

2. 坚持集体备课制。学校长期坚持集体备课制度，集思广益，取长补短，改变了传统的"满堂灌""填鸭式"教学方式，提高课堂教学效率，课堂上充分调动学生的主观能动性，让"自主、合作、交流、探究"成为课堂教学常态。

3. 细化教学过程管理。全面禁止学生携带智能手机，明确学生当天的背诵内容，科任教师、班主任督促落实学生背诵效果的检查，教务处定期对学生背诵情况进行抽查考试。实行考试之后质量分析制度，重视学习过程检查，对学习成绩优异和进步快的学生及时给予表彰奖励，激发学生学习热情。

4. 重视教学理念及教学模式的创新。在新课程背景下，为了全面提高教学质量，我们高度重视新课改理念的确立和教学方式、方法的转变。以《庆阳三中教学工作常规》及《新课程方案》为依据，采取"竞赛展研、全员参与、整体联动、扩大交流"的辐射带动教研工作思路，进一步细化、深化我校的"六步三会"课堂教学模式，充分发挥学生的主观能动作用，调动学生学习的积极性，通过"目标展示、自主学习、合作探究、展示分享、点拨梳理、检测运用"六个环节，让学生对所学知识当堂达到"学会、会学、会用""三会"目的。同时还鼓励教师从教学实际出发，创造不同风格的教学方法，形成了"百花齐放，百家争鸣"的生动活泼、丰富多彩的教改格局。2018年我校有杨自盛、陈剑华、冯璟、田巧荣、李阿庆、吴宏等老师主持的六项甘肃省"十三五"规划课题通过省级验收，顺利结题。杨自盛主持的《"六步三会"课题教学模式的实践研究》荣获甘肃省基础教育教学成果二等奖，陈剑华主持的《新时期文学社团组织策略研究》获省级优秀课题。张小红、剡青青主持的市级课题顺利结题。李远航、刘向学、王正甲、田巧荣、张小红等五位老师分别主持的五项课题顺利通过省级立项，陈剑华、左雪宁、薛翠三位老师分别主持的三项课题顺利通过市级立项。

5. 以丰富多彩的活动提升学生综合能力。我们以教研组或年级组为单位开展了系列特色活动，如语文组的经典图书漂流活动、《中学生必读书目》知识竞赛、作文大赛；数学组的高考考前心理辅导、几何模型制作大赛、数学竞赛；英语组开展英语短剧表演、英语诗歌朗诵赛、英语写作比赛；理化生组组织的物理实验技能竞赛、化学实验技能大赛、生物兴趣小组活动；政史地组的高中政史地知识竞赛。此外，还开展了初一级墙报展、初二级数学综合实践活动成果展评、初三级"小行动　大环保"演讲赛、高一级"文明伴我行"演讲比赛、高二级学生硬笔书法比赛、高三美术生写生成果展暨毕业作品汇报展、研究性学习成果展评等活动，丰富了校园文化生活，激发了学生学习兴趣，提升了学生综合能力。

6. 开发校本课程，注重研究性学习活动，推进素质教育。我校成立了校本课程开发委员会，动员全体老师发挥个人特长，积极参与校本课程的开发、开设，同时积极整合国家标准课程校本化、特色化。经过多年努力我校教师开发及初步通过拟开设的高中校本课程有：安全、礼仪、美术、音乐、书法、英美文化鉴赏、体育、社会实践课、科技创新和地方戏剧传播等20多个门类，经"校本课程编审委员会"审定，在我校印发并使用的校本教材有：《漫话庆阳》《大家一起学礼仪》及高中艺术班文化课教材国家教材校本化的《数学》《英语》《政治》等20多本。校本课程研发与开设呈现出形式多样、异彩纷呈和蓬勃向上的良性态势，较好的培养了学生特长，彰显了学生个性，全方位的推进了素质教育。

六、强化师德师风及专业技术教育　促进师资队伍建设

1. 加强领导班子建设，打造一支强有力的干部队伍

我校始终以建设一支廉洁、民主、务实、合作、创新的领导班子为己任。学校现有校级干部5人，中层干部11人，以团结协作，民主决策的原则决定学校的重大举措。校级干部分工明确，带头落实校总支会、校长办公会和校务会、行政会的各项决策、决议，科级干部人人包级、包组，个个兼课。学校通过行政会议、党员会议集中培训和分散学习、理论指导和实践锻炼的方法，

提高其理论修养、政策水平，培养管理才干；要求他们深入教学一线，深入课堂，提升教研检查指导能力，引领教师研究解决教育教学中存在的实际问题。树立"落实就是能力，执行就是水平，有为才会有位"的思想，增强了他们的学习力、创新力、决策力、战斗力。

2. 加强教师队伍建设，打造一支思想品德高尚、教学业务过硬、结构合理、数量充足的教学团队

为进一步提高教师队伍依法从教的能力，学校通过多种形式、多种渠道组织教师学习党的"十九大"精神和《教育法》《教师法》《中小学教师职业道德规范》等。通过多种途径加强教师业务能力培训，每学年分期分批选派优秀教师到陕西师范大学、河北衡水中学等名校考察培训学习300多人次。还积极参加国家、省、市教育部门组织的网络培训学习。提高了教师的业务水平，锻炼成熟了一大批人才。2018年，张小红老师被评为"甘肃省骨干教师"，田巧荣老师荣获"西峰区最美教师"称号，王岩同志荣获"庆阳市模范校长"称号，杨自盛、贺彦波、任广祥老师荣获庆阳市"优秀教师""模范班主任""师德标兵"称号；李凤琴老师荣获"西峰区师德标兵"称号，剡青青、张小红、陈兴龙、陈婷等老师荣获"西峰区优秀教师"称号，蔡霞、何红娟、耿耀成、李瑞阳等老师荣获"西峰区模范班主任"称号，李远航老师荣获"全区禁毒工作先进个人"称号，赵晓娟、王玉平等老师荣获"西峰区高考优秀教师"称号，刘建芬等76名老师获得学校优秀教师、模范班主任、优秀教育工作者等荣誉称号。张红英、赵小娟、张楠、贺彦博、王静敏、缪玉燕、袁彬彬、吴佳璇、蔡霞等老师在庆阳市教师教学技能大赛中荣获一等奖；余筱、施雅妮、刘向学等老师在庆阳市教师教学技能大赛中荣获二等奖；张小红、李文娟、杨帆、余筱、周雪红、李瑾娟等老师在"一师一优课，一课一名师"活动中分别获得了省、市、区级奖励；有刘丽霞、张小华等60多名老师在省、市、区组织的各类教育教学活动中受到表彰奖励，有王文舟、何红娟等20多名老师30多篇论文在国家、省、市级刊物上发表。

七、用好政府投资及公用经费　　促使教学设施的现代化

近三年来，省市区各级政府对我校给予了大力支持，为学校改善办学条

件提供了大量的专项资金和购置设备费。政府投资及学校自筹资金共计一千多万元，有力的改善了办学条件，促使了教学设施的现代化，为开展素质教育搭建了平台，提供了保障。

激情与梦想同在的2019年，我们要深入贯彻落实习近平新时代中国特色社会主义思想，开拓进取，努力实现"庆阳三中五年发展规划"的宏伟工作目标。我们将持续做好如下工作：

1. 继续加强制度建设和校园文化建设，突出学校的办学特色，提升办学品质，推进学校向内涵发展的步伐。

2. 继续加大师德教育的力度，积极组织开展一些创造性的活动，使广大教师立足岗位，竭忠尽智，做新时代"四有"好老师，从根本上树立庆阳三中老师良好的形象。

3. 加强对老师们专业发展的培训和指导力度，不断提高教师的专业素养和教育教学能力。继续深化校本教研和校本培训的研究，不断完善校本课程建设，继续提高教师的教学基本功。

4. 继续完善各项教学质量监控方案，确保教学质量稳步提升。

5. 继续加强德育工作，以"争做六星学生"活动为载体，加强学生行习习惯的培养。

6. 实施精细化的管理，把学校的各项管理工作做好，做扎实。

7. 下大力气抓好学生的安全教育，确保学生的人身安全。

充满挑战与希望的2019年已经到来，国家繁荣昌盛，学校和谐发展，虽然前路多艰辛，但我们仍会以更加昂扬的姿态努力前行！

2018年12月29日

立足校情　走特色办学之路
——"新时代高品质学校建设"论坛交流材料

王　岩

庆阳第三中学始建于1962年。学校占地39.7亩，建筑面积25254平方米。学校现有教职工282人，有60个教学班，3667名学生（其中高中1504名学生，初中2163名学生）。是目前全市规模最大的完全中学之一。在办学过程中，学校在充分总结办学经验的基础上，确立了"创设学生多元化发展的教育"办学理念，以"办优质初中，特色高中，突出术科教育，办人民满意的学校"为办学目标，力争使"学校有特色，学生有特长"，让学生学有所长、学有所得。

一、在困境中求新生，走特色办学的路子

一所学校要协调、可持续发展，就必须研究校情，适时把握机遇，在办学方向和办学思想上找出适合自身发展的办学思路，并进行教育资源的整合。否则，就很容易陷入办学的困境之中。

作为一所城区完全中学，教育教学质量颇受社会广泛关注，虽然我校初中教育成绩突出（近十年在西峰城区22所初中综合排名一直处于前一二名），但高中招生分数线一直在省、市级示范高中线下200多分。学生文化课素质较差，这给管理和教学带来诸多困难，办学质量不高，多年前，学校一度处于高考升学人数为个位数，甚至出现教师纷纷要求调离和高中招生报到率不

足的现象，学校的发展进入两难的境地。如何改变自身的命运，找出适合学生成长成才、个性得到全面发展的办学路子呢？在这种情况下，我们只有依据学校实际和学生实际，立足校情和生源特点，拓展可持续生存与发展的空间。新课程的实施，给我校带来了发展的春天，"走艺术教育之路，突出艺术特色教育"正好符合新课程多元化培养人才的理念。校领导班子审时度势，决定在原有基础上做大做强艺术教育，使学生个个有发展，人人能成才。

有了构想，我们首先进行了可行性调研。我们发现，西峰城区校外艺术辅导班众多，办学规模和层次良莠不齐，收费高、设施差，档次低，管理混乱。相当一部分学生从小学开始培养艺术特长，具有基础和天赋的学生进入初中后由于学业负担重，加之时间上冲突，在校外学艺术受到客观因素的限制，很多学生放弃了艺术特长的学习。为了适应家长和学生的要求，让学生学有所长，学有所得，发挥特长，我们通过对高校招生情况的考察和社会对人才需求以及艺术生就业状况的研究，经过对学校内外教育资源的分析和论证，提出以"特色立校、兴校和强校"的办学构想，决定走艺术类特色办学之路。

二、谋发展特色引领，特色教育见成效

思路决定出路。通过师生们认真实践、潜心探索和不懈努力，我校曾在高考中学生美术专业取得了全省第一名、第三名、第五名、第九名、第十一名的好成绩，有多名学生被中央美术学院（1人），中国美术学院（1人）、四川美术学院（3人）、西安音乐学院（1人）、湖北美术学院（2人）、西安美术学院（3人）、南京师范大学（1人）、广州大学（1人）、宁波大学（1人）、四川大学（4人）、兰州大学（11人）、华侨大学（1人）、西北师范大学（36人）、陕西师范大学（13人）等院校录取。

高考的成功更加坚定了我们特色办学的信心，我们积极争取上级党委政府和教育行政部门政策上的支持，多方筹措资金改善办学条件，扩大办学规模。经过几年的打拼，初步实现了特色兴校、特色立校的目标。高考二本上线人数持续上升，2008、2009连续两年荣获庆阳市教育局"全市高考质量进步奖"。二本以上录取人数从2005年的68人连续增加到2016年的245人。美术学科从05年开始连续五年被庆阳市教育局授予"全市高考优秀学科奖"。音乐教

育也得到长足的发展，成绩稳步提高，十年来共有92名学生考入二本以上音乐院校，仅2008年就有18人之多，获庆阳市教育局"高考优秀学科"奖励。

2016年我校考入本科以上院校学生245名，其中美术，音乐、体育专业录取216人，占录取总数的88.2%。2017年高考二本进线率28.29%，居全市32所公办高中第七名，较2016年提升了13.04个百分点，进步率居全市32所公办高中第二名；2018年高考二本进线率34.95%，居全市32所公办高中第七名，较2017年提升了6.66个百分点，进步率居全市32所公办高中第六名；2019年高考二本进线率61.45%，居全市32所公办高中第十名，庆阳三中走上了特色发展的快车道。

近年艺术高考成绩连年攀升，连续多年专业联考本科合格率在90%以上。近五年专业综合录取率达70%左右，专业联考平均分连续6年超出全省平均线，先后有73人次夺得专业单科考试省考、校考前三名，美术、音乐高考连续6年荣获庆阳市"高考优秀学科奖"。石逸萱、张超等18人被中国美术学院、广州美术学院、四川音乐学院等重点院校录取，重点大学录取率在30%左右。

学校数十次荣获西峰区"高中教育优胜集体奖"。艺术教育的发展真正实现了因材施教、低进高出及学生的多元化发展。

艺术教育不仅让学生在高考中获得成就，更主要的是学校在办学品位上得到了提升。每年一度的夏季"校园文化艺术节"和"元旦书画展"，是全校性的艺术活动盛典，既把学校艺术活动推向了高潮，也对学校一年的艺术教育工作成效进行两次大的检阅，在展示中进行检查，在检查中进行反思总结，在反思总结中求得改进与完善。艺术节活动中，所有参展的书画与工艺作品、参加展演的文艺节目，都具备了较高的艺术水准。艺术节活动极大地激发了学生的创造能力和创作热情。每届校园文化节期间，学校诚邀有关领导、社会贤达、专业名家参观，提升品味与层次，使广大学生潜在的艺术才华竞相展示，赢得了社会的广泛关注和肯定。活动的举办，使学生因艺术而真正体会到了成功的喜悦，树立了立志成才的远大志向，也使广大师生在共同的活动参与中经历了艺术美的心灵陶冶，鼓舞了人心，增强了凝聚力，逐渐构筑了具有我校特色的群众艺术和特长教育互相结合、相得益彰的艺术教育体系，从而激起了广大师生更加高心仰止、奋发向上的激情。

三、真抓实干，让艺术教育撑起一片蓝天

庆阳三中的艺术教育取得了一定的成绩，受到社会的关注，是领导和全体教师，特别是艺术组教师真抓实干的结果。回想起来，我们经历了艰难的历程。

为保证艺术教育规划、目标顺利实现，落实好学校艺术教育工作的各项任务，学校在资金十分困难的情况下，先后投入200余万元资金加强硬件设备和基础设施建设，保证了艺术教育教学的健康发展。艺术组现有美术教学楼1幢，画室18个，器材室2个，书法工作室3个，国画工作室2个，油画工作室2个，名师工作室1个，美术组教师集体备课室一个，700平方米美术馆一座；音乐教学楼2幢，配有乐理室、声乐室、合唱室、传媒教室、舞蹈室、钢琴室、器乐室、民乐室等，各种图书及影像资料齐全，所有专业教室配备交互式电子白板、高清激光投影仪等教学设备，为艺术教育的良性运作和深入发展提供了必要的物质条件。

学校本着"美的环境陶冶人"、"为学生创造良好的校园文化艺术环境"的思想，在利用自然美美化、优化校园的同时，充分借助艺术美丰富和烘托育人环境。校园、楼道师生艺术作品装裱上墙，营造了健康、高雅的学校文化艺术氛围，创设了审美教育的外部条件。

学校十分重视艺术师资队伍的建设。学校现有美术、书法教师17人（甘肃省美协、书协会员8人），音乐、舞蹈、传媒教师15人，体育教师14人，他们全是大学学历，所有教师教学经验丰富，在教学上都形成了各自独特的风格特点，先后有6名老师获得赛课省、部级奖励。秦岩、左红霞、李锦峰等老师书法、美术作品入选国家、省、市书画摄影展览，音乐教研组吴佳璇、李峰秀等老师2016年获"一师一优课，一课一名师"国家级和省级奖励，路砚、王颖新、赵珂瑶等老师多次参加香包节、红歌会、省第十二届运动会大型节目的排演获优秀导演奖。连续举办十五届师生美术习作展以及教师作品展，先后在校内和庆阳市博物馆两次主办美术教师个人（教务主任李伟和爱人缪玉燕老师）习作汇报展和百幅油画写生作品巡回展，美术教师有多幅作品被市、内外博物馆、美术馆、政府机构以及个人收藏。师生专业作品参展获区级以上奖励800余人次。学校先后收藏各届优秀学生留校作品千余幅。音乐组老

师组织学生参加校内外大型文艺展演活动，多次取得优异成绩。体育组老师除了搞好常规教学以外，还积极参加校外组织的一切活动，有多名老师被评为优秀运动员、教练员和优秀指导教师。

艺术（音乐、美术、体育）教研组的老师们深知学习借鉴、开阔视野的重要性。他们不但认真参加省、市教研活动，而且积极参与各类学习讲座和听、评课活动，汲取他人的优点和长处，开阔自己的眼界。同时，学校先后派多名老师赴北京师范大学、中央音乐学院、中国美术学院、西安美术学院、西北师范大学、杭州七中、南宁五中、南京宁海中学、南昌一中、张家界七中、兰州五十三中、杭州象山国际艺术园区的老鹰画室、厚一学堂、之江画室、孪生画室等知名院校及工作室进行专业培训学习和艺术考察。通过这些学习活动，不断充实专业教师的知识，拓展他们的视野，为更好地教学实践不断充电。

教学和管理上我们坚持"夯实基础，升华观念，拓宽思路，引领未来"的理念，坚持为学生服务、为高考开路的原则，从学习、生活等各个方面，全方位地培养学生团结、守纪、互助、竞争、苦练的精神。画室秉承"有几分人品就有几分画品"的室训，不但教学生画画，更注重教学生做人，以"以真启美，以美引善"的审美教育让学生快乐学习。教学上，艺术组老师根据学生的不同水平，分类指导，因人施教，大大提高了教学效率。从2008年至2019年连续十年组织上百名学生赴庆阳、平凉、宝鸡、天水、陇南等地进行为期十余天的社会实践及艺术采风活动，这些活动打破了以往艺术教学的传统模式，让学生走出画室，和大自然的山山水水亲密接触，既提高了学生的绘画基本功、审美能力和审美情趣，又锻炼了学生吃苦耐劳、勤于动手、自强自立的品格，同时还增强了写生的凝聚力和集体主义团队精神。

目前，我校高中部现有24个教学班，1460名学生，其中美术、音乐、体育、舞蹈、传媒、书法等各类艺术生880人，占高中学生总数60.3%。专业辅导已具规模，现已成为庆阳市起步最早、规模最大、师资队伍最优、硬件设施最齐、教学业绩最突出的艺术类高中，为庆阳艺术教育树立了旗帜。

四、高位嫁接，全程为学生服务

面对艺术学生人数众多，师资不足的困难，我们和高校联合，聘请陇东学院、西北师范大学、陕西师范大学、西安美术学院的老师和教授给学生办讲座，现场给学生指导；假期，我们聘请原三中考入名牌大学艺术系的高年级学生回校协助专业老师辅导他们的学弟学妹，收到了很好的效果。2015年以来，为了学校艺术教学更好、更快的发展，校领导带领一线老师先后多次赴杭州、广西、西安、南京、兰州等地进行艺术考察学习，经过多次交流与磋商，我校正式与杭州第七中学、陕西师范大学、西安美术学院、西北师范大学、陇东学院等院校签订协议，建立长期帮扶合作办学关系，我校正式成为陕西师范大学本科生、研究生教育实习基地。同时，与多所高校合作进行多项学术交流，西安美术学院继续教育学院院长李玉田教授；陕西师范大学美术学院院长冯民生教授、油画系系主任、著名现当代雕塑家崔斌教授、著名油画家崔健教授；西北师范大学美术学院副院长白建涛教授；全国著名美术评论家、国画家张国荣教授；兰州大学美术学院院长徐建新教授等来我校开展讲座、课堂示范、月考评卷等活动。为了加强兄弟学校合作，进一步提高兄弟学校的办学能力，庆阳四中、五中、六中、七中、附中、环县一中、环县五中、天水五中、平凉七中、宁夏二中等领导老师来我校参观交流学习我校优秀办学经验。

我们树立以人为本的理念，全方位为艺术类考生提供服务。高考期间，由学校领导和专业老师带队赴兰州参加全省联考，统一包车、统一食宿、统一行动。专业指导老师蹲守兰州，指导学生参加全省联考、单招单考，根据学生的专业水平给出报考建议。有老师带队，学生心里踏实，有了主心骨，能最大限度地发挥自己的专业水平，同时也保证了学生的考试安全。

五、在思考中求升华，特色办学形成学校品牌

我校的艺术教育是在科学育人的教育理念指导下进行的教育改革实验所形成的学校特色，是在教育转型、课程改革、学校面临生存发展困境的情况下走出的坚实一步。我们想通过强化艺术学科教学，给学生多元化发展和职业取向搭建一个平台，促使文化课学习有困难但术科有专长的学生成才，让

他们也有接受高等教育的机会，同时我们想通过创造一种特色优势带动学校整体水平的提升。从多年的实践来看，学校特色的形成会对学校未来发展起到巨大的推动作用，学校特色形成了学校相对的优势，在区域内找到了生存空间，这种特色优势能激发师生的自信心和学习激情，社会评价也会与日俱增，2017年10月27日，庆阳市政府教育督导室专家组对我校高中素质教育工作督导评估给予高度评价，认为："庆阳三中办学理念新，课堂变化大，社团活动多，文化氛围浓，素质教育成效显著，学校办学特色鲜明。"

我们重视艺术学科教育就是重视差异化、个性化教育，就是使不同的学生接受到适合他们的教育，这种教育促进了教育公平，保障有一技之长的学生通过高考争取到接受高等教育的机会，既满足了学生多样化学习的要求，也促进了人的全面发展和社会公平。学生有出路，学校才有出路。

艺术教育促进了课堂教学改革。全校老师从音体美老师的教学实践中获得启发：如果艺术组老师光给学生讲理论是永远培养不出真正的艺术家的。他们通过艺术老师的专业辅导获得了教育的真谛。

在新的教育形势下，我们感受到了特色教育正面临前所未有的压力，如何在新形势下坚定地走好特色办学之路是我们需要认真思考和探索的。另外，这几年全省艺术类考生逐渐增多，对特长生的文化课水平要求不断提高，如何开发特长生潜能，提高学科成绩，是我们今后的工作重点。我们将在现有的基础上，不断开拓创新，找准自身的优势项目，集中精力发展优势项目群，在尊重每个学生的需要、兴趣与能力的基础上追求教育质量的提高，让特色带动整体，把特色教育做大做强，在区域内形成一定的辐射，做到人有我强，人强我优，让艺术特色教育成为学校的风格、品牌，从而提升综合竞争力，实现学校可持续发展。

2020年10月28日

深入推进改革创新
着力提升学校教育高质量发展
——实施"优教庆阳"工程之思考

王 岩

"优教庆阳"工程是庆阳市教育局贯彻落实全市教育大会精神、深入推进教育改革创新、着力破解庆阳教育质量提升缓慢问题的重大举措,市教育局直面教育发展现状,在推进"三优+"工程的同时,又推出"优教庆阳"工程。"三优+"工程着眼于扩大优质教育资源覆盖面,促进教育公平;而"优教庆阳"工程着眼于提高教育教学质量,提升教育水平。公平而有质量的教育是庆阳百姓的热切期盼,也是新时代教育赋予我们教育工作者的光荣使命,"优教庆阳"工程是一项综合工程、智慧工程、惠民工程,实施好"优教庆阳"工程是我们义不容辞的责任和义务。全校上下要充分认识"优教庆阳"工程实施的重要性和必要性,要把思想认识真正统一到市局的安排部署上来,认同"优教庆阳"、聚焦"优教庆阳"、落实"优教庆阳",要以强烈的责任感和使命感投身其中,为全面提升庆阳教育质量贡献自己的力量。下面,谈谈我对学校落实"优教庆阳"工程的几点思考:

一、明确"优教庆阳"工程实施的终极目标,增强工作的紧迫感

"优教庆阳"工程包含"管、教、学、研、评"五个方面,每个方面都

有不同的目标、不同的要求，指向不同的关键结果，我们既要遵循总体安排，又要结合实际，讲求实效。

"优教庆阳"工程解决的根本问题就是教育质量。2019年6月，《中共中央国务院关于深化教育教学改革全面提高义务教育质量的意见》正式印发实施，对科学的教育质量观进行了清晰表述，提出的"德育为先、全面发展、面向全体、知行合一"十六字方针，从不同角度对教育质量做出了界定。"德育为先"强调育人方向，"全面发展"强调综合素质，"面向全体"强调教育公平，"知行合一"强调育人方式，四个方面互为依托，牢牢指向立德树人、发展素质教育、促进学生德智体美劳全面发展的核心目标。这是实施"优教庆阳"工程的根本遵循和行动指南。"管、教、学、研、评"五个方面的出发点和落脚点，就是要"五指成拳"打破旧思想、旧理念、旧方法的枷锁，加快形成以质量为核心的教育发展体系，一体联动，融合推进，打赢一场庆阳教育转型提质发展的"翻身仗"。

二、掌握"优教庆阳"工程实施的具体内容，增强工作的责任感

管，就是要加强制度建设。实施"优教庆阳"工程必须在制度建设方面下功夫，这是基础和前提。我校虽有各方面较为完善的制度，但各处室仍要在现有制度的基础上进一步完善细化，要根据实际，在充分调研的基础上建立科学完善的制度体系，要对比查找"管、教、学、研、评"五个方面存在的突出问题，补短板、强弱项，让各项工作都有章可循，让各项制度切实落实，真正发挥制度管理引领改革、指导实践、提升质量的作用。

教，就要深化教学改革。一是课堂改革。持续细化深化优化"六步三会"课堂教学模式，教务处、教研室要大力培训指导，让全体教师在课堂上改革到位，落实到位。在此基础上，推进智慧云课堂建设，打造高效课堂。二是课程改革。去年秋季全市七年级已进入中考制度改革，今年秋季新高考改革将全面实施。中考、高考改革对课程改革提出了新的更高要求。不注重课程建设和课程实施，简单依靠熬时间、拼体力、靠"刷题"绝不利于学生学习和教育质量提升。今后，中考和高考再也没有考纲了，考试方向和重点就是学科核心素养，学生学科核心素养培养的主要载体就是课程。我们要坚定不

移地深化课程改革，推进国家课程校本化，拓展学生知识视野，各位老师要提前进入角色，研读课改方案，学习全国其他课改实验省、校的经验，确保自己成为课改实施的行家里手。总务处、教务处要未雨绸缪，提前量思考新课改所需的相关设施配套建设，确保新课改顺利进行。

学，就是深化学习改革。教务处、教研室要全面细致研究新时期党的教育方针，细化具体落实立德树人的根本任务，培养德、智、体、美、劳全面发展的社会主义接班人，重视体育、艺术、劳动教育的方法、措施，督促老师、学生改革学习观，在重知识、技能培养的同时，更要全面落实新课改方面综合化、生活化的学习内容观，坚持科学性内容与人文性内容的融合，要重视阅读、让学生懂时事、懂时代、懂历史，对社会有感知，拓宽视野和发展空间，推动学生的全面发展。

研，就是深化教研改革。全体教师要认真学习教育部《关于加强新时代教育科学研究工作的意见》（2019年10月），教研活动要以解决教育教学问题和提升专业素养和教学技能为重点，加强教研改革。要充分发挥学科教研中心、"优秀教师+"研修共同体和兼职教研员的引领示范作用，积极开展"同课异构"、教学论坛等教研活动，促进教师更新理念，提升教学水平，全面提高教研工作实效。

评，就是深化评价改革。教务处、办公室要进一步完善教师考核评价制度，要依据市、区教育管理部门的评价办法，坚持师德师风第一标准，突出教育教学实绩，强化一线学生工作，关注教育教学贡献。政教处要完善学生评价制度，要突出学生全面发展，从德、智、体、美、劳五个方面入手，多角度、全过程设计评价学生成长的发展的评价体系。以此督促学生多元化发展，促进学生全面发展，特长发展，为每个学生成长提供最优的途径。

三、落实"优教庆阳"工程的措施方法，增强工作的使命感

各处室要认真研读《"三优+""优教庆阳"工程庆阳第三中学实施方案》及《细则》，明确职责，充分发挥各部门的管理职能，突出"过程性质量"。

一要抓住关键，强力推进。要准确把握"管、教、研、学、评"五个项目的核心要义，抓住"核心目标"，明晰"基本要求"，突出"关键结果"，

细化任务分工，确定节点进度，制定工程实施的时间表和路线图，确保工程实施扎实高效推进。

二要积极探索，大胆创新。教务处要牵头组建攻关团队，挖掘内部潜能，从"管、教、研、学、评"五个项目研究构建系统出发，制定全面、特色鲜明、行之有效的机制、制度、模式、措施、办法，形成高效推进运行机制，推动学校内涵发展、特色发展、快速发展。

三要学习先进，推动发展。采他山之石以攻玉，纳百家之长以厚己。我们要以开放包容的胸襟办学，采取"请进来，走出去"的方式，扩大校际交流，向名校学习，向名师请教，学习先进教育理念，引进新的教学方式，为我校教育教学工作注入新的生机与活力，推动"优教庆阳"工程在我校深入实施。

团结协作、合力攻坚是"优教庆阳"工程能否深入推进的关键所在，学校班子成员要深入实际、躬身引领、亲力亲为，当好排头兵和领头雁；各处室要密切配合、相互支持、整体联动，充分发挥职能作用，提高管理水平和服务质量；广大教师要改进工作作风，强化主体意识，厚植教育情怀，主动作为、团结共进、善作善成，以人民群众对更高层次更优质量教育的需求为目标，以一往无前的奋进姿态，增强"优教庆阳"工程实施的使命感和责任感，扎实推进"优教庆阳"工程部署落地落实，确保项目取得预期成效。

2021 年 6 月 12 日

我的质量观校长谈

"双减"政策下如何全面提高教育教学质量

王 岩

2021年7月，中共中央办公厅、国务院办公厅印发了《关于进一步减轻义务教育阶段学生作业负担和校外培训负担的意见》，引发了全社会的关注。作为学校，要落实好"双减"政策，就必须全面提升教学质量，做到应教尽教，充分发挥好教育主阵地作用，"双减"政策的出台，将教育主导权还给了学校，为家长减轻了经济负担和精神负担。

作为学校校长，我们要从国之大计、党之大计高度思考在全面落实立德树人的根本任务时，建设高质量教育体系，有效减轻义务教育阶段学生过重作业负担，切实提升学校教育水平，促进学生全面发展、健康成长。结合学校实际个人有以下几点思考。

一、抓宣传，家校合作，遵循教育规律

做好"双减"工作是一项系统工程，需要学校、家庭、社会联动，同向发力。学校在落实"双减政策"之初，既要引导广大教师充分认识自己肩负的"为党育人、为国育才"的重任，又要充分考虑到"双减"工作给教师带来的"延长工作时间，加重了担子，加大了压力"的实际情况。作为学校的负责人，首先应站在教师的角度考虑这些实际问题，教师是落实"双减"任

务的第一生产力，为此，学校通过教职工大会、年级组、科室、备课组会议等多渠道对全体教师进行师德师风培训教育，制定了一系列激励措施，多角度、全方位调动教师干事创业的积极性，让教师乐于参与课后服务工作，提高服务质量。为此，学校加强家校配合，通过家长会、信息平台"致家长一封信"等不断加强"双减"政策宣传，教育引导学生家长摒弃"急功近利、拔苗助长"的做法，树立正确的教育观念、成才观念，不参加校外文化课培训，不额外增加学生作业负担，积极参与课后服务，避免出现"校内减负、校外增负"的现象。同时，征求家长意见，了解家长需求，充分发挥家长对学校工作的参谋和监督作用，成立家长委员会，协助学校做好课后服务工作，家校合作，坚守常态化教育，静待花开，使学生多元发展、自主发展、可持续发展，尊重教育规律，构建良好的教育生态环境。

二、抓课堂，构建高效模式，筑牢"减负增效"主阵地

"双减"的关键在于解决好学校课堂教学问题，优质的课堂教学才能培养卓越的学生，课堂是落实"减负增效"的主阵地。实现课堂增效，需要满足"四有"条件，有精准的教学目标、有合理的教学方式、有愉悦的教学氛围、有实在的教学效果。我校长期探索并实践的"六步三会"课堂教学模式，助推了教学教研常规工作和教学改革，提高了课堂实效。

1.搭建平台，促进教师专业化水平。通过开展校内集体备课、"青蓝帮带"、示范课、公开课、研讨课、同课异构、竞赛课、推门听课、说课比赛、专题研讨、主题培训等各种形式的活动，助推教师专业快速发展，为打造"精、准、透、趣"的高效课堂提供了有力的保障，筑牢了课堂"减负增效"主阵地。

2.坚定不移落实课改工作，持续推进"六步三会"课堂教学模式。经过多年实践探索研究，我校探索的"六步三会"课堂教学模式在近年来的实践应用中效果突出，大大提高了课堂教学效率。六步三会即：通过"目标展示、自主学习、合作探究、展示分享、点拨梳理、检测运用"六个环节，让学生对所学知识当堂达到"学会、会学、会用""三会"目的。这一教学模式充分体现了学生的主体地位，发挥了学生的主观能动作用，调动了学生学习的积极性，促进了学生深度学习，培养了学生自主学习能力，提高了课堂教学

效率。

三、抓作业，严格作业要求，提升学习质量

学生的负担，最直接地表现在作业上。为此，学校提出了"三控、三提"，走好双减作业管理最后一公里。

1."三控"：即控制课后服务时间、控制作业总量、控制作业时间。严格控制学生到校时间，初中部课后服务时间为工作日晚6:30—8:30，确保学生每天有9小时以上睡眠时间，课后延时服务，采取学生及家长自愿参加。控制作业总量、时间要求：政治、历史、地理、生物、音乐、美术等科目作业保证在课堂上完成，不留课后作业；语文、数学、英语、物理、化学等科目根据学情分层布置作业，总作业量不超过90分钟，充分利用课后延时服务时间，让学生在校内完成书面作业。不允许教师给家长布置或变相布置作业或要求家长检查、批改作业。

2."三提"：即提高作业设计水平、提高作业批改水平、提高作业管理水平。要求科任老师精心设计作业，做到分类、分层布置，鼓励弹性和个性化作业，以学生感兴趣、情境化、基于问题解决的高质量作业来完成完整的学习闭环，促进学生对知识的理解、迁移与运用，做到举一反三、触类旁通，真正做到"减负不减质"；要求老师对作业全收全改，注重鼓励性评语，精准分析作业存在的问题，及时反馈，利用课后服务强化作业分类指导；同时，完善作业管理制度，将作业布置、批改纳入考核，每月检查通报一次、每学期开展一次作业展评，对优质的作业及批改予以表彰奖励，树立先进，激励全体师生。我校作业规范化管理初见成效，逐步达到减负增效的目的。

四、抓辅导，因材施教，分层服务

为满足学生多样化学习需求，有效实施育人活动，学校担负起了"育人主阵地"的使命职责，课后服务工作本着"服务+减负"的理念，遵循教育规律和学生成长规律，促进学生全面健康发展。优化丰富多元的校本课程，挖掘校园内师资、环境、设施、硬件等各类资源，谋划课后服务内容，做实"课后育人"工作，为学生提供丰富的校内学习内容，增强对学生的课后服务供给，

激发潜能，搭建学生个性成长活舞台。

1. 开展作业辅导。课后服务在学生自主学习、合作探究的基础上，组织学科教师"走班指导"，为后进学生个别辅导，为学有余力的学生拓展学习空间，为学生顺利完成作业提供优质服务，既解决了"学优生"吃不饱的问题，又解决了学困生"吃不了"的问题，基本做到当天的问题当天解决，激发了学生学习的能动性。为避免把课后服务作为课堂教学的延伸，杜绝将课后服务变成集体上课、讲授新课的现象，建立了教务处、值周组每天严格检查考核机制。

2. 开展兴趣活动。学校在落实"双减"工作时，充分尊重学生个性，学生选择，对国家课程进行校本化实施，满足不同层次学生需求。每天下午课后，保证学生在校就餐并参与校园体育活动1个小时，锻炼了身体，助推了健康习惯的养成。同时，学校充分利用多年来开发开设的书法、安全、礼仪、机器人、科技创新、航模、车模、心理健康、文学教育、美术、音乐、体育、英美日文化鉴赏、社会实践课、地方戏剧传播等30多门校本课程，为学生提供内容丰富、形式多样、载体创新的"多元化"的成长路径和成长方式，学生人人参与，每人都能选择心仪的校本课程，每周开展两个课时活动。让全体学生通过"多元化"的教育释放天性，培养特长，促进学生个性发展、全面发展。

就近半年的实施效果看，课后服务分层指导，受到了学生和家长的好评和肯定，也在逐步解决家长的后顾之忧。

总之，"双减"工作，它赋予了学校最大的责任与更多义务，因此，我们作为学校的负责人，一定要去除教育的功利化、短视化、繁冗化的想法和做法，要从孩子身心发展规律出发，遵循教育规律，以"为国家培养德、智、体、美、劳全面发展的优秀人才"为目标去做中长远规划，引领学生的成长，培育祖国的未来。

目前，"双减"工作在义务教育阶段学校已普遍开展，但"双减"任重道远，面临的问题接踵而至，诸如"双减"工作带来教师负担增大，学校经费捉襟见肘、活动场地有限、家长观念的转变、学校管理机制的探索、教育主管部门的评价等诸多问题，都是我们今后要一一面临和解决的问题，学校担起了"为党育人、为国育才"的使命，还需政府、教育主管部门发挥强有力的领导作用，破解"双减"工作遇到的难题，才能真正解决群众急难愁盼的问题推动形成良好的教育生态。

教育环境在变，但育人初心不改，我们会更加脚踏实地，开拓创新，以人为本，探索"双减"背景下全面提升教育教学质量的良策，确保学生在校内学足学好，让学生学习回归校园，促进学生德智体美劳全面发展，为国培育英才。

三、教师队伍建设

在教研组长、年级主任会议上的讲话

王 岩

各位教研组长、年级主任：大家好！

今天把各位召集到这里，是想和大家共同探讨我校发展和教学质量提升问题，各位都是学校精心选拔出来的教研组长和年级主任，是学校的精英人才，是骨干，是中流砥柱，是学校发展的关键。我们这些同志素质和能力，直接体现了学校教师的整体水平和将来的发展。庆阳三中管理水平要上新台阶，教学质量要有大的突破和提升，重担无形之中已经落到了我们在座的身上。今天我们把大家召集来开会，目的是要统一认识，明晰职责，为落实庆阳三中八届一次教代会通过的五年发展规划的各项目标任务献计出力。下面我代表学校对大家讲几点意见：

一、充分发挥骨干示范、引领作用，积极大胆地参与学校各项管理工作。大家都是我校师德高尚、业务精良、能力优秀的骨干教师，是学校教师队伍的中坚力量，更是出色完成教育教学任务的保障。庆阳三中的每一点进步和发展，都倾注了大家的辛劳。你们是学校各项制度、措施的策划者和贯彻者，特别是我校近年来，由于对生源没有重视或重视不够，导致学生基础差，底子薄，老师的付出和收获不成正比，因而有些老师有怨气、有牢骚，我们在座的大家要站在学校的立场，开导老师，引导他们正确、全面地面对当前的形势。同时，也由于学校长时间没有修改管理制度和考核制度，导致在管理过程中，旧制度解决不了新问题或奖励制度不能调动大家的积极性，致使一些老师对自己的工作缺乏应有的激情和魄力。加之还有一些年轻老师教学经验不足，教学能力欠佳，工作态度也有一定的问题，不能很好地按照教学要求和学校制度办事，对学校的制度还不能很好地贯彻落实。针对这些问题，学校制定和修订了一些相关制度，用以奖励、规范和约束师生的行为，我们的组长就要成为模范遵守学校制度的示范者，大胆地参与学校教育教学的管理工作，对学校的建设要献言献策，以高度的主人翁精神关注学校的一切工作。你们是学校管理工作中的左臂右膀，要有"校兴我荣"的意识和理念。

二、要用发展的眼光审视学校，对学校的发展要有坚定的信心。自信心对一个人来说是十分重要的精神支柱，也是人们行为的内在动力。近年来，庆阳三中一些老师和学生对自己缺乏应有的自信心，总认为我们和其他学校相比有差距，学生差，考学没希望，因而工作中懈怠、不自信，甚至对教学抱着应付的态度。他们没有用发展和对比的眼光看待学校和学生的进步，我们学校在现有的生源条件下，每年高考二本以上还有一百多接近二百人，有相当一部分学生还被重点大学和一本院校录取；初中每年要为省级示范高中输送一百多人，多门学科在全区取得第一名、综合排名一直处在全区前两名的好成绩。学生的行为习惯和其他学校相比，我们的学生显得更为优秀。所有这些成绩，足以让我们对学校、学生产生强大的成功信心。爱尔兰著名戏剧家萧伯纳曾经说过："有信心的人，可以化渺小为伟大，化平庸为神奇。"在我们的生活中，有一句常说的话"自信心是成功的一半。"这些都说明了自信心在我们生活中的重要性。

在学习和工作上，如果缺少了自信心，就会缺少和失去前进的动力。有多少人因为缺少自信而走向人生的低谷，又有多少人缺少自信而失去成功。自信是成功的基石！因此，作为学校的管理者，对学校、对学生一定要充满胜利的信心，用自己的饱满激情和信心，感染和鼓舞其他老师和学生，要为学校的进步寻找条件，不为后退拼凑理由，让庆阳三中迈上通往成功的阳光大道。

三、明晰工作职责，细、实、勤地做好本职工作。教研组长要按照学校教务处、教研室的安排，负责各学科教研组和备课组的建设工作；抓好教学研究，进一步地探索、落实我校"六步三会"课堂教学模式，提高课堂教学效率；高效组织本学科教学活动。特别是要抓好教学常规，对本组老师的集体备课、上课、听课、辅导、作业批改、教案审阅、考试题审定和把关、阅卷组织、成绩评定、青年教师帮扶培养、课题研究、本学科学优生、学困生培养和帮扶等工作，要有计划、有措施、有分工，周密安排，落实到位，并对活动的资料收集整理。年级主任要紧密配合各包级主任，不折不扣地落实学校对教师和学生的管理工作要求。要一丝不苟细干，扑下身子实干，来回走动勤干；督促年级干事做到：按节检查通报，按天小结反馈，按周总结评比，按月汇总定等；要根据本年级的实际情况，定期和不定期地召开学生大会，反馈要求工作；检查评比教师的教学和管理工作；定量定性考核班主任工作；持之以恒抓好安全卫生工作；定期和不定期地检查教师的教案和学生的作业；有计划地做好考试的组织和成绩的评定工作；要按照德育工作大纲和学校要求，全力以赴地抓好本级学生的德育教育工作，组织形式多样、内容丰富、昂扬向上的德育教育活动，用社会主义核心价值观教育学生，让学生健康、阳光、快乐地接受学校教育。要对本年级教师队伍、班主任队伍有目的、有计划、有针对性地开展教育和帮扶工作，形成团结、向上、富有责任心、乐于奉献的教师团队。

四、志存高远、持之以恒，追求自身的专业成长。我们拿什么资本当组长？不是凭借年龄大一点、教龄长一点。组长应该是组内业务的"权威"，在本学科领域内教研组长是本校的"领衔人物"，年级主任是本校有思想，懂管理，有责任的"核心人物"。所以工作的性质要求我们业务精湛，志存高远。从这点上讲，组长不仅是学生的老师，他还是教师的老师，他要和教师共同成长，他要负责听课、评课、督导教师的教书育人工作，他要能从较高的角度俯瞰教师的教学和管理实践。这就决定了组长要成为苏霍姆林斯基所讲的那样："只有当教师的知识视野比教学大纲宽广得无可比拟的时候，教师才能成为教育过程的真正的能手、艺术家和诗人"。所以，我们在座的必须是：终身学习者、合作者、研究与交流、实践者。要以自己的爱学精神，去激励周围的教师远离浮躁，静心读书，走向大师，与时代同步。只有组长自己重视学习，才会知道什么样的理论和经验值得组织组员学习和实践。组长的观念影响着一所学校某门学科发展的方向，组长的科研水平决定着一所学校学科教研的高度，决定着学校学科教学发展、教师专业成长的程度。对于不同、差异、甚至另类要学会尊重和接纳，要学会"求大同，存小异"，要学会很好地与领导合作、与同事合作、与学生合作、与家长合作，在合作中共进。也正是组长的精诚合作，才使整个组内部可以互通信息，交流体会，取长补短，相互借鉴，其乐融融。组长要根植课堂，痴心课堂教学。他要有前卫的课程意识，不仅明晰教什么，明了为什么教和怎么教，更重要的是引导学生如何学。

现在一些学者们提出"专家引领，自我反思，同伴互助"的教师成长模式，载体是校本教研，平台就是教研组和年级组。其实简单地归结一句话，就是在研究中成长。教师只有成为研究者，教育才能有高度。唯有此，我们的组长这个没有权力的"官"，才能在组内"威风八面"，才能靠智慧点燃智慧，才能引领好你的团队！

五、创新管理模式，不拘一格带领好自己的团队。各位组长，要对学校会议上形成的决议要不打折扣去完成，要创造性地开展工作，把工作开展得比领导想象的还要好。工作要有布置、有检查、有落实，要不尚空谈，求真务实，真抓实干。本组成员上下要心往一处想，劲往一处使，要使本年级组、本学科组人员之间进行平等交流，多沟通，要努力化消极因素为积极因素，主动配合，互相理解，多补台少拆台，常换角色替别人着想，互谅互解、增强团结，形成凝聚力和合力。要敢于打破常规，用创新思维去考虑问题，去分析问题。对老问题要有新思路，对新问题更要有新思维。要把竞争机制引入教学和管理工作之中，学科组之间要展开比赛，力争本学科在高考、中考中名列第一，年级组之间要比管理、比学风、比教风，比升学率。管理中要有《亮剑》李云龙的带队思维，不拘一格，唯求出实招，打胜仗。

各位组长、主任，"一个篱笆三个桩，一个好汉三个帮"，你们是庆阳三中的中坚力量，更是我这个校长的得力助手，我相信大家一定不会辜负学校、学生、家长、社会对我们的期望，在我们的共同努力下，我们学校的教学科研建设，教师的能力提升，教育教学质量都会有一个质的飞跃。

在全体教职工会议上的讲话

王 岩

各位老师：

大家好！

刚才教务处和政教处两位主任通报、小结了各自的工作，数据详实，有说服力。从通报中可以看出：老师们在管理和教学中做了大量的工作，才是我们的教风、学风、校风有了极大的好转，对大家的辛勤付出在此表示感谢！通报中也反映出了许多问题，说明我们的工作还有许多地方需要改进。为了使我们的各项工作能再上一个新台阶，根据我平时的观察，结合西峰区《关于在全区教体系统纵深推进干部作风大整顿及集中开展不作为、慢作为、乱作为专项整治活动实施方案》的精神，我们教职工在今后的工作中要树立五种意识。

一要树立责任意识。责任就是分内应做的事情，也就是承担应当承担的任务，完成应当完成的使命，做好应当做好的工作。责任意识，就是清楚明了地知道什么是责任，并自觉、认真地履行职责和参加实践活动，把责任转化到行动中去的心理特征。一个教师的责任意识，就是师德的根基，是教师工作的动力。责任意识支配着我们的行为，我们只有对教育充满使命感和责任感，才能积极地投身到教学研究之中去，在工作中积极主动发现问题，研究问题，解决问题，不断创新，去想方设法改进教学方法，提高教学水平，挖掘学生的潜能，不断提高教学质量，而缺乏责任意识的教师工作通常是敷衍塞责，得过且过。刚才通报的班主任班会组织不认真，检查宿舍违禁物品不经常，课间跑、眼保健操组织不力，上课不备课、备课不认真，只教课不组织学生，辅导、监考工作中看书看报玩手机等现象，都是工作缺乏责任心的表现。马卡连柯说过："教师的威信首先建立在责任心上。"我们要千方百计地、认认真真地备好上好每一节课，积极负责的完成自己的本职工作，班级管理中要时时刻刻把学生放在心上，把学校的大事小事放在心上。要严谨治学，加强学习，用自己渊博的知识、对教材的通透的理解上好每一节课。要一言一行为人师表，传递正能量，要以《教师的职业道德规范》为根本，进一步弘扬担当精神，尽职尽责做一个学校信任、家长放心、学生欢迎的好老师。

二要树立质量意识。教学质量是学校的生命线，提高教学质量不仅需要科学高效的管理，还需要全体老师的共同努力。今年区教体局与我校签订的目标任务是：2017年中考综合名次进入全市前20名；九科应考总平成绩和去年比较，不低于去年全区名次（去年全区我校第二）；九科实考总平成绩高于全市九科实考总评成绩20分；实考学生中庆阳二中分数线上学生达35%。2017年高考总进线率达到93%；文化课考生二本及以上进线率达到20%；艺术及体育类考生二本及以上录取率达到40%。要完成中、高考目标任务，我们全体老师，特别是高、初三老师要高度重视，要把学校分配给各班的任务责任到人，细化过程管理，要有明确的备考方案，扎实认真的推进复习工作；教务处、教研室要跟踪监督、指导好高、中考工作，积极收集各类信息，给予备考方向性和目的性指导，确保完成区教体局下达的目标任务。其他年级要认真落实各项常规工作，注重抓好教学和管理中的每一个环节，确立高、中考要从起始年级抓起的思想，全体任课老师要认真备好、上好每一节课，要研究教材、教法、学生，扎实有力的推进"六步三会课堂教学模式"，提高课堂教学效率，把课堂作为提升教学质量的主阵地。根据我的观察：我们的集体备课效率不高，实用性不强，质量有待提高。为此，教务处、教研室在推门听课的同时，要重点检查老师的备课情况，看是否有准备，是否完成教学任务，学生是否学会，课堂是否高效。这一学期，教务处、教研室对各级大部分老师的课进行了跟踪听课，并进行了评课反馈，有力地促进了教学工作，今后在坚持听、评课的同时，还要加大对辅导、作业批改的检查，要以此活动督促老师、学生的教学和学习行为，使我们的教学工作细化落实到每一个教师、每一节课、每一本教案、每一个学生、每一本作业、每一张试卷。各位老师要全力配合学校管理，树立质量意识，抓主保重，切实提高我校教育教学质量。

　　三要强化纪律意识。"纪律是一个团队生存和工作的保障。"我们每一个老师既要坚守党的纪律，用党纪国法要求自己，规范自己思想行动。还要自觉遵守学校的规章制度，要遵守上课纪律、考勤纪律、请假纪律、工作纪律。本学期，为了培养大家自觉工作的积极性，营造宽松的工作氛围，使学校走上内涵发展之路，我们淡化了坐班考勤工作，注重了老师上课、辅导的管理考核，绝大部分老师爱岗敬业，不迟到、不早退，堪称模范。也有个别老师不按时上班，上班时间外出游玩，影响不好。学校"八届一次教代会"讨论通过了一系列制度和管理办法，就是用来规范我们的行为准则，同时也与各位老师的年终职称考核挂钩，希望老师们为了学校利益、自身利益，严格遵守，时刻以制度规范教学行为，严格依法执教，并用制度规范自己的言行，经常用制度"照镜子"，塑造良好的教师形象，使我校教育教学环境风清气正。

　　四要强化安全意识。"学校安全重于泰山。"我们大家要高度重视安全稳定工作，树立了"珍爱生命，安全第一，责任重于泰山"的意识，抓好学校安全稳定工作，努力构建平安校园。政教处、法制处、年级组、班主任、总务处、教务处等都要坚持"预防为主、防治结合、加强教育、群防群治"的原则，要通过安全教育及演练，增强学生的安全意识和自我防护能力；要严格落实制定的各类安全制度与措施，建立安全台帐和安全预案制度，层层签定《安全目标责任书》，坚持把安全工作放在第一位，切实保障师生人身安全和财产不受损失，维护学校正常的教育教学秩序。要持之以恒地坚持每天安全教育20分钟，对学生的违禁物品、上课人数、实验室有毒药品、晚休学生人数、师生大灶卫生、课间纪律、用水用电等的检查常抓不懈，消除学校大环境和班级治安秩序的各种安全隐患。

　　五要有规矩意识。人不以规矩则废，我们每个老师既要遵守党章、党纪、国法、党的优良传统这些总规矩，也要自觉遵守教育教学的规矩。认真按照教学常规和管理常规工作，在任何时候任何情况下都要在思想上、政治上、行动上同党中央保持高度一致，同时也必须维护学校的团结稳定，服从学校的工作安排，团结同志，遵循组织程序，工作中该请示的请示，该汇报的汇报，不允许超越权限办事，要杜绝自由散漫、目无组织，弄虚作假等不守规矩的行为，通过自己的言传身教，让学生耳濡目染，做事遵守规矩。

老师们，本学期已进入尾声，我们要严格按照开学初的计划安排，扎扎实实地抓好后期的各项工作。教务处、政教处通报的各项工作，要对照到级组、个人、团队小组，做好补救和落实工作，随后学校要按照区教体局《关于在全区教体系统纵深推进干部作风大整顿及集中开展不作为、慢作为、乱作为专项整治活动实施方案》检查落实我们的各项工作。

谢谢大家！

2016年12月7日

在全校教职工开展师德师风专项整治活动动员大会上的讲话

王 岩

各位老师，大家好！

今天我们在这里召开师德师风专项整治活动动员及安排会议，是根据省教育厅、市教育局、区教体局关于《加强师德师风长效机制建设实施办法》的有关精神以及我校教职员工师德建设面临新任务和新要求做出的决策部署，既具有现实性，又具有紧迫性和战略性。

3月22日，我市环县二中教师马某某在教室严重体罚学生的事件，引起了社会各界的高度关注。省委、市委领导分别作出了重要批示，要求查明事实，严肃处理。教育厅厅长王嘉毅就此事作出批示，要求各级各类学校要组织教职员工认真学习《中华人民共和国教育法》《中小学教师职业道德规范》等有关法规制度，以此为戒，举一反三，认真查找教师队伍管理和师德师风建设中存在的问题，严禁教师体罚学生，增强广大教职工关爱学生、爱岗敬业意识。我校接到上级通知，立即于3月28日召开行政会议，安排部署了此项工作，今天就此项工作我讲几点意见，希望各处室、全体教职工遵照落实。

一、充分认识开展师德师风教育的重要性、必要性

开展师德师风建设活动，既是当前形式发展的需要，也是学校发展的需要，还是教师自身发展的需要，更是践行社会主义核心价值观的需要。2007年8

月，胡锦涛总书记《在全国优秀教师代表座谈会上的讲话》中，对广大教师提出了"爱岗敬业、关爱学生；刻苦钻研，严谨笃学；勇于创新，奋发进取；淡泊名利，志存高远"的"四点希望"，这是新时期师德师风建设的总要求，我们要全面贯彻认真落实，切实加强教师队伍建设，提升广大教师师德师风水平，努力树立教育的良好形象。作为人类灵魂的工程师，肩负着全面贯彻党的教育方针，实施素质教育，提高教育现代化水平，培养德、智、体、美全面发展的社会主义建设者和接班人的历史重任。我们要从确保党的事业后继有人和社会主义事业兴旺发达的高度，从全面建设小康社会和实现中华民族伟大复兴梦的高度，从落实科学发展观，落实科教兴国、人才强国战略的高度，从践行社会主义核心价值观的高度，充分认识新时期加强和改进师德建设的重要意义，身体力行地去践行师德规范，自觉做人民满意的教师，学生爱戴的教师。

"师者，人之模范也。"师德师风既是一个学校办学实力和办学水平的重要标志，又决定着学校的学风和校风，决定着一个学校的精神风貌。我们一定要从学校发展的战略高度，统一思想，提高认识，正视和重视师德师风问题，增强师德师风建设的紧迫感和责任感，把这项活动作为学校可持续发展系统工程的重要环节，集中精力抓紧抓好，努力实现"办优质初中，特色高中，突出术科教育，办人民满意的学校"的办学目标。

随着社会的发展，教师的责任更加突出了，教书育人工作的标准更高了，教师不但要教学质量强、业务精湛，而且要具有高尚的师德和人品。所以，师德师风不是空泛和抽象的，它与教师的思想觉悟、价值观念、道德水平、工作态度等息息相关，并在教师的教学、科研等各项工作中具体地显示出来。我们学校的发展，正是由于有白玲粉、徐定国、田巧荣、赵建学、陈婷等一大批爱岗敬业、辛勤耕耘、爱生如子、无私奉献的老师，铸就了我校优良的教风和高尚的师德师风，使我校历年来在社会上享有良好的声誉。但我们也要对我校师德师风建设中诸如：育人意识淡泊，对学生缺少关爱，对本职工作得过且过，敷衍了事，将学生赶出教室的行为也偶然有之，上课接听手机等现象依然在个别老师身上发生，还有极少数教师缺乏责任心，备课不认真，课堂不能组织学生、不能调动学生学习积极性等等不尽人意的状况和现象依然存在，我们必须予以警惕，切不可掉以轻心。

二、加强学习，提高认识，依法执教

各位老师要认真学习《中华人民共和国教育法》《教师法》《未成年人保护法》《教师资格条例》《中小学教师违犯职业道德行为处理办法》《教育部关于建立健全师德建设长效机制的意见》《严禁中小学校和在职中小学教师有偿补课的规定》等法律法规和系列文件精神，学习习近平总书记"四有"好教师内涵、《中小学教师职业道德规范》《西峰区教职员工作风建设十条禁令》，提高认识水平和思想觉悟，增强依法执教意识，牢固树立崇高的职业理想，自觉用教师的职业道德规范指导自觉的思想和行为。各位教职工要积极自学，各处室、年级组、教研组还要利用各种会议组织集体学习讨论，政教处、法制处、团委可以就此项工作组织各种竞赛和辩论活动，促进学习的深入持续开展。

三、明确责任，建立健全管理机制，促进师德师风建设

学校已经建立了师德师风建设领导小组，成立了办公室。强化师德师风建设的主体是学校，第一责任人是校长。各处室、年级组、教研组也要依据各自管理的范围和权限，成立相应的师德师风建设执行小组，使师德师风建设工作贯穿于学校管理工作的全过程。各处室、年级组、教研组负责人是本组师德师风建设的第一责任人，要充分认识此项工作的政治意义和现实意义，调动和带领各自的教职工紧密配合学校的工作，形成加强和推进师德建设的合力，要将德育教育渗透在教师的日常教育教学行为中，实行师德师风表现一票否决制。

四、强化质量意识，提升教育水平

教育的中心工作是教学，教学的永恒主题是教学质量。通过本次师德师风学专项整治活动，学校希望全校教师要牢固树立以教学为中心的思想，切实增强提高教学质量的紧迫感，认真分析新课标背景下的中考、高考形势，理直气壮抓教学，大张旗鼓抓质量，求真务实促发展。要突出教学中心地位。

管理者要经常深入到课堂，深入到一线，深入到学生中去，带头听课、上课、指导教学，做教育教学的行家里手和提高质量的带动者、促进者。广大教师要树立"校兴我荣，校衰我耻"的观念，把个人利益和学校发展紧密联系在一起，全身心地投入教学工作。教务处要抓好教学常规落实，优化教学全程管理。加强对教学计划、备课、上课、作业、辅导、活动、考试等教学环节的管理。加强对教学过程的监控，增强教与学的目的性、计划性，克服盲目性和随意性。对集体备课、课堂教学、作业批改、考试检测等环节进行精细化管理。教研室要抓好校本教研，强化集体备课，深化课堂改革，提高教学效率。要继续坚持和不断完善集体备课制度，加大对集体备课管理、指导和评估的力度，确保集体备课落到实处，促进校本教研层次的提升。要继续把提高课堂教学效率作为教学改革的切入点和教学研究的着力点，向课堂45分钟要质量，全面优化课堂教学，在改进教法、指导学法上下功夫，促进学生学习成绩和综合能力的提高。要注重培养青年教师，要把社会主义核心价值观教育和师德、法制、心理健康教育作为必修课，引领方向，依法执教，纠正偏差，增强动力，要引导教师消除职业倦怠心理，树立乐为人师、乐做名师的职业理想。

五、树立正面典型，广泛宣传，发挥榜样示范作用，促进师德师风建设

办公室要充分利用报刊杂志、电视广播、网络等媒体，对我校在师德师风建设整治活动中涌现出的先进个人、优秀级组、教研组、团队要大张旗鼓地宣传报道，学校要对正面典型教师、团队予以奖励，促进我校重师德、尚师德、修师德良好风气的形成，激励老师把全部精力投入到教书育人工作中去。

老师们，我校师德师风建设的主流和成绩是值得肯定的，我们要充满信心。但是，对我们在师德师风中存在的问题，要有足够的认识，要认识到它对学校发展和广大教职工的切身利益的严重伤害。我们每个人都要以环县二中的马某某为警戒，革除自己的不良行为和弊端，以有力措施和高度自觉的精神履行教书育人的光荣使命，做一个对家庭、对学校、对社会负责的好老师。

目标引领　团结一心　披坚执锐　再创新功
——在2018届高、中考总结表彰会上的讲话

王　岩

老师们：

　　大家好！

　　2018年高考、中考所有结果已经全部揭晓，我校413名同学参加高考，被各级各类院校录取381人，应届生二本进线率为36.32%，在全市32所公办高中排名第七，较上年进线率增长了6.21%，增长率在全市32所公办高中排名第六，石逸萱、张超等15名术科考生取得了各类院校专业单招考试前三名，石逸萱、张超、齐旺龙等二十多名同学被中国美术学院、西安美术学院、浙江音乐学院等知名院校录取，文理类考生张奎水、刘洋、郑品轩等8人被陕西师范大学、中国矿业大学、天津工业大学等重点大学录取；高三年级全面完成了学校下达的各项高考指标，取得了很好的成绩。本届初三年级498名学生参加中考，综合排名全区第二，九科人均总分较上年提高了45.62分，庆阳一中录取分数线上95人，庆阳二中录取分数线上172人，5名同学进入庆阳一中榜前50名，初三（10）班郭佳佳同学以930.5分的优异成绩名列庆阳一中榜第11名。

　　近三年来，我校在区委、区政府和上级教育主管部门的正确领导下，全体教职员工同心同德、团结协作，鼓足干劲，自我加压，积极探索教育教学

的新方法、新途径，克服重重困难，在教育教学的各个方面都取得了优异的成绩，学校稳步发展，整个校园呈现出文明向上、平安和谐的良好局面。高、中考成绩不断提升，2017年高考二本进线率30.11%，较2016年提升了13.04%，2018年二本进线率36.32%，较2017年提升了6.21个百分点，专业生二本以上录取率2016年33.57%，2017年48.38%，2018年达50.39%。中考合格率、九科平均分、优秀率三年来全区综合排名屡居前二名，2018年人均分为631.79，比2017年高出45.62分。2017年全市高中素质教育督导评估中，我校在十所被督导的学校中，排名第二，荣获优秀奖。今年学校被西峰区委、区政府授予"西峰区高中教育优胜集体"奖和"教育系统先进集体"奖，被西峰区教体局授予"完职中教育教学质量进步"奖、"初中教育教学质量优胜"奖。

这些成绩的取得，既是高三、初三老师严管细抓的结果，也是全校师生团结拼搏、共同努力的结果，更是大家一心一意谋发展、砥砺前行抓质量的结果。在此，我代表学校对各位的辛勤付出表示衷心的感谢！

刚才杨校长对2018届高、初三高考、中考成绩做了通报和分析，学校对成绩突出的优秀个人进行了表彰奖励，在这里我对全体老师的辛勤付出表示衷心的感谢！回顾一年来的工作，我们最切身的感受是教学成绩的稳步提升及上级部门对我校教育的认可；最深刻的变化是教师思想观念的转变和工作能力的显著提升；最宝贵的财富是在攻坚破难、改革发展中统一了思想、提振了士气，坚定了信念。我们既收获了有目共睹的成果，也积累了弥足珍贵的经验，这也是我校教学工作得以持续健康发展的有力保证。实践证明，提高教育教学质量，必须从严、从实抓教学常规管理；必须注重教学改革；必须发扬奋发有为、敢为人先的进取精神；必须以勇于担当、顽强拼搏的姿态破解难题。只有上下同心，齐心协力，我们才能战胜各种困难，达到既定目标。这些成功的经验，也为我校今后工作指明了方向，奠定了基础，这也是推动我校教学工作再上新台阶的一笔宝贵精神财富。

从成绩分析来看，尽管总体成绩较好，但细化到具体科目、班级、个人以及班级完成任务情况来看，相互之间还有很大的差距，只有缩小这些差距，才能使我校的高考、中考成绩获得快速大幅度提升。为此，研究当前我们的工作现状，是摆在我们面前最紧迫的任务，希望大家对照杨校长的分析，反思自己的教育教学工作。

过去的成绩已成为历史，历史越辉煌意味着今后的挑战更加严峻。我们在教育教学质量方面交出的答卷与社会各方的期待以及我们的目标要求，还有一定的差距。为此，我就如何提高教学质量再提几点要求：

一、施行目标引领，形成激励机制

2019年高、中考已经近在眼前，但通过我平时的察看，一些老师在上课和辅导工作中，还存在粗、懒等敷衍现象，备考欠深入，效率不高。高考、中考各项指标已下达给各班，各班主任、科任老师要全力以赴，细抓严管，容不得有半点闪失，要摸准高考、中考命题方向，钻研考试大纲及模拟试题，落实复习计划，找准成绩增长点，采取切实可行的教学举措，求真务实，确保完成任务。高三各班要对目标学生逐人逐科进行研究分析，缺什么补什么，力争使二本上线率较今年有新的突破；初三在抓好尖子学生培养工作的同时，还要抓好学困生的补差工作，力争使省级示范高中招生榜上的总人数和前20名的学生人数比今年有所突破，九个科目人均成绩较今年有大的提升。学校给高三、初三下达的目标任务，实际上是学校将教体局下达给我校的任务进行了具体分解，学校有压力，包级领导有压力，我们的老师更要有压力，要管好教好我们的学生，要有高、中考质量上不去誓不罢休的决心和信心，努力实现2019年高考、中考成绩的提升。学校将按照《庆阳三中高、中考目标责任奖惩方案》，奖优罚劣，要将教师的高、中考成绩作为评优选模的直接依据，并纳入年终考核。

二、加强师德师风建设，增强责任心

师德师风建设是学校永恒的工作，近年来，师德师风问题带来的负面影响，想必大家都清楚，教体局也将师德考核做为教师年度考核的首要环节和主要因素，师德考核通过学生、家长、教师和考核领导小组四方评价来进行考核，其中优秀比例不超过教职工总数的30%，年度考核优秀者必须在师德师风考核优秀人员中产生。而且作为对教师进行评优选先、职称评聘、职务晋升及奖惩等重要依据，凡推荐申报市、区级优秀个人的，当年度师德考核必须为优秀等次。

教师是学生行动的标杆。其身正，不令而行；其身不正，虽令不从。我们的每一名老师，都要爱岗敬业，热爱学生，尊重学生，关心学生。要有强烈的责任心，只有这样你才会真正全身心地投入，认真备课，精心组织每一次讲稿，认真对待每一堂讲课，想方设法把尽可能多的知识传授给学生。

三、全校上下一盘棋，全力以赴抓好教学这个中心工作

教学质量是学校的生命线，也是我校生存发展的最重要的基础保障。全力抓好教学，要从以下几个方面着手。

1. 一丝不苟抓教学常规。教学要向"精细管理"要质量。我们的许多工作还要往深里做、实里做、细里做。教务处、年级组、教研室、教研组要齐心协力抓好老师的备、讲、批、辅、考各个常规环节，要落实好我校以及西峰区教体局制定的教学常规，要通过集体备课、上课、听课、作业检查树立典型，鞭策后进。教务处、政教处、法制处、教研室领导要深入级组、课堂，调研、分析、指导，出主意、想办法、给措施，既要做好检查、督促和考评工作，更要做好指导工作。各位老师要一门心思钻研教学，吃透教材，设计教法，编写教案，上好每一节课，改好每一本作业，抓好每一名学生。年轻教师要撰写详实的教案，既要备写清楚教法、教学环节，更要有详细的知识内容。教务处在检查教案时要对年轻教师重点检查，督促他们尽快成长起来。

2. 坚持不懈抓教研。我们的教研活动要以集体备课、研究性学习指导、听评课、课题研究等为平台，各位老师要认真参加各项教研活动，在活动中做到保证出勤、积极参与、勇于承担任务、及时总结经验成果。集体备课时要博采众长，虚心学习，认真备好每一堂课，明确教学目标、了解学生情况、确定教法、理解教材的重点难点疑点、课堂设计、落实课后练习。课后及时反思，不断总结提高，确保每堂课的课堂效益、教学质量。要加强业务学习，钻研多媒体教学手段使用技术和方法，增大课堂容量，提高课堂教学效率。

3. 全员参与抓管理，使学生养成良好的学习习惯。我们的学生学习习惯普遍较差，老师上课时如果只顾自己教，不理睬学生是否认真听了、学了，

这样，你肯定做的是无用功。每一位老师要在教知识的同时，大胆参与管理，不要把管理的责任全推卸给班主任，要帮助学生改正课堂上的坏习惯，掌握正确的学习方法，形成良好的学习习惯。对课堂上反复捣乱、不听从老师教导的学生，教务处、政教处要依据《义务教育法》《未成年人保护法》《中学生守则》等制定出管理办法和措施，从严管理。

四、强化"一关三抓"管理，促进学生全面发展

"一关"是关注学生。帮助学生制定自己的目标，激发学生的内在动力。"三抓"：一抓学生的思想教育。毕业班的学生，面临毕业，思想比较复杂，他们当中有自信、迷茫、自暴自弃、焦虑、浮躁等心态，针对这些情况，我们要利用班会时间坚持对学生进行教育、引导，保持与家长的联系。各任课教师要和班主任密切配合，齐抓共管，培养学生的高、中考意识和刻苦学习精神。二抓学生的常规教育。我们从落实班级常规管理制度入手，坚持学生日常行为规范养成教育，确保"习惯好、班风正、学风浓"。关心、爱护、体贴学生，激发学生学习兴趣，杜绝后期管理中的"散、懒、乱"现象发生，为学生营造良好的学习氛围。三抓"潜能生"的转化工作，并针对学生的不同情况，找准切入点进行帮扶，最大限度使"潜能生"少惹麻烦，少拖后腿。毕业班教学时间紧，任务重，科目较多，要求教师精讲精练，不允许做重复劳动，加重学生课业负担。

五、坚持德育为首，抓好学生的思想道德建设

德育是学校教育的灵魂，是学生健康成长和学校工作的保障。因此，我们必须把德育工作摆在重要位置，时刻树立"教书育人、管理育人、服务育人"的思想，把养成教育作为德育工作的重心，培养学生远大志向，树立正确的人生观、价值观和世界观；各部门、各班级要按照开学既定的活动安排，保质保量地组织好开展好各类活动，创建富有人文气息的校园文化环境，让学生在浓郁的文化环境中提升素质，修炼品格；要进一步完善"学校、家庭、社会""三位一体"的德育工作网络，坚持法制教育、警示教育常规化和制度化，形成"全员育人、全过程育人、全方位育人"的德育工作格局。

六、细致入微抓好学校安全工作

我们要细致入微抓好学校安全工作，竭尽全力构建平安校园。政教处、法制处、年级组、班主任、总务处、教务处等都要坚持"预防为主、防治结合、加强教育、群防群治"的原则，通过安全教育及演练，增强学生的安全意识和自我防护能力；要严格落实学校制定的各类安全制度与措施，建立安全台帐和安全预案制度，层层签定《安全目标责任书》，坚持把安全工作放在第一位，切实保障师生人身安全和财产不受损失，维护学校正常的教育教学秩序。要持之以恒、扎扎实实地坚持每天安全教育20分钟，对学生的违禁物品、上课人数、实验室有毒药品、晚休学生人数、师生大灶卫生、课间纪律、用水用电安全等的检查常抓不懈，消除学校大环境和班级治安秩序的各种安全隐患。

老师们，2018年已接近尾声，本学期也将要结束，请大家对照开学工作计划，完善自己工作，确保教育教学任务的质量，学校也将依据高、中考奖惩方案，兑现大家的奖金，让我们各尽其职，各负其责，共同谱写学校发展的新篇章！

最后，祝大家工作开心顺利，家庭幸福美满！

2018年12月12日

深入调查研究　着力破解难题
——庆阳第三中学2019年教师队伍建设情况的调研报告

王　岩

百年大计，教育为本，学校发展，教师为本，教师队伍建设是关系到学校可持续发展和教育教学质量高与低的根本因素。庆阳第三中学建校于1962年，是一所完全中学，2013年晋升为"市级示范性高中"，现有教职工273人，学生3500名，伴随着改革开放和经济社会的发展，学校规模逐渐增大，教育教学质量大幅度提升，近三年，高考二本上线率均居全市前列，初中教育教学质量全区综合考核第一、二名，根据学校发展需要，教师队伍建设显得尤为重要。

一、我校教师队伍现状

1. 年龄结构情况：

全校有教职员工273人，其中：

55–60岁 23人　　50–54岁 69人
45–49岁 62人　　40–44岁 55人
35–39岁 44人　　30–34岁 17人
25–29岁 1人　　25岁以下 2人

平均年龄45岁，45岁以下119人。

（1）近五年内将退休23人，平均每年退休5人，十年内将退休92人，将严重缺员。

（2）男55岁、女50岁以上的教师因身体和精力的原因，将不能承担满工作量，教学任务难以完成，教师年龄严重老化。

2. 教师数量情况

编制283人，现有教职工273人，病养2人，缺额11人。按照师生标准比例高中1∶12.5，初中1∶13.5，三中应有教师280人，缺18人。每年度补充10人，才不会影响学校长远持续发展。

3. 教师学科结构情况

在全员教师缺员的情况下，化学、地理等学科严重缺员，以今年9月开学为例，化学缺2人，排课出现严重困难，学科结构在整体数量不足的情况下欠合理。

4. 教师职称评审情况

（1）高级岗位职数核定36人，源于2001年，多年来未增加岗位职数，现有具备条件上高级职称的中级教师114人，高级岗位职数严重不足。

（2）中级岗位职数112人，具备上中级职称二级教师108人，中级岗位职数严重不足。

二、存在问题的原因

1. 学校建校早，加之近年分配的教师较少，刚毕业的年轻教师被分配到乡下工作，调入的教师也都年龄较大，造成年龄结构整体偏大。

2. 岗位设置只按照教师人数，没有考虑年龄结构和逐年增加的学生人数，导致岗位设置职数严重不足。

3. 最近8年内没有调入或分配一个教师，教师队伍年轻层断档，补充力量缺失。

4. 人事政策的限制，全区教师满编，三中教师由于经济社会发展，规模逐年增加，教师职数不足。

5. 学校办学目标方面的调整，艺术生规模增加，文科学生数量增加，学科结构不均衡。

三、存在问题造成的负面影响

1. 教师带课任务量重，作业批改量大。

2. 优质生源流失，教师的付出与收获不能成正比。

3. 学科结构不合理，排课有了困难。

4. 数量不足，临聘教师素质低，专业技能欠缺，思想不稳定，待遇低，教学质量受影响。

5. 教师普遍年龄偏大，精力不济，工作效率低下，影响教育教学质量的提升。

6. 职称晋升缓慢，严重影响了教师的工作积极性。

四、整改措施及应对办法

1. 在学校能力范围内加强教师奉献精神和责任心的教育引导，鼓励教师勇于承担工作任务，高效认真做好教育教学工作，积极调动广大教师工作积极性。

2. 建议党委、政府、教育主管部门充分调研庆阳三中教师队伍实际情况，完善补充教师队伍，解决教师职称待遇，调动广大教师教书育人的积极性，推动全区教育事业健康、持续、稳步发展。

四、寄语学生

勤学积淀青春力量　奋斗成就理想事业
——致2018届高、初三毕业生

王　岩

2018届高、初三学生同学们，今天的毕业典礼是一次青春的庆典，是个值得纪念的日子，更是一场人生的盛事。你们圆满完成了高、初中学业、即将毕业离校，此时此刻，我要对你们的健康成长，三年来默默奉献，辛勤耕耘，倾注了热情和智慧，奉献了心血和汗水的老师们表示衷心的感谢！对你们的顺利毕业表示热烈祝贺！

近年来，学校坚持"创设学生多元化发展的教育"的办学理念，确立了"办优质初中、特色高中，突出术科教育，办人民满意的学校"的办学目标，向着打造初中质量名牌学校、高中术科教育特色学校、管理示范学校、教科研先进学校和甘肃省示范性完全中学的既定目标砥砺前行。目前，学校各项制度逐步健全，教学设施趋于领先，文化氛围日渐浓厚，名师梯队初步形成，课程特色日益彰显，办学品质稳步提升，使学校走上了"以德立校、教研兴校、质量强校、文化润校、特色亮校"的内涵发展之路。在庆阳市2017年10所普通高中素质教育督导评估中我校名列第二，荣获一等奖，课堂教学优良率100%；2017年高考本科录取达230人，应届二本进线率在全市32所公办高中排名第七，二本进线增长率达13.04%，在全市32所公办高中排名第二；中考综合排名全区第二，省级示范高中分数线上107人，市级示范高中分数线上381人。2018年我校术科生专业成绩获得十年来最辉煌的成绩，155名美术考生全省联考本科合格144人，合格率达93.8%，有14名同学进入全省前100名，高分率高于全省平均率25.8%；其它艺术类联考本科合格率均在90%以上；在专业单招考试中，石逸萱同学在中国美院全国8万多名考生中取得全国排名第十一，全省第一名的好成绩；冯阳、任启航、王乐等96名同学分别取得中国美术学院、广州美术学院、四川美术学院、西安美术学院、四川音乐学院、西安音乐学院、浙江音乐学院、北京服装学院等全国78所艺术类重点院校的合格证，在全省体育专业高考考试中，专业生过线率达61%。

同学们是学校发展的试金石，也是学校发展的见证者，更是学校发展的创造者。三年来，同学们执着的追求，辛勤地付出，顽强地拼搏，真诚地交际，快乐地生活，在前进的道路上留下了一串串坚实的脚印：入学时的军训、春季田径运动会、广播体操比赛、篮球比赛、拔河比赛、每天的课间跑等活动，充分展现了你们朝气蓬勃、青春靓丽的风采，锤炼了你们敢于拼搏、精诚合作的团结精神；"一节一赛一交流"、书画展、各种社团活动以及文艺汇演、英文歌咏比赛、科技创新比赛等活动，为你们提供了尽情展现各种才艺的舞台，培养了你们审美的素养、自信的力量；在这里你们懂得了做人的道理，锻炼了生活的能力，学会了读书的方法，养成了良好的习惯，涌现出了赵俊翰、王弘扬等18名优秀毕业生，张圣娇、曹海燕等23名优秀班干部，孙一丹、邓瑞欣等5名优秀学生会干部。同学们是三中的骄傲，三中以你们为荣。

毕业，意味着站在新的起点；证书，意味着肩负了新的责任；离开，意味着准备新的起航。在你们即将踏上新征程的时刻，作为校长，我想送同学们三句话：

第一句，把学习当成一种习惯。21世纪是一个必须不断学习、终身学习的社会。毕业并不意味着学习任务的完结，它是新的学习任务的开始，希望你们对学习充满热情和执着，要想不断成长进步，你就一定不能停止学习，把学习当成一种习惯。

第二句，把感恩当成一种责任。父母的养育、长辈的关怀、老师的教诲、他人的服务，对你们都是恩情。学会感恩，你就学会了处世、学会了做人。

把感恩当成一种责任，你就可以纵横天下。

　　第三句，把超越自我当成一种实力。"人生的最大敌人就是自己"，善于奋飞的人天上有路，敢于攀登的人山中有路，敢于造船的人海里有路，勤奋的人腿和嘴就是路。所以，我们的人生可以平凡，但不能平庸，把超越自我当成一种实力，凭自己的能力与努力去做最好的自己。

　　毕业的歌声已经响起，新的航程即将起航，希望你们文明离校，为学弟、学妹、老师留下最美好的回忆；祝愿你们用汗水浇灌智慧，用知识丰富内涵，用严谨铸就高峰，用实力书写灿烂；祝福你们在今年的高考、中考中发挥最佳状态，考出最理想的成绩，考取最称心的学校，以此报答母校和社会，把骄傲奉献给父母和师长。

2018 年 6 月 1 日

国士无双　巨星陨落
——缅怀袁隆平院士

王　岩

稻菽千重浪，粒粒皆思念。5月22日13时07分，我国工程院院士、"共和国勋章"获得者袁隆平先生不幸逝世，享年91岁。一位伟大的人民科学家离开了我们，一位属于大地的奋斗者魂归大地，一位受到全国人民、全人类尊敬和爱戴的"杂交水稻之父"与世长辞，袁隆平，这个重如山的名字，将永远铭刻于中国科技史的丰碑上，闪耀在群星闪耀的夜空中，标注在人类文明的长河里。我们永远怀念您。

袁隆平，1930年9月7日生于北京，汉族，江西省德安县人。是我国当代杰出的农业科学家，杂交水稻育种专家，中国工程院院士，曾担任中国国家杂交水稻工作技术中心主任暨湖南杂交水稻研究中心主任、湖南农业大学教授、中国农业大学客座教授、怀化职业技术学院名誉院长、联合国粮农组织首席顾问、世界华人健康饮食协会荣誉主席、湖南省科协副主席、湖南省政协副主席。他参加工作50多年以来，不畏艰辛、执着追求、大胆创新、勇攀高峰，所取得的科研成果使我国杂交水稻研究及应用领域领先世界水平，推广应用后不仅解决了中国粮食自给难题，也为世界粮食安全做出了杰出贡献。袁隆平院士的事迹在国内外产生了广泛影响，得到了党和国家领导人的充分肯定与社会各界的普遍赞誉。1981年获得国家发明特等奖，2001年获得首届国家最高科学技术奖，2006年4月当选美国科学院外籍院士，被誉为"杂交水稻之父"，2011年获得马哈蒂尔科学奖，2014年获得国家科学技术进步特等奖，2018年获"改革先锋"称号，2019年被授予"共和国勋章"。相继获得联合国教科文组织"科学奖"等二十余项国内国际大奖。

袁隆平院士一生伟大而又平凡，他舍小家为大家，心系世界人民，解决全世界温饱问题。他曾说："我最大的愿望是饭碗要牢牢地掌握在我们中国人自己手上！"他把一生浸在稻田里，把功勋写在大地上。当他名满天下时，依然几十年如一日，默默守望稻田。他把粮食的种子留在了大地，他把创新和奋斗的"种子"留给了我们。他的一生，为天地立心，为生民立命。功在当代，惠泽千秋！在他身上，集中体现了我国知识分子爱国主义的高尚情操和中华民族自强不息的优良传统，集中体现了我国人民强烈的民族自尊心、自信心和自豪感，集中体现了我国科技工作者敢于创新、顽强拼搏、为中华民族争气的宏大抱负，集中体现了严谨治学、为人师表、平易近人、甘为人梯的崇高精神。他用自己的行动为我国科技事业的发展写下了美好的篇章，用自己的勤奋和智慧做出了无愧于祖国和时代的贡献。"

英豪的逝去，是中华民族的遗憾，举国悲痛。我们要深刻缅怀这位伟大的英雄，铭记他的付出，懂得珍惜粮食，明白"一粥一饭，当思来之不易"，同时，我们更应该化悲痛为力量，在全社会营造"尊重知识、尊重人才"的氛围，以袁隆平同志为榜样，向先辈学习，汲取力量，践行使命担当，扎实工作，认真学习，勇于探索，不断进取，为实现中华民族伟大复兴的中国梦努力拼搏！

强国有我　青年人当不负韶华
——2021年高考优秀贫困学生奖励资助大会上的致辞

王　岩

一年一度牵动千家万户的高考尘埃落定,今年我们庆阳三中高考又取得了可喜的成绩,一本以上进线222人,进线率达41%,二本进线人数322人,进线率达60%,更为骄傲的是,刘皓同学以659分的成绩(全省排名第74名、庆阳市排名第2名)考入北京大学、原北杰同学以专业264分、文化课366分的成绩(全省排名第2、全市排名第一)考入中央音乐学院、刘宾同学以专业284分、文化课388分的成绩(全省、市排名均第一)考入北京体育大学,三位同学将步入名牌大学的殿堂,可喜可贺!今天,我们在这里满怀激情、满载祝福,隆重举行2021年高考优秀学生奖励资助大会,值此,我代表学校向受到奖励资助的三位同学以及在高考中取得优异成绩的广大考生表示热烈的祝贺!向一直以来辛勤工作、默默奉献的教育战线的同志们致以崇高的敬意!向多年来关心、支持我校教育工作的各位家长表示衷心的感谢!向即将步入高三的全体学生致以美好的祝愿!

今年是中国共产党成立100周年,我们有幸见证党的百年华诞,生逢盛世,亦当不负盛世,当今我们正处于青春之新时代,站在两个"一百年"奋斗目标的历史交汇点,你们是祖国的未来,中华民族伟大复兴需要你们的奋斗去实现,每一个人都要将个人抱负与时代使命紧密相融,自觉肩负起民族复兴的时代使命。今天，学校对高考优秀考生给予奖励资助，也是推进党史学习教育"为民办实事"工作的落实，希望通过资助不但给予考生的物质帮助，更让同学们感受到党的关心，以此激励广大学子努力学习，用实际行动回报社会。

刚才，各位受奖励资助的同学代表和在校学生代表作了诚挚的发言，充分展示了当代青年自立自强、刻苦学习、发奋成才的良好精神风貌。在此，我向即将跨入高等学府的三位同学提出几点希望，从现在起，你们站在一个新的起点，即将迈向一段新的征程，开启新的追求和梦想，你们承载着亲人和母校的期盼，承载着祖国的希望，肩负重任，大学是人生的黄金时期，希望同学们抓住机遇，树立远大理想，胸怀报国之志，精勤求学、德才并重、情理兼修、勇于开拓、积极进取，不辱时代使命，不负青葱年华，发扬使命在肩、奋斗有我的时代精神，积极向上、努力成才，在国家繁荣、民族振兴的伟大事业中绽放自己的光芒！

借此机会，我也向即将步入高三年级的同学给予几点希望，希望大家要向我们优秀的历届毕业生学生，要明理立志向，增强历史使命感，明确奋斗目标，确立好自己的高考目标和阶段性目标，目标是引航的灯塔，是前进的动力，同学们一定要咬定目标不放松，以坚忍不拔的意志，以攻坚克难的勇气，在不断的攀升中提升自我，成就梦想。要增信守初心，习近平总书记曾说，"理想因其远大而为理想，信念因其执着而为信念。"要拥有必胜的坚定信心，为了自己的理想，激流竞渡，奋勇前行，我们绝不能在这场搏击中因为缺少自信而放逐自己，与机遇擦肩而过。要崇德修品行，希望你们继承红色基因，发扬忠于信仰、艰苦奋斗的民族精神，不断丰富精神家园，用坚持不懈的勤奋展现新时代青年的精神底气。要力行担作为，在学习实践中，要做到知行合一，勤于思考，勇于探索，合理规划时间，掌握科学的学习方法，提高效率，脚踏实地，集中精力，努力拼搏，不负青春，不负韶华。我相信，胸怀大志，与时代同步伐，永远做好当下，你们必将赢得高考的胜利，打拼出人生的精彩！

同时，我也希望全体高三老师要发扬刻苦钻研的精神，要站在国家教育的大背景中去研究教育领域内的新动态、新成果，要以提升学生核心素养为目标，以钻研新高考为抓手，不竭更新教育理念，转变备考观念，优化备考过程，做实精准备考。要发扬精益求精的精神，潜心备课，努力完善教学方法，强化过程跟踪，精化教学内容，细化解题思路，教无止境，以主导者的身份最大能量地服务于作为主体的高三学子。心系高考，心系学生，全力奉献，去托起每一位学生的梦想！要发扬协作奋进的精神，高考备考是一场集体智慧的协同战，只有同心协力，群策群力，才能聚最大的合力，取得最佳的效果。要培育竞争意识，提升工作标准，以饱满的热情和只争朝夕的精神，全力以赴，再创庆阳三中高考成绩的新辉煌！

希望高三年级组要做好教育教学常规管理，抓好两条主线：以年级组、班级为主的团队管理主线，建设良好的班风学风，培养学生的良好习惯，为高考复习创造良好的环境。关注学生心理健康，激发学生潜能，鼓舞学生士气，坚定学生信心，凝聚家长力量，满怀希望踏上高考征程。以教研组、备课组为核心的学科管理主线，从各班学情分析入手，用好数据，针对学生薄弱环节，加强分类指导，做好计划，严谨细致、科学有效地安排课程与复习，做好2022年高考新变化的研究与部署，让高三这艘巨轮稳步航行。

同学们、老师们，知识改变命运，教育成就未来，让我们携手并肩，为全面实现教育高质量发展而不懈奋斗！

2021年8月14日

在庆祝中国共产主义青年团成立100周年暨2022年新团员入团仪式上的讲话

王 岩

各位团员、同学，同志们：

大家下午好！今天，我们在这里聚会，召开中国共产主义青年团成立100周年庆祝大会，同时举行新团员入团仪式，旨在激励广大青年继承和发扬党和共青团的光辉传统，牢记使命、奋勇前进。在此，我代表学校党总支向本次大会的胜利召开和光荣加入共青团的同学们表示热烈的祝贺！向各位团干部、全体团员、同学们表示诚挚的问候！

百年峥嵘岁月，青年赓续荣光。100年栉风沐雨，在中国青年运动的光辉历程中，在革命、建设、改革各个历史时期，共青团始终坚定不移跟党走，发扬"党有号召、团有行动"的优良传统，为党争取青年人心、汇聚青年力量作出了积极贡献、发挥了重要作用。伟大的五四精神历久弥新，恢宏的复兴伟业催人奋进，新时代的中国青年，生逢其时、重任在肩，应当以史为鉴、开创未来，在党和共青团的领导下，在五四精神的指引下，记住在团旗下立下的庄严誓言，在新征程上勇为先锋，努力创造无愧于伟大新时代的辉煌业绩。在此，我想对团委、全体团员和广大青年提几点希望：

希望团委：

一、要把培养社会主义建设者和接班人作为根本任务，加强对青年学子的政治引领，激发团员青年的责任感和使命感，坚定理想信念，牢固树立为共产主义远大理想和中国特色社会主义共同理想而奋斗终生的信心和决心。

二、要抓住学校青少年最集中、思想最活跃的优势,设计好主题,搭建好平台,开展丰富多彩的活动,努力把广大青年凝聚在党的周围。

三、要认真履行引领凝聚青年、组织动员青年、联系服务青年的职责,不断创新工作思路,组织、号召、团结带领广大团员青年成长为有理想、敢担当、能吃苦、肯奋斗的新时代好青年。

希望团员们:

续薪火接力前行。在今后的学习、生活中增强共青团的组织意识和模范意识,加强团知识学习,遵守团的章程,遵守校规校纪,勤于学习、善于创造、甘于奉献,用共青团员的标准严格要求自己,充分发挥自己的积极性和创造性,树立团员的责任感,营造团内朝气蓬勃、团结一致的氛围;同时要模范履行自己的义务,提高自身素质,发挥带头作用,保持和增强团的先进性,发挥共青团员的战斗力和凝聚力作用。

希望广大青年:

一要树立远大理想,做有抱负的青年。习近平总书记寄语广大青年:"青年兴则国家兴,青年强则国家强。青年一代有理想、有本领、有担当,国家就有前途,民族就有希望。"青年是实现中华民族伟大复兴的主力军,要提高自己的思想道德品质,树立远大的理想,以深厚的家国情怀作为立身之本,努力践行社会主义核心价值观,树立正确的人生观、世界观和价值取向,实现自己辉煌的人生抱负。

二要强化责任意识,做有责任感的青年。我们今天和谐幸福的生活,是无数革命先辈抛头颅、洒热血,无数建设者挥汗水、勤耕耘才换来的,广大青年要像先辈们那样,有使命,更要有担当,用行动去践行新时代的爱国主义精神,在中国梦的新长征路上不缺席、不落后,勇敢走在时代前列,成为无愧于先辈的嘱托、无愧于党的关怀、无愧于祖国和人民的殷切期望的一代。

三要坚持发奋学习,做有作为的青年。当今时代,信息交流日益广泛,知识更新大大加快。青年要跟上时代和社会前进的步伐,要精勤求学、德才并重、全面发展、开拓创新、积极进取;要有恒心,有毅力,肯下长功夫、苦功夫;要善于把所学的知识运用到实践中去,在实践中求得真知,增长才干。

希望你们响应时代召唤，把爱国情、报国志真正落到实处，成为有作为的一代青年。

"青春孕育无限希望，青年创造美好明天"，"请党放心，强国有我"，希望同学们牢记党的教诲，牢记自己的使命，高举青春旗帜，立志民族复兴，不负韶华，不负时代，在青春的赛道上奋力奔跑，争取跑出当代青年的最好成绩！

谢谢大家！

2022 年 5 月 11 日

五、党团建设、心得体会

缅怀革命先驱　弘扬老区精神

——党史学习教育专题党课《五四运动学生领袖王自治、陇东革命播火者王孝锡，诞生在庆阳的两位杰出革命先辈》

主讲：王　岩

在全国上下喜迎建党 100 周年之际，作为中国共产党大家庭中的一员，我们有幸见证这一伟大的历史时刻，这是每个共产党人的无尚光荣。在这伟大的历史节点上，我们庆阳三中的全体党员精神焕发，争做表率，表现出了极大的政治热情。尤其是开展党史学习教育活动以来，全校上下团结一心，开展了精彩纷呈的党建活动，取得了实实在在的成效，我代表学校党总支，为大家的不懈努力和辛勤付出表示衷心的感谢！

今天的党课，主要和大家分享诞生在我们庆阳老区土地上的两位伟大历史人物：正宁人王自治和宁县人王孝锡的故事，主要故事时间线从五四运动（1919年）开始，历经大革命时期（第一次国内革命战争）到第二次国内革命战争初期（1927年、1928年）。

王自治和王孝锡两位先辈先后在五四运动和甘肃早期革命运动中有着杰出贡献，为书写庆阳乃至中国的光辉历史贡献了极为耀眼的一页。他们的人生轨迹既有各自的辉煌，也有着感人的历史交集。通过学习他们的故事，希望对大家的党史学习有所启发，提高大家学习党史的积极性，进一步坚定理想信念，汲取奋进力量，把我们庆阳革命老区精神发扬光大。

庆阳老区的革命历史，大家最熟悉的应该是从1933年合水县包家寨会议以后，以刘志丹、习仲勋等革命领导人正式开辟以南梁为中心的陕甘边革命根据地，到1936年红军长征结束，建立巩固陕甘宁革命根据地，历经抗日战争、解放战争直到中华人民共和国成立这一段历史，这是我们庆阳老区在中国革命史上的高光时刻。其实在这段历史之前，从五四运动到大革命时期，我们庆阳人在中国社会主义革命史上从未留下空白，由于史料繁杂琐碎，今天，我只能最大程度的，在有限的资料范围内还原历史，对这段历史有兴趣的同志，可以做更深的学习和研究，以丰富我们庆阳的历史遗存。

下面，我主要从三个部分和大家分享学习，前两个部分分别讲述王自治和王孝锡两位人物的主要经历和历史贡献，第三部分为大家介绍两位人物的历史交集等内容。有不准确或需进一步考证的部分，请同志们批评指正。

一、北京大学庆阳籍学生王自治在五四运动中的优秀表现和甘肃历史上第一个真正的进步青年杂志《新陇》的诞生

1919年爆发的五四运动，是一个具有划时代意义的历史事件，它是中国新民主主义革命的开端。近代以来，中国面临着两项历史性任务：一是争取民族独立和人民解放，二是实现国家的繁荣富强和人民的富裕幸福。只有完成第一个任务，才能为实现后一个任务创造前提、开辟道路。在争取民族独立和人民解放的斗争中，五四运动起着承上启下的作用，是中华民族从挫折走向胜利的一个关节点。毛泽东同志曾讲到："五四运动时期虽然还没有中国共产党，但是已经有了大批的赞成共产主义思想的知识分子。五四运动在思想上和干部上为1921年中国共产党的成立作了准备。我们党的早期建党者和领导骨干、党员骨干大多数都是从五四运动中成长起来的。"由此可见，五四运动是学习研究中国共产党发展历史的一个重要篇章。

今天，我们在百度百科中搜索"五四运动"，在主要学生领袖这一栏，排名第四位有一位庆阳人，原文表述为："王自治（1889—1965），甘肃正宁人，字立轩。北京大学学生，继段锡朋之后任北京学生联合会会长。后长期在甘

肃省任职,并从事教育工作,曾任兰州大学校长。"

谁能想到,当年封闭落后的庆阳,有一位进步青年,能见证并参与这场伟大的历史事件,实在是难能可贵。当年的那些学生代表,最后绝大部分都成为影响中国历史发展的重要人物,有很多人都成为我党历史上的重要领导,如瞿秋白、周恩来、邓中夏、张闻天、张国焘、陈谭秋、沈泽民等,还有此后在文化界有名的闻一多、郑振铎等,还有一部分成为了国民党的重要领导人物。可以说,五四运动这个阵容,在中国几千年的历史上,应该是前无仅有的了,庆阳学子没有缺席这场伟大的运动,是我们每个庆阳人的骄傲。

1911年,孙中山领导的辛亥革命,虽然结束了统治中国几千年的封建君主专制制度,但革命果实被袁世凯篡夺后,中国又进入了各路军阀的黑暗统治。中国的知识分子对辛亥革命进行了深刻的的反思,为了唤醒国民的民主科学意识,1915年,以陈独秀为代表的知识分子掀起了中国近代史上一次空前的思想解放运动——新文化运动,新文化运动促进了中国人民特别是知识青年的觉醒,第一次世界大战后,北洋政府在内政外交上的一系列失败,引爆了轰轰烈烈的五四爱国运动。

1919年的五四运动是为了反帝国主义列强在巴黎和会上损害中国主权,反对北京政府的卖国行径而爆发的,5月4日下午北京大学等13所大中专院校3000名学生在天安门集会,提出"外争主权,内除国贼,废除二十一条,还我青岛"口号。

1919年5月4日,作为北京大学积极分子之一,王自治与北大同学方豪、张国焘、易克嶷(yí)、邓中夏、罗章龙、段锡朋等组织、领导了爱国学生痛打亲日巨头、段祺瑞执政府驻日公使章宗祥,并放火焚烧了另一亲日派曹汝霖的住所赵家楼,王自治和另外32名同学被捕入狱后,激起举国民众义愤。五月五日,北京大学学生大会成立了北京大学学生干事会,并发起组织北京中等以上学校学生成立北京学生联合会。段锡朋被推举为首任主席。不久段锡朋因故辞职,刚刚出狱的王自治被推选为北京学生联合会主席。

王自治任北京学生联合会主席期间,于五月,组织北京中等以上学校学生开展了挽留因"五四运动"而受亲日派攻击,不得不辞职的北京大学校长蔡元培的罢课运动、爱国讲演活动和抵制日货运动;接着在六月,以北京学生联合会名义通电全国，号召国人继续斗争，拒绝承认日本在山东的权益，为波澜壮阔的"五四运动"做出了积极贡献。

此后，王自治和甘肃籍同学邓春膏、王和生等写信、寄传单回乡，向甘肃人民介绍"五四运动"情况，使"五四运动"的影响扩大到甘肃。十月，王自治辞去北京学生联合会主席之职。

1920年1月，在新文化运动和"五四"精神的影响之下，甘肃的部分旅京学生热切关注着家乡，深感国内大潮涌动而甘肃风气未开，偏僻闭塞。希望以有用之身为甘肃的文学教育、经济、贡献力量，以改家乡落后之面貌。同年2月，大家倡议创办反映甘肃面貌、输入新思想、新文化的进步刊物，该倡议受到甘肃籍学生的热烈响应。经过一番筹备，1920年3月14日，杂志成立大会在北京大学召开，大会决定，杂志社定为"新陇杂志社"，所出刊物名为《新陇》杂志，会议推选王自治为编辑部主任，韩树森（miǎo）、邓春膏、田炯（jiǒng）锦为编辑，张明道为经理部主任。甘肃历史上第一个真正的进步青年杂志——《新陇》，在北京大学诞生了。

《新陇》杂志旗帜鲜明地反对封建礼教，提倡新文化、新思想，热情宣传"五四"精神，宣传科学与民主，研究探讨甘肃的社会问题，它对传播新文化，扩大"五四"运动影响，推动甘肃历史进步，起到了很大作用。为中国共产党在甘肃早期党组织的建立，创造了一定的条件。王自治在《新陇》发刊词中大声疾呼："甘肃的情况是暮气沉沉，大梦未醒"，"人家是一日千里，我们是固步自封，……这种情况如果不予改变，甘肃终将沦为野蛮"，"望陇人之觉悟奋发及污浊社会之改良。"《新陇》杂志为当时闭塞守旧的甘肃注入了一股清醒剂，开启了陇原新文化运动的先声，为甘肃开辟了一个了解中国、了解世界的窗口。

《新陇》杂志对当时的甘肃学子有较为重要的影响，在我们甘肃学界，普遍认为《新陇》杂志的影响主要有三个方面：

一是《新陇》杂志和当时传入甘肃的《新青年》《每周评论》等进步刊物，给沉闷的甘肃社会注入了一股新鲜的血液，给封闭的甘肃带来了一缕清新的空气，使甘肃百姓知道了民主自由科学的西方思想，知道了西方先进的教育思想，知道了欧美国家的政治、经济、文化制度，为甘肃民众开启了一扇通向现代的窗口。

二是《新陇》杂志尝试把甘肃介绍给外省的人们，让他们了解甘肃的历史和文化，以注意甘肃的社会问题，知道甘肃的现状和未来的问题，杂志发表的《甘肃地震奇灾调查》《甘肃人民心理之弱点》《我的陇上面面观》《甘肃实业调查报告》《甘肃农业经济破产影响与甘肃前途之危急暨今后应有之扑救》《建设新农村之我见》等文章，对甘肃农村的经济问题提出了很多的意见和建议。

三是《新陇》杂志介绍了一些国内外教育情况的文章，积极鼓励甘肃青年去省外求学，使当时的甘肃学子知道了外地学校和教育的情况，有助于甘肃教育的进步，唤醒了甘肃的进步青年，很多知识青年受到鼓舞，走上了革命道路。

作为"五四"运动时期的学生领袖和《新陇》杂志编辑部主任的王自治先生，在《新陇》停刊后，曾踏入政界，在国民政府有过几次坎坷任职经历，此后，他将余生大部分精力奉献给了甘肃的教育事业。先后担任过平凉中学校长，兰州大学的前身甘肃学院院长等职。中华人民共和国成立后，先后任甘肃省文史研究馆馆员、甘肃省文史研究馆首任副馆长等职，曾编写了《1926年陇东张兆钾反冯斗争》《"双十二事变"在甘肃》等文史资料，为新中国历史研究做出了积极贡献。

回顾王自治先生的一生，参加五四运动，创办《新陇》杂志，是他一生中最为辉煌的经历，作为一名庆阳人，能走在当年那个动荡时代的历史最前沿，我们应该为他感到自豪。唯一遗憾的是，他未能走上共产主义道路，可惜历史不能重来，这份遗憾，只能空余感叹。

王自治先生和我要讲的另一位伟大的庆阳籍革命先烈王孝锡同志，虽然选择了完全不同的人生道路，身处于不同党派阵营。但是，在查阅有关史料后，我们惊喜地发现，他们两人在私下不仅有老乡之谊，更是同情革命、互相信任的朋友关系，王自治先生不仅见证了王孝锡同志的牺牲，还为我们保存下了王孝锡一首感动全国的诗歌——《遂五遗书》，这份胸怀，值得我们学习和发扬，这也是我把他们两位放在一起和大家学习的原因之一。

二、王孝锡与甘肃省第一个农村党组织—中共邠（bīn）宁支部（邠：陕西彬县，宁：甘肃宁县）以及甘肃省第一个革命青年组织——青年社

王孝锡是我们庆阳宁县太昌镇人，字遂五，生于1903年，1928年在兰州被国民党反动派杀害，牺牲时年仅25岁。

25岁这个年龄，在现今社会，绝大部分人才初入社会，谈不上什么人生发展和社会贡献。但是，王孝锡却给了我们不同的答案，用短暂而辉煌来评价他的一生毫不为过，他的革命经历，是庆阳人民最珍贵的精神财富之一。

王孝锡8岁入太昌义学读书，1918年考入了平凉省立第二中学学习。五四运动爆发后，在各种新思潮新文化的影响和熏陶下，王孝锡有了强烈的反封建观念和意识，开始走上了民主革命的道路。1921年5月，王孝锡因发表演说公开反对封建礼教和学校的陈腐制度，引起校方的不满，被学校以"唆乱秩序"的罪名开除。之后，他长途跋涉到兰州学习，直到平凉二中校长被撤换，才得以返回学校，完成中学学业。

1924年3月，王孝锡考入西安国立西北大学。他在西北大学读书期间，正是国共第一次合作时期，在李大钊的学生刘含初、魏野畴、李子洲等陕西早期共产党员在西北大学任教时期，《新青年》《独秀文存》等进步刊物和书籍在学生中广泛流传，王孝锡在阅读了这些进步书刊后，思想发生了深刻变化，逐渐接受了共产主义思想，决心投身革命事业。1925年，在中国共产党的领导和推动下，五卅运动席卷全国，由于他在运动中表现积极，被吸收加入中国社会主义青年团。

1925年暑假，王孝锡徒步回家，途经永寿县监军镇，向赶集群众讲述五卅惨案经过，号召人们起来和帝国主义、封建主义作斗争。回到家乡宁县后，他与外地求学暑期回家的学生任鼎昌等人在太昌镇建立了"青年社"，参加的人员主要有太昌小学的青年老师和平凉省立第七师范宁县籍学生共30多人。王孝锡带领青年社成员走乡串户，教导农民遗弃旧风俗，动员男子剪发，女子放足，并带来自己收集的反映新风尚的照片给农民看，对农民进行反帝反封建的思想宣传。青年社以"改造社会""改造人生观"为口号，在青年知识分子中产生了良好的影响，"青年社"成为大革命期间甘肃省第一个农村

进步青年团体。

返校后，王孝锡更加积极参加各种进步组织和革命活动。在西北大学和进步学生一起创办平民学校，帮助失学青年和劳苦大众学文化，灌输革命思想。他发起组织由甘肃籍同学参加的"旅陕青年会"，其中有陇东籍学生有10多人，起草散发《告陇东十七县父老兄弟书》。参加陕西人民反对帝国主义侵略和间谍活动的"非基大同盟"，带领同学剿教会，砸十字架，和外国传教士展开面对面的斗争。

由于王孝锡的积极表现，很快与1926年6月，经刘含初、吕佑乾介绍加入了中国共产党。1927年3月（此时仍为第一次国共合作时期），为了加强中共甘肃组织的工作和推进国民革命，王孝锡和胡廷珍、马凌山、保至善等人以国民党西北政治委员会特派甘肃省党部党务委员的身份，来到兰州。他们整顿了国民党甘肃省党部，王孝锡担任了省党部青年部长、督办公署政治部主任、甘肃政治委员会会长及第二军事政治学校政治处处长等职务。4月，（1927年，由于蒋介石和汪精卫控制的国民党右派不顾以宋庆龄为代表的国民党左派的坚决反对，宣布与共产党决裂，发动了"四一二""七一五"两次反革命政变，公开叛变革命，第一次国共合作破裂），王孝锡在市中心辕门广场（今省政府门前）主持召开一次反蒋动员大会。他手持喇叭筒，向群众宣传马列主义和共产党的纲领，揭露以蒋介石为代表的国民党右派的反革命本质。这次集会，提高了群众觉悟，引导了社会舆论，有力地打击了国民党右派势力，大长了革命的志气。

根据兰州地区革命斗争形势和中共陕甘区委的指示，针对甘肃特别支部组织不健全的实际情况，1927年4月17日，建立了中共兰州特别支部，胡廷珍任书记，王孝锡任组织委员，马凌山任宣传委员。为了加强党对青年运动的领导，王孝锡组织成立了兰州第一个成熟的进步青年组织"兰州青年社"并任社长，青年社以兰州女子师范、兰州一中为阵地，动员300多名进步青年加入组织，青年社举办各种形式的座谈会、学习会，在兰州产生了很大影响。李大钊等共产党人在北京遇害的消息传到兰州后，1927年5月7日，兰州特支和王孝锡在东教场主持召开各界人士悼念李大钊同志集会，介绍烈士生平和遇难经过，揭露反动军阀的罪恶行径。并挥笔写下了《悼北京死难烈士》

的诗篇,他放声高歌:"主义的鲜花,烈士的血星,表现在帝国主义的发抖中。你们的精神,高唱在民族解放运动中,你们的声音,革命导师,人类明星。"悲愤高呼:"应该怎样努力?前进,奋斗,杀贼,才能完成你们未竟之功,慰你们在天之灵!"

1927年8月,在中国革命处于严重危机的情况下,中国共产党在汉口召开了八七会议,确定了开展土地革命和武装反抗国民党反动派的总方针,开始把工作重点转移到农村。根据党组织的指示,王孝锡回到甘肃宁县太昌镇,与共产党员王彦圣、王之经、任鼎昌等人共同研究,决定在宁县一带坚持斗争。随之,中国共产党邠(陕西彬县)宁(甘肃宁县)支部委员会成立,王孝锡任支部书记,中共邠宁支部是中国共产党在甘肃的第一个农村基层组织。

在发展党组织的同时,王孝锡又恢复和整顿了1925年暑假建立起来的青年社,吸收进步青年参加,壮大青年社力量。组织青年学习《马克思主义浅说》《共产党宣言》等革命书籍,教唱《打倒列强》歌曲,领导青年社开展反帝反封建活动。在他的领导下,宁县太昌镇首先组建学生会,附近各校学生会也相继成立。在此基础上,王孝锡将和盛、焦村、新庄等地学校联合起来成立学生联合会,利用集日上街演说,宣传革命;鼓动太昌小学学生掀起反对顽固守旧校长杨蕃昌的"逐杨运动",提出"打倒烂脏校长杨蕃昌"的口号,揭露杨蕃昌的贪污丑行,杨蕃昌最终被赶下了台。宁县县长索呈祥贪赃枉法,任意摊派捐税、粮款,农民不堪重负。为了给老百姓除害,王孝锡组织进步青年及学生归纳了索呈祥的24条罪状,提出"抗粮、抗款、抗捐""驱逐索呈祥"的口号,并以"宁县绅民联合会"的名义,写信向甘肃省政府告状。平凉镇守使陈毓耀企图采取高压手段平息此事,追查写信人,更加激起了宁县各界人士和人民群众的义愤,最终迫使当局追回了赃款3000元,撤销了索呈祥的县长职务。

在开展革命活动之余,王孝锡在宁县、长武、泾川、正宁、庆阳、合水、镇原等县开展社会调查,写出了《农村阶级分析》一文,王孝锡认为:地主、豪绅是革命的敌人,自耕农、半耕农、佃农和雇工是革命的力量,他坚信,即使在革命处于低潮时期,在共产党领导下,认清敌友,坚持斗争,革命就一定会取得最后的胜利。通过深入调查和认真分析农村各阶层的经济状况、政治地位以及对待革命的态度,于1927年10月写出了《解决中国问题的草案》,阐述了当时中国社会革命问题、农民问题、土地问题及革命中出现的一系列问题之间的联系与解决办法,文章中提出的许多方案对陇东地区,甚至全国的革命开展产生了积极的影响。

1928年3月,中共中央作出的《陕西工作决议案》指出,实行工农武装暴动,建立苏维埃政权。5月7日,王孝锡参与组织了旬邑暴动。当日凌晨,潜伏在旬邑县城内的起义队伍,首先缴了警察局及守城警察的枪支,农民组织的"红枪会"会员手持大刀、长矛、土枪越城而入,里外配合一举攻占了旬邑县城,活捉县长李克选和公安局长、粮秣(mò)委员及土豪劣绅等7人,当日公判并予以处决。接着成立旬邑县临时苏维埃政府和中国工农革命军第2路军,王孝锡担任旬邑县临时苏维埃政府委员。为了扩大起义影响,王孝锡提前离开旬邑县城,前往彬县百子沟煤矿,发动工人暴动。旬邑起义震惊了国民党当局,派民团围攻起义队伍。5月30日,在敌人的疯狂反扑下,旬邑起义失败,许才升等7名起义领导人被活埋,王孝锡因在百子沟煤矿幸免于难后化装离开旬邑,返回宁县太昌镇。

回到宁县的王孝锡没有因旬邑起义的失败而气馁,毅然扩大党的组织,组建革命武装,继续开展武装斗争。他组织成立中共太昌临时区委,下设宁县、泾河川、长武3个支部,8个党小组,共有党员29名,隶属中共陕西省委。太昌临时区委以太昌小学为活动据点,在宁县和陕西的彬县、旬邑、长武一带开展革命活动。为加强大革命失败后党员的思想教育,王孝锡根据各支部党员的思想状况,亲自制订计划,加强党员的思想教育。给青年社提出"宣传组织工农群众,进行武装暴动,夺取政权"的任务,组织青年学习马克思主义基本常识,提高阶级觉悟。这年,甘肃的宁县、泾川、庆阳、合水、镇原、正宁一带大旱,小麦减产过半,秋收无望,地主豪绅乘机囤粮,人心恐慌,成群饥饿的农民自发拿起土制刀枪向地主抢粮。宁县南区农民王瑞珊、傅明玉、邵三纲组织的3支农民武装声势颇大,令地主豪绅和反动当局十分惶恐。王孝锡为建立革命武装,决定将这3支农民武装联合起来,统一组织领导,同国民党反动派和地主豪绅作斗争。经过王孝锡多次说服和争取,3支农民武装终于联合起来,王瑞珊任总指挥,共有1000多人,分驻宁县早胜、石鼓乡

/ 五、党团建设、心得体会 /

和正宁山河镇一带。王孝锡和王瑞珊商议攻打宁县县城,由于反动当局的分化瓦解,傅明玉出走,邵三纲被杀,王瑞珊被捕牺牲,致使计划未能实现。

这时,形势更加险恶,处境更加艰难,王孝锡不得不经常变换住处,防止敌人搜捕,但他对自己的信念毫不动摇,坚持斗争。他在所作《决心》一诗中写道:"任何力量,不能移我之心。任何力量,不堪动我之情。我的主义,驱使我不能一刻停留。我的责任,策励我不能一刻安寝。一腔热血,要浇遍地球西东。"今天,我们再读这首诗歌,仍能唤起我们每个共产党人深深的震撼。

1928年11月,刘郁芬部军法处军法官杨天枢携带密令来到宁县,与宁县县长密议逮捕王孝锡。11月26日,杨天枢利用和王孝锡的同学、旧友关系,趁王孝锡不备将其逮捕。王孝锡被捕后,被押送至兰州。在狱中,国民党军警多次对王孝锡严刑审讯,企图从他口中得党的机密,他始终坚贞不屈。

1928年12月30日,王孝锡被国民党反动当局杀害于兰州安定门外萧家坪城隍庙(今西北民大西侧山坡上)。行刑时,王孝锡高呼"中国共产党万岁!""共产主义精神不死!"等口号,敌人用毛巾堵塞他的嘴,用刀砍他的臂,鲜血淋漓,他仍然坚贞不屈,慷慨就义,年仅25岁,为自己短暂的一生画上了壮烈辉煌的句号。

纵观王孝锡短暂的一生,是甘于平庸还是努力奋斗?是追求自我还是胸怀抱负?是贪生怕死还是舍生取义?他不甘平庸,追求真理,在读书期间就能立下拯救民族、舍生取义的宏大抱负;在革命斗争中,不怕失败,愈挫愈勇;被捕之后,面对威逼利诱、严刑拷打,宁死不屈,恪守入党誓言,为党献出了宝贵生命。

2018年11月27日,中央电视台《新闻联播》频道"为了民族复兴,英雄烈士谱"系列报道中,以"播撒秦陇革命火种的共产党员——王孝锡的革命事迹"为题,对王孝锡的革命事迹作了专题报道,深刻缅怀了这位革命先辈,让全国更多的人们熟知这位庆阳革命英雄。

王孝锡的牺牲,是庆阳革命的巨大损失,如果他能活着,我认为,庆阳的革命历史将会改写,庆阳的革命历史将更加灿烂辉煌。北宋大家张载说得好:"为天地立心,为生民立命,为往圣继绝学,为万世开太平。"王孝锡烈士

· 91 ·

为这句话做出了最好的注解。

三、感动全中国的《遂五遗书》，王自治和王孝锡的生死托付

1928年12月29日，王孝锡同志牺牲的前夜，一位身份不明的狱吏来到王孝锡的囚室告知王孝锡将于次日赴刑的消息，并主动问有无什么需要传递之物表示愿为之效劳。起初王孝锡出于慎重而连声称"不"。狱吏受王孝锡的精神感染，再三相劝且动之以情，王孝锡终被其热诚所感动，回顾自己参加革命以来，思绪万千，自叹一生短暂，除奔波革命之外已别无所求，个人生死亦早已置之度外。惟感遗憾或不安的是革命尚未成功，父母的养育之恩无以报答，随即在狱吏陪侍下于囚室给父母写下诀别词一首，叮嘱狱吏转交在兰同乡王自治，王自治此时任国民政府甘肃省建设厅第四科科长，当日晚上，王自治得见狱吏获悉王孝锡临刑的消息已是深夜，王自治随即准备赶往刑场，无奈在途中因戒严受阻。当王自治赶到刑场时，王孝锡已被国民党当局所杀害，不同阵营的两位先辈，未能作最后告别，王自治仍冒着风险，以庆阳老乡的之身份为王孝锡收尸安葬。

王孝锡为家人所做的诀别词，因时局动荡，在国民党的白色恐怖统治下，后历经辗转，原件未能保存下来，庆幸的是，王自治先生在转手时全文背诵了下来，经后人整理，冠名《遂五遗书》，在中国大地上广为流传，产生了广泛而深远的影响。

2019年，在庆祝新中国成立70周年之际，由中央网信办网络评论工作局、国家档案局办公室、共青团中央宣传部共同指导，中国青年网、北京卫视《档案》栏目主办，抖音、快手、秒拍、梨视频、西瓜视频协办的"新中国70年，镇馆之宝70件"文物和档案故事网上征集活动中，王孝锡的这首诀别词被选为"最震撼网民的70件镇馆之宝"之一。

《遂五遗书》流传非常广泛，党建读物出版社的《初心集——百名英烈遗作选》、井冈山干部学院编辑的《红色家书—革命烈士书信选编》、江苏文艺出版社的《红色家书/红色经典丛书》、中国广播电视出版社的《革命烈士诗词精选》、中国青年出版社的《革命烈士诗抄》、南方日报出版社的《红色记忆丛书：红诗100首》等很多红色书籍和刊物中都有收录。

/ 五、党团建设、心得体会 /

现在，我为大家诵读这首绝命词，让我们回到 1928 年 12 月 29 日那个悲壮的夜晚，一起感受王孝锡烈士为党捐躯，视死如归的伟大革命情怀。

纵有垂天翼，难脱今日险。
问苍天，何不行方便。

驭飞云，驾慧船，
搬我直到日月边，取来烈火千万炬，
这黑暗世界，化作尘烟。

出铁笼，看满腔热血，洒遍地北天南。
一夕风波路三千，把家园骨肉齐抛闪。
自古英雄多磨难，岂独我今然！

望爹娘，休把儿挂念；
养玉体，度残年，
尚有一兄三弟，足供欢颜；
儿去也，莫牵连。

王孝锡同志生前从事革命活动期间，所做部分诗文在很多书籍、媒体都有刊载，有兴趣的同志可以自行学习，因为时间原因，今天我不为大家做更多的阐述了。

同志们，今天党课的主要内容已经和大家全部分享完了，通过学习庆阳两位伟大人物的光辉历史，我希望大家在党史学习过程中，善于学习，勤于挖掘，把党史学习教育作为增强党性修养、提高政治觉悟的有效途径，把党史学习教育和推动教育事业发展有机结合起来，时刻牢记入党誓言，不负党和人民的托付，交出无愧于共产主义事业的合格答卷。

最后，祝各位党员节日快乐，工作顺利，谢谢大家。

《中国共产党简史》书籍读后感

王　岩

最近一段时间，我怀着崇敬的心情学习了中国共产党党史，生活在今天的我们，可能很少有人能真正理解如今幸福的生活，稳定而繁荣的社会局面，是经历了怎样艰苦卓绝的奋斗才得以实现的。

中国共产党是中国工人阶级的先锋队，是中国人民和中华民族的先锋队，为了求得民族独立和人民解放，实现国家的繁荣富强和人民的共同富裕，已经走过了100年辉煌的历程。100年的党史记录着中国从无到有、从小到大、从弱到强的过程，蕴涵着中国共产党带领人民创造一个个辉煌和奇迹的经验与智慧。

回观这一百多年的历史，中国共产党的成立是不容易的，走过的路程更是艰辛的，在中国共产党成立之初，中华大地千疮百孔，满目疮痍，饿殍遍野，内有军阀连连混战，外有帝国主义炮火轰打，可是，为解民众于倒悬的中国共产党的创始者们，伟大的革命先烈们，顶住了重重压力，于1921年创立了伟大的中国共产党。中国人民在中国共产党的领导下不断探索救国之路，成成败败，经历了许多坎坷，走过了许多弯路，可是我们的前辈们从来没有放弃过，就算只剩一丝期望，也要用尽全身的力量把它握紧，直到胜利的光芒洒落到全国的每一个角落。这一切无不证明了：没有共产党，就没有新中国。中国从半殖民地半封建的社会、到建立社会主义新中国，到如今成为现代化国家，取得的成就和发展的速度令世界刮目相看，国际政治地位和经济地位不断提升，这一切让每个中国人感到自豪和骄傲，让我们每个中国人感到自我的历史使命，也让我们更加坚定了一个信念：没有中国共产党就没有屹立于世界强国之列的中国和中华民族。

经过党史学习，让我更加深刻地认识了党，更加热爱党，更坚定了跟党走的决心。中国共产党100年的光辉历程，充分说明我们党坚持理论联系实际、坚持与时俱进的优秀品质，充分说明我们党员群体英勇奋斗、不怕牺牲的奉献精神。让我颇有感触，深受教育，下面谈谈我的几点学习体会。

一、理论联系实际是党取得胜利的理论基础

党的历史，是党坚持把马克思主义基本原理同中国具体实际相结合，不断探索适合中国国情的革命、建设和改革道路，推进马克思主义中国化的历史。新民主主义革命时期，我们党将马列主义与中国革命具体实际相结合，探索出一条适合中国国情的武装斗争道路——由农村包围城市，建立农村革命根据地的革命道路，武装夺取政权，取得了中国革命的胜利。社会主义革命和建设时期，我们党将马列主义与中国实际第二次结合，探索出全面建设社会主义，走中国自己的社会主义建设道路。在社会主义现代化建设新时期，我们党把马列主义同中国改革开放和现代化建设实际结合起来，走出了一条建设中国特色社会主义的道路。

实践证明，理论联系实际，是我们党的优良传统和作风，也是我们党取得胜利的根本保证。

二、与时俱进的精神伴随中国共产党发展壮大

与时俱进不但是马克思主义的理论基础，也是中国共产党的一种精神风貌。中国共产党以马克思列宁主义、毛泽东思想、邓小平理论、"三个代表"重要思想、科学发展观、习近平新时代中国特色社会主义思想作为自己的行动指南。

马克思列宁主义揭示了人类社会历史发展的规律，它的基本原理是正确的，具有强大的生命力。

以毛泽东同志为主要代表的中国共产党人，把马克思列宁主义的基本原

理同中国革命的具体实践结合起来，创立了毛泽东思想。在毛泽东思想指引下，中国共产党领导全国各族人民，经过长期的反对帝国主义、封建主义、官僚资本主义的革命斗争，取得了新民主主义革命的胜利，建立了人民民主专政的中华人民共和国；新中国成立以后，顺利地进行了社会主义改造，完成了从新民主主义到社会主义的过渡，确立了社会主义基本制度，发展了社会主义的经济、政治和文化。

党的十一届三中全会以来，以邓小平同志为主要代表的中国共产党人，总结新中国成立以来正反两方面的经验，解放思想，实事求是，实现全党工作中心向经济建设的转移，实行改革开放，开辟了社会主义事业发展的新时期，逐步形成了建设中国特色社会主义的路线、方针、政策，阐明了在中国建设社会主义、巩固和发展社会主义的基本问题，创立了邓小平理论，引导着我国社会主义现代化事业不断前进。

十四届三中全会以后，以江泽民同志为代表的中国共产党人，在建设有中国特色的社会主义实践中，加深了对什么是社会主义、怎样建设社会主义和建设什么样的党、怎样建设党的认识，积累了治党治国新的宝贵经验，形成了"三个代表"重要思想。

十六大以来，以胡锦涛同志为主要代表的中国共产党人，根据新的发展要求，深刻认识和回答了新形势下实现什么样的发展、怎样发展等重大问题，形成了以人为本、全面协调可持续发展的科学发展观。

十八大以来，以习近平同志为主要代表的中国共产党人，顺应时代发展，从理论和实践结合上系统回答了新时代坚持和发展什么样的中国特色社会主义、怎样坚持和发展中国特色社会主义等重大时代课题，创立了习近平新时代中国特色社会主义思想，推动中国特色社会主义进入了新时代。

党的成长历程说明，没有与时俱进的精神，就不可能有党的发展壮大。

三、优秀的共产党员队伍是党完成各项使命的重要保证

党的历史，是党不断加强和改善自身建设，经受住各种风险和考验，不断提高领导水平的历史。回顾党的历史，我们能够清楚地看到，在党的历史发展的不同时期，党的先进性始终是贯穿党的建设的一条红线。

在战争年代，党员的先进性主要表现为：始终站在革命斗争的第一线，为中华民族的解放事业，抛头颅、洒热血，前赴后继，英勇奋斗，直至革命斗争的最终胜利。

在社会主义建设时期，党员的先进性表现为：始终走在改革开放和现代化建设的最前沿，牢固树立和认真落实科学发展观，以昂扬的斗志，为中华民族的伟大复兴，率先垂范，锐意进取，开拓创新，团结带领全国人民聚精会神搞建设、一心一意谋发展，实现经济社会的全面、协调、可持续发展。

共产党员不怕牺牲、不为名利、无私奉献、勇挑重担的精神，在革命战争和经济建设的各个岗位均发挥了先锋队作用，鼓舞了全中华民族的信心和斗志，为党圆满完成各时期的历史使命提供了坚强的保证。

四、正确认识党所经历的挫折

善于总结历史经验是中国共产党的优良传统和政治优势，也是党能够经受挫折、战胜各种困难的重要原因之一。中国共产党历来重视和善于总结经验教训。

1927年大革命失败，1934年，第五次反"围剿"失败，红军开始长征，但遵义会议后及时确立了毛泽东同志在党内的领导地位，纠正了左倾路线的影响，实现了红军长征从被动到主动的历史性转变。

1966—1976年文化大革命的十年内乱，严重影响了我国社会主义建设事业，我们党正确地认识和对待了文化大革命的严重错误，实现了从以阶级斗争为纲到以经济建设为中心的历史性转变。

1981年，党的十一届六中全会做出《关于建国以来党的若干历史问题的决议》，用十个务必总结了新中国成立32年来的历史经验。2001年，江泽民同志总结党80年的基本经验，就是务必始终坚持三个代表。2009年，党的十七届四中全会用六个坚持总结了党执政60年来加强党的自身建设的基本经验。

党在成长过程中所经历的挫折和失败也给人以启示。今天，我们学习党的历史就是为了吸取成功的经验，总结失败的教训，充分借鉴历史，解决好工作中的新问题、新矛盾。

五、从党史中感受的启迪

作为一名共产党员,作为学校的负责人,面对着新征程、新使命,我们的责任重大,通过党史学习,有以下几个方面的启迪。

一要把党史学习教育转化为不忘初心的向心力。初心就是信仰,是人生观、价值观和世界观的综合体现,是构成个人行为的支柱。一部百年党史就是一部中国共产党人践行初心使命的历史。党的历史上一系列的革命、建设和改革,皆体现出一种初心的力量和使命的光辉。这些都是提高我们践行初心使命的最佳学习材料和内容。庆阳三中办学多年来,取得的一系列成就,也是一代代庆阳三中人践行初心,凝心聚力的结果体现。目前,在学校高质量发展的征程上,不仅需要而且更加迫切需要全体教师不忘办学初心,用我们的办学初心凝聚、激励、牵引我们迈向更高台阶,实现更大跨越。

二要把党史学习教育转化为责任担当的执行力。战略决定命运,执行决定成败。当前,学校处在发展的关键时期,随着教育管理体制改革的不断深化和办学自主权的不断扩大,学校的内部管理体制也在不断改革和完善。各部门的执行力尤其是政治执行力的状况很大程度上决定了我们的发展水平。为此,我们必须通过科学决策来保障执行力提升;通过抓作风建设、转变管理观念,以优质服务提升执行力;通过坚持依法治校以完善制度体系提升执行力。全体党员干部必须从学校实际出发,敢于直面问题、勇于承担责任,坚决防止各种象征性执行、选择性执行、低水平执行现象的产生,真正为师生员工做好事、办实事,不断提升师生的获得感、幸福感、安全感。

三要把党史学习教育转化为锐意改革的创新力。习近平总书记指出:"我们党的历史,就是一部不断推进马克思主义中国化的历史,就是一部不断推进理论创新、进行理论创造的历史。"针对学校高质量发展中面临的实际挑战,我们要以创新驱动为引擎,着力优化学科专业结构、创新学校办学特色,以学校治理体系及治理能力现代化为主要抓手,提升学校办学水平和学生多元化发展的质量,为建设特色鲜明的庆阳三中而砥砺奋斗。

传承红色基因,坚守初心使命
——赴环县红色革命圣地参观学习有感

王 岩

今天,怀着无比崇敬和深切缅怀的心情,来到老区环县,在山城堡战役纪念馆参加"传承红色基因,坚守初心使命"的主题党日活动。

环县,是1936就解放的革命老区,在国内革命战争、抗日战争和解放战争时期,作为战略大后方的老区人民,英勇斗争,积极支前,为中国革命做出了重大牺牲和贡献。山城堡战役遗址、河连湾陕甘宁省委省政府遗址、东老爷山红军长征宿营地等众多红色遗迹诉说着我党当年的艰苦奋斗历史,感动、鼓舞着一代又一代人不惧风雨,砥砺前行。

从踏上老区热土的一刻起,凝望这片贫瘠的土地,我的思绪不由自主的回到了80多年前,在这片土地上,曾经炮火硝烟,军民一心,先烈们前赴后继,在那样艰难的岁月,我们党带领军民书写了何其伟大的历史。当年在这片热土地上,老区人民和红军战士,同生死,共命运,建立了深厚的军民鱼水之情;那个不识字的农民孙万福唱出了自己编写的《高楼万丈平地起》,表达了老区百姓对革命根据地的热爱之情。今天,在这里,我将接收心灵的洗礼,对伟大的中共共产党表达我的赤子之心。

1936年10月,为粉碎国民党军队进攻、争取抗日民族统一战线形成,毛泽东、周恩来、朱德等革命先辈就在环县这片热土上,进行了红军长征的最后一战——山城堡战役，取得了红军会师以后的第一次重大军事胜利。山城堡战役是中国工农红军在逆境中以少胜多、以弱胜强的经典战例，是军民团结谱写的一部气势磅礴的英雄华章，是革命先烈用鲜血和生命镌刻的不朽丰碑。在这里，曾倒下过无数红军战士的躯体，巍巍群山诉说着当年老百姓和红军的艰辛伟大。红色火种能在如此贫瘠的土地上生根壮大，试问，还有什么困难能阻止我们伟大祖国的复兴步伐。

列宁曾说："忘记过去就意味着背叛。"习近平总书记也一再讲："我们应时时刻刻提醒自己，无论走多远，都不要忘记为什么出发。"脚下的这片土地与历史，将永远与山河同在，与日月同辉，会永远地融入中国人民和中华民族的生命之中，成为强大的精神动力，激励我们奋发图强，勇往直前。

今天，到这里重温红色精神，缅怀祭奠先烈，饱含敬畏之情，学习革命先烈丰功伟绩，寻找革命先烈伟大足迹，以用实际行动和优秀表现寄托对革命先烈的无限哀思，把老一辈无产阶级革命家开创的伟大事业薪火相传，发扬光大！

2021 年 5 月

礼赞建党百年华诞　共谱教育强国新篇
——在庆祝中国共产党成立100周年大会上的讲话

王　岩

2021年7月1日是中国共产党百年华诞，回顾党的光辉历程，从嘉兴南湖上的一页小舟起航，一百年筚路蓝缕，一百年波澜壮阔，一百年沧桑巨变，我们党从无到有，从弱到强，发展成为拥有9500多万党员的执政大党，成为领导我们事业的核心力量。特别是，党的十九大以来，习近平总书记为我们领航掌舵，带领全党开启了建设中国特色社会主义的新征程，迈进了实现中华民族伟大复兴的新时代！回顾中国共产党的奋斗历程，我们感到无比骄傲和自豪。展望党和人民在前进道路上的新征程，我们充满必胜信心和力量。如今，在以习近平同志为核心的党中央坚强领导下，全体中华儿女正在为实现"两个一百年"奋斗目标和中华民族伟大复兴的中国梦而自强不息、努力奋斗。我校各党支部和广大共产党员在实现"两个一百年"和中国梦的奋斗历程中，同样给力，同样精彩。尤其是近几年来，在习近平新时代中国特色社会主义思想的指引下，在上级党组织的领导下，学校各支部主动适应新形势要求，坚持围绕党的中心任务和学校教育教学开展党的工作，带领广大党员团结奋斗，发挥政治核心和战斗堡垒作用，深入开展"两学一做"学习教育、"不忘初心、牢记使命"主题教育，党史学习教育，党支部标准化建设，星级支部晋级，"四抓两整治"，"双学双抓双改"等活动，严格落实"三会一课"、"4+N"主题党日等组织生活以及"四学四化"新机制，提升了学校党建工作水平，增强了党组织的凝聚力和战斗力，全力推进党建引领与教育教学"双融合"，有力推动了学校各项工作健康、持续、和谐发展。学校党务工作者忠诚党的事业，热爱党建工作，钻研党建业务，勤奋敬业，积极探索新形势下党建工作和思想政治工作；广大党员干事激情高涨，向上、向善、向好、向美的正能量广泛汇聚，在学习和工作中充分发挥先锋模范作用，全心全力推进学校教育事业的发展改革，书写庆阳三中更加壮丽辉煌的奋进新篇！

这些阶段性成绩的取得，要感谢同志们的齐心努力，更应该感谢党给予我们广阔的天地，使我们有机会尽情施展自己的智慧与才能。

我们庆祝党的百年华诞，更应立足建党百年新起点，我们各党支部及全体党员要以更加坚定不移的信念服从党的领导；以更加奋发有为的姿态推进党的建设；以更加开拓创新的作为践行初心使命。推进学校教育高质量发展，培养担当民族复兴大任的时代新人是时代赋予我们的神圣使命，是广大党员教师义不容辞的历史责任。只有与历史同步伐、与时代共命运的人，才能赢得光明的未来，大家要勇立时代潮头，紧密团结在以习近平同志为核心的党中央周围，树牢"四个意识"，坚定"四个自信"，做到"两个维护"，以"党史学习教育"和"优教庆阳"为契机，积极在学校党的建设、全面从严治党、党风廉政建设、意识形态、教育教学、素质教育、专业建设、课程改革、人才培养、行政管理、后勤服务等各项工作中发挥先锋模范作用，不断开创我校党建和学校发展工作新局面，在党内形成人人为党旗增辉，为党组织增强凝聚力做贡献的良好风气，形成人人争做先锋模范，为教育教学改革发展做表率的干事氛围。让我们齐心协力，奋力拼搏，攻坚克难，乘势而上，凝聚起建设学校快速发展的磅礴力量，为党的建设和各项事业发展再登新台阶、再创新佳绩、再做新贡献！为办好人民满意的教育而努力奋斗，以优异成绩向中国共产党百年华诞献礼。

2021 年 7 月

坚定理想信念　办人民满意教育
——党的十九届四中全会精神学习体会

王　岩

《中共中央关于坚持和完善中国特色社会主义制度、推进国家治理体系和治理能力现代化若干重大问题的决定》，是我党历史上首次用召开中央全会的形式专门研究国家制度和国家治理问题并作出决定的重要会议。是党中央从政治上、全局上、战略上全面考量，立足当前、着眼长远作出的重大决策，充分体现了以习近平同志为核心的党中央高瞻远瞩的战略眼光和强烈的历史担当。是在新中国成立70周年之际，号召全国人民坚定不移的将新时代改革开放推向前进的政治总动员。

《决定》全面回答了我国国家制度和国家治理应该"坚持和巩固什么、完善和发展什么"这个重大政治问题；全面总结了中国特色社会主义制度建设的历史性成就，集中概括了中国特色社会主义制度和国家治理体系的显著优势，深刻阐述了支撑中国特色社会主义制度的根本制度、基本制度、重要制度，明确了坚持和完善中国特色社会主义制度、推进国家治理体系和治理能力现代化的总体要求、总体目标和重点任务，既有理论上的新概括又有实践上的新要求，是坚持和完善中国特色社会主义制度、推进国家治理体系和治理能力现代化的政治宣言和行动纲领。

《决定》对推动中国特色社会主义制度更加成熟更加定型、把制度优势更好地转化为治理优势，必将产生重大而深远的影响。作为普通完中学校的党员领导干部，学习好、贯彻好十九届四中全会精神是全面做好学校工作的必然要求。下面，结合学校工作，谈谈自己的学习体会。

一、牢牢把握党的集中统一领导，引领广大师生沿着正确的政治方向前进

历史和现实已经充分证明，坚定不移的坚持中国共产党的领导，是实现中华民族伟大复兴的必然要求。党的十九届四中全明确地指出了党的领导制度是国家的根本领导制度，在事关旗帜、事关方向、事关道路的根本问题上，必须牢牢把握党的集中统一领导这一根本政治原则。教育作为国家发展之根本，是人才强国的重要支撑点。树立党对教育事业的领导，一是要继续加强意识形态教育。意识形态是党的一项极端重要的工作，保持政治稳定，要从学校抓起、从娃娃抓起，要切实加强党对意识形态工作的全面领导，把意识形态工作的领导权牢牢掌握在手中，强化党员干部的思想政治教育，强化教职工师德师风培训，强化学生思想政治教育，坚持正面宣传，唱响主旋律、弘扬正能量，健全网络意识形态领域的监控机制和重大舆情和突发事件舆论引导机制，完善舆论监督制度，不断增强社会主义意识形态的凝聚力和引领力，旗帜鲜明反对和抵制各种错误观点，营造清朗的校园及网络空间，为建设社会主义教育强国提供根本思想保证。二是要加强思想政治建设，为落实党的教育方针打好基础。坚持用习近平新时代中国特色社会主义思想作为指导，用党的创新理论教育师生的工作学习，不断完善各层级学习制度，把理想信念教育作为育党铸魂、固本培元的战略性工程常抓不懈。引领全体师生进一步增强"四个意识"、坚定"四个自信"、做到"两个维护"，不折不扣抓好各项教育方针、教育决策的部署落实。

二、坚持改革创新，培养新时代建设者和接班人

党的十九届四中全会指出："坚持改革创新、与时俱进，善于自我完善、自我发展，使社会充满生机活力"是我国国家制度和国家治理体系的显著优势之一。学校是培养青年人的主要阵地，坚持教育工作改革创新，一是要与

时俱进，创新完善各项规章制度。要开拓视野，虚心学习各种成熟先进管理经验，结合实际，为我所用，着力构建学校完善的制度体系，为学校开展各项工作建立高效的制度保障；二是拓展教学模式，提高教育质量。坚持课堂教学改革，继续深入推行学校自主创新的"六步三会"教学模式，发挥网络教育和人工智能优势，创新教育和学习方式，不断拓展学习内容，加快发展更加开放灵活的教育体系；三是依托优势，拓展个性发展需求。继续为音体美信等特色教育发展搭建良好平台，努力创造条件，丰富师生生活、培养师生审美能力，不断提高学生的综合素质水平，使他们更好地适应社会发展需求。

三、牢牢把握文化自信，带头弘扬优秀传统文化

党的十九届四中全会提出的"坚持共同的理想信念、价值理念、道德观念，弘扬中华优秀传统文化、革命文化、社会主义先进文化，促进全体人民在思想上精神上紧紧团结在一起的显著优势"，更加坚定了我们教育工作者的信心。古往今来，中国之所以能够屹立于世界民族之林，靠的就是坚持文化自信。实践证明，中国特色社会主义制度和国家治理体系是以马克思主义为指导、植根中国大地、具有深厚中华文化根基、深得人民拥护的制度和治理体系。学校作为传承、传播优秀传统文化的第一阵地，一是要推动中华优秀传统文化课的开设和教育。把中华优秀传统文化融入思想道德教育、文化知识教育、艺术体育教育、社会实践教育各环节，不断加强教师的培训，全面提升传统文化教育水平，增强优秀传统文化在日常教育中的比重。二是搭建平台，丰富学校社团文化。积极推进戏曲、书法、古典艺术、传统体育等进校园，实施中华经典诵读、书写中华经典等交流活动，加大礼仪普及教育，让师生在国庆、国家公祭日、五一、端午等国家重大节庆活动中体现仪式感、庄重感、荣誉感，彰显中华传统礼仪文化的时代价值，增强师生的国家、民族、文化认同感。

四、牢牢把握依法治校总要求，确保校园和谐稳定

党的十九届四中全会指出"坚持全面依法治国，建设社会主义法治国家，切实保障社会公平正义和人民权利，是我国国家制度和国家治理体系的显著

优势之一"，全面推进依法治国，坚持什么方向、走什么道路，是制约法治建设进展乃至影响成败的决定性条件。因此，依法治校，首先，就是要按照我国的法令、法规办学，坚持社会主义办学方向，发挥学校教育主导作用，自觉抵制违反教育方针、政策、法规的倾向。坚持民主集中制，"三重一大"事项由党总支委员会集中讨论，党政领导班子集体决策，同时，切实保障教职工参与学校民主管理和民主监督的权利，全面落实党务、校务公开制度，及时向全体教职工公开学校改革与发展的重大决策，使依法治校的各项工作逐步走向经常化、制度化、系统化。其次，要注重教职工法律知识学习，依法执教。有计划地、有组织地开展学习《义务教育法》《教育法》《教师法》《中小学教师职业道德规范》《中华人民共和国未成年人保护法》等法律法规，尊重师生权利，依法公正、公平解决教师与学校的争议。再次，加强对青少年的法制教育。把法制教育列入教学课程，利用多种形式开展法制教育，营造良好的法制教育环境，使学生在潜移默化中感受法治精神，提高法律素质。通过从上而下的法制教育，打造无死角安全校园，全力营造安全和谐的校园育人环境。

总之，通过学习党的十九届四中全会精神，更加坚定了我为教育事业奉献全部力量的信念，今后工作中，我将补齐短板，严格落实各项工作任务。不忘初心、牢记使命，努力创造学校教育新局面，不负党和人民的重托。

2020 年 7 月

落实立德树人根本任务
推动学校教育高质量发展
——贯彻落实党的十九届五中全会精神之我见

王 岩

党的十九届五中全会擘画了我国未来发展的宏伟蓝图,极大鼓舞了全国人民,更让我们教育人倍感振奋,同时也让我们深感在新时代所担负的使命之光荣、责任之重大。2035年基本实现社会主义现代化远景目标中指出,我国要建成文化强国、教育强国、人才强国、体育强国、健康中国。这几方面建设,尤其是教育强国建设,需要我们全社会的共同参与和共同努力,更需要我们教育人在这个过程中去勇挑重担、奋发有为、积极贡献。我们既要深刻认识党和国家当前所处的历史方位,更要清醒地认识到当前和今后一段时期我们教育改革发展所面临的新形势、新机遇和新挑战。

作为学校的主要负责人,我将倍加珍惜这一难得的历史机遇,深入学习贯彻十九届五中全会精神,努力把学习成效转化为做好立德树人工作的实际行动,在教育强国、文化强国、人才强国等方面建设中,要有新担当、新作为、做出新贡献。在学校教育教学工作中如何贯彻落实党的十九届五中全会精神,我认为应从如下几个方面努力。

一、牢牢把握党的全面领导，引领广大师生沿着正确的政治方向前进

"全会强调，实现"十四五"规划和2035年远景目标，必须坚持党的全面领导"。要坚持党对教育工作的全面领导，全面贯彻党的教育方针，牢牢把握社会主义办学方向。一是要继续加强意识形态教育。意识形态是党的一项极端重要的工作，保持政治稳定，要从学校抓起、从娃娃抓起，要切实加强党对意识形态工作的全面领导，把意识形态工作的领导权牢牢掌握在手中，强化党员干部的思想政治教育，强化教职工师德师风培训，强化学生思想政治教育，坚持正面宣传，唱响主旋律、弘扬正能量，健全网络意识形态领域的监控机制和重大舆情和突发事件舆论引导机制，完善舆论监督制度，不断增强社会主义意识形态的凝聚力和引领力，旗帜鲜明反对和抵制各种错误观点，营造清朗的校园及网络空间，为建设社会主义教育强国提供根本思想保证。二是要加强思想政治建设，为落实党的教育方针打好基础。坚持用习近平新时代中国特色社会主义思想作为指导，用党的创新理论指导师生的工作学习，不断完善各层级学习制度，把理想信念教育作为育党铸魂、固本培元的战略性工程常抓不懈。引领全体师生进一步增强"四个意识"、坚定"四个自信"、做到"两个维护"，不折不扣抓好教育方针和各项教育决策的部署落实。

二、全面落实立德树人根本任务，培养新时代建设者和接班人

"全会提出了到二〇三五年基本实现社会主义现代化远景目标，建成文化强国、教育强国、人才强国，国民素质和社会文明程度达到新高度，国家文化软实力显著增强""社会主义核心价值观深入人心，人民思想道德素质、科学文化素质和身心健康素质明显提高，公共文化服务体系和文化产业体系更加健全，人民精神文化生活日益丰富，中华文化影响力进一步提升，中华民族凝聚力进一步增强"。

学校担负着立德树人的根本任务，担负着培养担当民族复兴大任的时代新人的重任，担负着传承、传播中华优秀传统文化的使命。一是要发挥教育在培育和践行社会主义核心价值观中的重要作用。深化学校思想政治理论课改革创新，加强体育美育教育，广泛开展劳动教育，重视青少年身体素质和

心理健康教育，增强学生文明素养、社会责任意识、实践本领，培养德智体美劳全面发展的社会主义建设者和接班人。二是依托优势，拓展个性发展需求。我校艺术教育是学校的特色，要继续为音体美教育发展搭建良好平台，努力创造条件，丰富师生生活、培养师生审美能力，不断提高学生的综合素质水平，使他们更好地适应社会发展需求。在此基础上，丰富学校社团文化，积极推进礼仪、书法、舞蹈、传媒、戏曲、科技创新、社会实践、校园文学等社团深入开展，多元化的培养学生。三是要推动开设中华优秀传统文化课。把中华优秀传统文化融入思想道德教育、文化知识教育等各环节，增强优秀传统文化在日常教育中的比重，全面提升传统文化教育水平。实施中华经典诵读、书写中华经典等交流活动，充分利用国庆、国家公祭日、五一、端午等国家重大节庆开展活动，体现仪式感、庄重感、荣誉感，发挥中华传统礼仪文化的价值，增强师生的国家、民族、文化认同感。

三、全面提升教育服务能力，推动学校高质量发展

"全会提出，繁荣发展文化事业和文化产业，提高国家文化软实力。"作为育人机构，首先要提升教育服务能力。一是加强教师队伍建设，提升其教书育人能力素质。注重加强教师业务能力的培养，优化学科专业结构，打造高素质专业化创新型教师队伍。二是坚持教学改革，提高教育质量。继续深入推行学校自主创新的"六步三会"课堂教学模式，深入总结应对新冠肺炎疫情以来大规模在线教育的经验，推进信息技术与教育教学深度融合，更新教育理念、变革教育模式。三是要与时俱进，创新完善各项规章制度。要开拓视野，虚心学习各种成熟的先进管理制度，结合实际，为我所用，聚焦薄弱环节，补齐短板，着力构建学校完善的制度体系，为学校开展各项工作建立高效的制度保障，健全学校家庭社会协同育人机制，提高教育质量和水平，开创教育高质量发展新局面。

总之，通过学习党的十九届五中全会精神，更加坚定了我为教育事业奉献全部力量的信念，今后工作中，我将全面贯彻落实党的十九届五中全会精神，不忘初心、牢记使命，努力创造学校教育新局面，不负党和人民的重托。

2020 年 12 月

下篇

甘肃省教育科学规划领导小组办公室

2016年度甘肃省"十三五"教育科学规划课题立项通知单

庆阳三中：

经甘肃省教育科学规划领导小组批准，你单位**田巧荣**同志申报的课题被列为2016年度甘肃省"十三五"教育科学规划课题。现将有关事宜通知如下：

课题名称： 微课与自主学习的教学实践研究

课题类别： 甘肃省"十三五"教育科学规划课题

课题立项号： GS[2016]GHB0752

请学校做好协调管理工作，并将此通知单转交给课题组，并要求课题组做好以下工作：

1、尽快确定具体的实施方案，一个月内组织开题。

2、做好课题管理工作。重点课题的重要活动、重要变更和重要成果经学校签署意见后，同时报市、州、教育科研管理部门和省教育规划办备案（规划课题只报市、州科研管理部门备案）。

3、及时结题并进行鉴定。省规划办立项的课题经基层科研管理部门签署意见后统一报省教育规划办进行鉴定。

2016年8月31日

微课与自主学习的教学实践研究

开题报告

《微课与自主学习的教学实践研究》是 2016 年度甘肃省"十三五"教育科学规划课题，2016 年 8 月 31 日已正式立项（课题立项号：GS［2016］GHB0752）。我们已确定了课题参与人选，今天正式开题，现将相关工作汇报如下：

一、研究背景

《基础教育课程改革纲要》在谈及新一轮课程改革的具体目标时，首要的一条是："改变课程过于注重知识传授的倾向，强调形成积极主动的学习态度，使获得基础知识与基本技能的过程，同时成为学会学习和形成正确价值观的过程。"这一目标使"改变学习方式，倡导自主学习"成了课堂改革的亮点。因此，作为教育工作者，我们需要努力寻找一种行之有效的方式，帮助学生培养良好的自主学习习惯，逐步提高自主学习的能力，同时要打破传统教学方式，努力提高课堂实效性，为学生的终身学习奠定良好的基础，为提高教师的教研教改能力、快速走向专业化发展寻找一条途径。

二、选题的意义和研究价值

随着信息与通信技术快速发展，微课在教育教学方面已经有了广泛的研究和应用。开通微课，不但能满足学生自主学习的兴趣，开展个性化学习，按需要灵活选择学习的时间和内容，及时地查缺补漏，强化巩固，为开展合作探究奠定基础，是课堂学习的一种重要补充和资源拓展。对于教师而言，微课将革新传统的教学与教研方式,打破教师传统的听评课模式,使教师的电子备课、课堂教学和课后反思的资源应用更具有针对性和实效性。基于微课资源库的校本研修、区域网络教研将大有作为,并成为教师专业成长的重要途径之一。

针对我校实际情况,微课的利用和开发还处在启蒙阶段,学生自主学习的主动性和能力较差,严重影响了课改的质量和效果。尤其是初中学生的注意力集中时间仍很短,课堂上老师的精讲和概括得不到及时的吸收和巩固,课后又无从查阅,久而久之就失掉了学习的兴趣和主动性,最终导致厌学的情绪。开展微课,可以有效的补充这些不足,并将作为一种新型的教学模式和学习方式,为老师和学生搭建学习的平台,提升学生自主学习的兴趣和效果,提升教师教学研究的兴趣和能力,促进双方的共同发展和进步。因此,我们选择了省级课题《微课与自主学习的教学实践研究》进行为期两年的研究,希望得到校领导和学校有经验的老师的大力支持和帮助。

三、国内外研究现状

为深入贯彻落实《教育信息化十年发展规划(2011—2020年)》,教育部教育管理信息中心定于2014年9月1日至2017年8月31日开展"基于微课的翻转课堂教学模式创新应用研究"的课题,由中国教育发展战略学会教育信息化专业委员会承担具体研究组织工作。目前焦建利等人与广州市天河区教育局合作启动了基于"颠倒教室"的教学改革实验项目;黎加厚等人在上海闵行区、山东淄博、深圳福田区开展了关于教师微课程教学设计的培训项目;华南师范大学与凤凰卫视集团合作面向全球推出了的"凤凰微课";佛山的胡铁生主持了"中小学微课学习资源的设计开发与应用研究";天津的张宝君主持了"天津市小学《习字与书法》网络微课程资源的建设与应用研究"。内蒙古的李玉平带领深圳、湛江、湖北、山东、内蒙、上海、海南等地教师们开展基于三微研究(针对微问题、开展微研究、形成微成果)的区域网络教研;广东深圳市龙岗区教师进修学校构建微学习生态系统;福建厦门市同安区第一实验小学开展微课程科研课题实验;韶关学院设计基于微课理念下的教师教育技能实训方案。这些案例都证明微课将成为教师专业成长的新途径。

四、研究目标及内容

（一）研究目标

1. 借助微课，调动学生自主学习的积极性。

2. 借助微课，培养学生自主学习的习惯和能力。

3. 借助微课，开阔学生拓展学习资源的渠道，激发学生自主学习的探究性。

4. 借助微课，提高学困生积极参与课堂活动的自信心和表现欲。

5. 借助微课，促进教师教改理念的迫切转变。

6. 借助微课，努力提高课堂教学的实效性。

7. 借助微课，提高课题组成员的教育理论水平和研究能力，消除职业倦怠感，走向专业化发展。

（二）研究内容

1. 帮助学生了解微课，认识微课，增强接纳微课的意识。

2. 调研初中不同层次学生自主学习的情况及解决困难的办法。

3. 选择合适的内容以及学生喜欢的方式制作微课，并同步应用。

4. 通过调研家长了解孩子利用微课开展自主学习的情况及家长的支持情况。

5. 针对中考考纲和学习疑点，制作学生喜欢的微课类型，并同步应用。

6. 调研微课实施效果，研究改进策略，逐步扩大实施应用范围。

7. 开展推门听课评课、同课异构、教师教学技能大赛等活动，促进教师教改理念、教学方式的转变。

（三）本课题的拟创新点

1. 学生尝到了自主学习的甜头，彻底扭转课前不预习的现象。

2. 教师的专业素养得到进一步提升，应用信息技术整合资源的能力大大提高，基本形成了一套高效的课堂教学模式。

3. 学生的自学能力明显增强、自觉学习习惯、自主探究能力大大提高，数学成绩整体提高，优秀学生队伍不断壮大。

五、研究方法

（一）课题的研究思路

先加强理论学习，转变教师观念，提高教师对微课的认识，激发教师研究微课的兴趣，然后调查学生对微课的了解、认识、应用情况，做好学生接受微课、应用微课学习的思想工作。接着确定研究目标、研究内容、研究方法，制订实施计划，确定协调保障措施，定期调研、总结、改进、细化、分层，不断扩大研究范围，总结阶段性经验，逐步推广应用，最终形成较为成熟的课改模式在全校、甚至更大范围内推广应用。

（二）课题研究方法

1.问卷调查法：通过此方法了解初中学生、家长对微课的了解、认识、态度、应用条件，初中学生自主学习的习惯、做法、困惑、需求，以及使用微课后有无变化和改进，然后制订措施，提出解决对策。

2.实验分析法：通过此法提高微课设计的水平，丰富微课设计类型，转变教师的教学方式、改变学生的学习方式，促进理想课堂的构建。

3.观察法：通过此法及时了解学生对微课的应用情况，应用态度，应用效果，应用频率，应用需求，为微课的实践研究提供真实数据。

4.测试法：通过此法了解学生自主学习的效果，利用数据对比分析，得出结论，为进一步研究提供依据。

5.个案研究法：通过对自主学习能力差的学生的观察研究，制订针对个案的措施，不断观察，定期研究，探索规律。

6.文献法：通过《新建构主义：网络时代的学习理论》《泛在学习环境中的学习资源设计与共享——"学习元"的理念与结构》《自主学习——学与教的原理和策略》《自主学习型高效课堂建设研究与实践》《微课与微课程研究进展》《我国微课发展的三阶段及其启示》《浅谈高效课堂理念下学生自主学习能力的培养》等相关文献的研究，为此课题奠定理论基础；同时，了解同类课题研究的现状，为本课题研究提供借鉴，为创新性研究奠定基础。

7.经验总结法：通过调查问卷，观察、测试、评课议课、实验效果，认真分析原始数据，总结先进经验，提出改进措施，不断完善，不断提升。做到有"点"有"面","点""面"结合,防止以偏概全,凭空想象,并加强理论指导。

六、本课题的研究进度计划

（一）准备阶段（2016年5月15—2016年9月1日）

1. 课题组成员进行理论学习,观看微课视频资源库,了解微课的特点、国内外研究应用现状、制作要求、利用价值等。

2. 调研我校初中学生自主学习的开展情况,设计调查问卷,统计调查结果。

3. 课题组成员对实验班学生及家长做培训,介绍什么是微课,培养自主学习能力的重要性,微课与培养自主学习能力的关系等。

4. 建立庆阳三中"初中数学微课库"平台,实验班级建立本班QQ群,微信群,并在庆阳三中网校注册。

（二）研究实验阶段（2016年9月1日—2017年12月30日）

1. 确定课题人选,研究目标,研究内容,制订研究方案计划,开题论证等工作,明确分工,细化研究目标和内容。

2. 制作微课、同步应用。本阶段主要是录制微课并同步实施。课题组成员根据所学内容,精心选择教学内容,第一年以初三内容为主,重点针对中考的重点、热点、难点,重要的知识点、解题技巧以及学生学习过程中的疑惑确定微课设计内容,第二年以初一、初二内容为主,重点解读教材,进行典型习题的解答,培养学生自觉主动自主学习的习惯和兴趣。

3. 微课应用阶段。具体应用在以下几个方面：

①在新授课中应用微课

②在习题课上应用微课

习题课上,对于学生共性的难点习题,可以通过播放制作的微课来解决,如果学生大面积不会时就在习题课上播放,如果少部分同学不会,就提醒他们课后自己安排时间观看,反复观看也行,以满足不同层次学生的个性化学习需求。

③在复习课上应用微课

复习课分为每章学完之后的复习课和整个初中数学课程上完后的中考总

复习。针对复习课做知识点的概括梳理微课、典型习题、中考热点习题解答的微课以及热点题型解题方法总结的微课。

④其他微课资源的使用

除了使用自制微课视频外，研究教师还可下载部分优秀微课视频，供学生进行学习。

（三）阶段性小结（2017年7月10—2017年8月30日）

在课题组内，督促检查分配任务的进展情况，交流实施的感想和建议，进行阶段性研究材料的搜集整理工作，并撰写中期评估报告和阶段性总结报告。要求课题组成员每人至少撰写一篇心得体会，争取在刊物上发表。

（四）总结提升推广阶段（2017年9月1日—2017年12月30日）

调研微课实施、学生自主学习习惯、能力的培养的效果，以及课题组老师在教学方式、教学行为方面的转变经验，提出改进微课制作的建议，修正部分已经制作的微课视频，并要求课题组成员带头努力应用微课开展课堂教学活动及教研活动，鼓励学校其他老师应用我们开发的资源，积极加入微课设计与应用的行列，增强教研教改的浓厚氛围。

（五）总结阶段（2018年1月—2018年4月）

分析积累的数据和资料，总结提炼完成课题，撰写结题报告，申请解题。

七、拟研究成果

1. 论文：本课题研究的报告、总结、论文、心得体会、教学设计文本。

2. 视频及课件：《庆阳三中初中数学微课资源库》《庆阳三中初中数学微课PPT》。

八、本课题组成员

课题负责人：田巧荣

课题组成员：李瑞阳、李小荣、肖琴琴、刘建芬、惠格平、贺小丽、蒋红梅、徐定国、嵇兴洲、张小华

微课与自主学习的教学实践研究

研究总报告

摘要：《微课与自主学习的教学实践研究》是2016年度甘肃省"十三五"教育科学规划课题。自立项开始，我们认真做好课题研究工作，边学习、边研究、边实践、边总结、边改进，2017年9月顺利通过中期评估。通过一年多的实践与探索，设计制作了70多节微课。应用微课对促进学生的自主学习起到了一定的优化作用，对改变课堂教学方式、提高教师的科研与教学能力都起到了积极的推动作用，受到学校领导的一致好评，现将课题总结如下：

一、研究背景

面对新世纪的挑战，适应科学技术飞速发展的形势，适应职业转换和知识更新频率加快的要求，在未来发展中，我们的学生是否具有竞争力，是否具有在信息时代轻车熟路地驾驭知识的本领，从根本上讲，都取决于学生是否具有终身学习的能力，而学生在基础教育阶段是否学会学习已经成为当今世界各国都十分重视的一个问题。正如联合国教科文组织编撰的《学会生存》一书中所讲的："未来的文盲不是不识字的人，而是没有学会怎样学习的人。"终身学习一般不在学校里进行，也没有教师陪伴在身边，全靠一个人的自主学习能力。可见，自主学习能力已成为21世纪人类生存的基本能力。

《基础教育课程改革纲要》在谈及新一轮课程改革的具体目标时，首要的一条是："改变课程过于注重知识传授的倾向，强调形成积极主动的学习态度，使获得基础知识与基本技能的过程，同时成为学会学习和形成正确价值观的过程。"这一目标使"改变学习方式，倡导自主学习"成了课堂改革的亮点。因此，作为教育工作者，我们需要努力寻找一种行之有效的方式，帮助学生培养良好的自主学习习惯，逐步提高自主学习的能力，同时要打破传统教学方式，努力提高课堂实效性，为学生的终身学习奠定良好的基础，为提高教师的教研教改能力、快速走向专业化发展寻找一条途径。

二、研究的意义与价值

随着信息与通信技术快速发展，微课在教育方面已经有了广泛的研究和应用。开通微课，不但能满足学生自主学习的兴趣，开展个性化学习，按需要灵活选择学习的时间和内容，及时地查缺补漏，强化巩固，为开展合作探究奠定基础，是课堂学习的一种重要补充和资源拓展。对于教师而言，微课将革新传统的教学与教研方式，打破教师传统的听评课模式，使教师的电子备课、课堂教学和课后反思的资源应用更具有针对性和实效性。基于微课资源库的校本研修、区域网络教研将大有作为，并成为教师专业成长的重要途径之一。

针对我校实际情况，微课的利用和开发还处在启蒙阶段，学生自主学习的主动性和能力较差，严重影响了课改的质量和效果。尤其是初中学生的注意力集中时间仍很短，课堂上老师的精讲和概括得不到及时的吸收和巩固，课后又无从查阅，久而久之就失掉了学习的兴趣和主动性，最终导致厌学的情绪。开展微课，可以有效的补充这些不足，并将作为一种新型的教学模式和学习方式，为老师和学生搭建学习的平台，提升学生自主学习的兴趣和效果，提升教师教学研究的兴趣和能力，促进双方的共同发展和进步。因此，我们选择了省级课题《微课与自主学习的教学实践研究》进行为期两年的研究，并请学校有经验的老教师进行方法的指导和素材的提供，现在研究结果已初见成效。

三、研究的目标

1. 借助微课，调动学生自主学习的积极性。
2. 借助微课，培养学生自主学习的习惯和能力。

3. 借助微课，开阔学生拓展学习资源的渠道，激发学生自主学习的探究性。

4. 借助微课，提高学困生积极参与课堂活动的自信心和表现欲。

5. 借助微课，促进教师教改理念的迫切转变。

6. 借助微课，努力提高课堂教学的实效性。

7. 借助微课，提高课题组成员的教育理论水平和研究能力，消除职业倦怠感，走向专业化发展。

四、研究内容

1. 帮助学生了解微课，认识微课，增强接纳微课的意识。

2. 调研初中不同层次学生自主学习的情况及解决困难的办法。

3. 选择合适的内容以及学生喜欢的方式制作微课，并同步应用。

4. 通过调研家长了解孩子利用微课开展自主学习的情况及家长的支持情况。

5. 针对中考考纲和学习疑点，制作学生喜欢的微课类型，并同步应用。

6. 调研微课实施效果，研究改进策略，逐步扩大实施应用范围。

7. 开展推门听课评课、同课异构、教师教学技能大赛等活动，促进教师教改理念、教学方式的转变。

五、研究思路和方法

（一）课题的研究思路

先加强理论学习，转变教师观念，提高教师对微课的认识，激发教师研究微课的兴趣，然后调查学生对微课的了解、认识、应用情况，做好学生接受微课、应用微课学习的思想工作。接着确定研究目标，研究内容，研究方法，制订实施计划，确定协调保障措施，定期调研、总结、改进、细化、分层，不断扩大研究范围，总结阶段性经验，逐步推广应用，最终形成较为成熟的课改模式在全校、甚至更大范围内推广应用。

（二）课题研究方法

1. 问卷调查法：通过此方法了解初中学生、家长对微课的了解、认识、态度、应用条件，初中学生自主学习的习惯、做法、困惑、需求，以及使用微课后有无变化和改进，然后制订措施，提出解决对策。

2. 实验分析法：通过此法提高微课设计的水平，丰富微课设计类型，转变教师的教学方式、改变学生的学习方式，促进理想课堂的构建。

3. 观察法：通过此法及时了解学生对微课的应用情况，应用态度，应用效果，应用频率，应用需求，为微课的实践研究提供真实数据。

4. 测试法：通过此法了解学生自主学习的效果，利用数据对比分析，得出结论，为进一步研究提供依据。

5. 个案研究法：通过对自主学习能力差的学生的观察研究，制订针对个案的措施，不断观察，定期研究，探索规律。

6. 文献法：通过《新建构主义：网络时代的学习理论》《泛在学习环境中的学习资源设计与共享——"学习元"的理念与结构》《自主学习——学与教的原理和策略》《自主学习型高效课堂建设研究与实践》《微课与微课程研究进展》《我国微课发展的三阶段及其启示》《浅谈高效课堂理念下学生自主学习能力的培养》等相关文献的研究，为此课题奠定理论基础；同时，了解同类课题研究的现状，为本课题研究提供借鉴，为创新性研究奠定基础。

7. 经验总结法：通过调查问卷，观察、测试、评课议课、实验效果，认真分析原始数据，总结先进经验，提出改进措施，不断完善，不断提升。做到有"点"有"面"，"点""面"结合，防止以偏概全，凭空想象，并加强理论指导。

六、研究过程

（一）准备阶段（2016年5月15日—2016年9月1日）

1. 课题组成员进行理论学习，观看微课视频资源库，了解微课的特点、国内外研究应用现状、制作要求、利用价值等。

2. 调研我校初中学生自主学习的开展情况，设计调查问卷，统计调查结果。

3. 课题组成员对实验班学生及家长做培训，介绍什么是微课，培养自主学习能力的重要性，微课与培养自主学习能力的关系等。

4. 建立庆阳三中"初中数学微课库"平台，实验班级建立本班QQ群，微信群，并在庆阳三中网校注册。

（二）研究实验阶段（2016年9月1日—2017年12月30日）

1. 确定课题人选，研究目标，研究内容，制订研究方案计划，开题论证等工作，明确分工，细化研究目标和内容。

2. 制作微课、同步应用。本阶段主要是录制微课并同步实施。课题组成员根据所学内容，精心选择教学内容，第一年以初三内容为主，重点针对中考的重点、热点、难点，重要的知识点、解题技巧以及学生学习过程中的疑惑确定微课设计内容，第二年以初一、初二内容为主，重点解读教材，进行典型习题的解答，培养学生自觉主动自主学习的习惯和兴趣。最终初三内容设计制作的微课有57节课，其中中考综合试题有10节，初一的有16节（其中借鉴8节），主要以上册为主，初二的有5节（其中借鉴2节）。共计录制微课视频68节，借鉴优质微课视频10节，上传视频资料共计78节。

在制作方法上，先用摄像机边讲边录的办法，总共做43节视频，后来利用录屏软件的技术做了25节。制作好的视频都及时的上传到了"庆阳第三中学网站微课平台"，起初的点击率也比较高，不但有学生观看，老师、家长观看的也很多，反响良好。但后来由于当地网站被关闭，上传被迫停止。我们就通过班级QQ群、微信群上传录制的微课，督促学生开展自主学习。

3. 微课应用阶段

（1）在新授课中应用微课

如：人教版九年级数学上册《一元二次方程的解法——运用公式法》一节，本节的教学目标是通过巩固配方法掌握一元二次方程的求根公式的推导过程，理解一元二次方程的求根公式成立的条件 $\Delta=b^2-4ac \geq 0$，并会运用公式法解一元二次方程。由于本节课的知识点多，求根公式的推导较难，利用公式法解一元二次方程的题型较多，另外与讨论 $\Delta=b^2-4ac$ 有关的题目类型较多，这些内容都是中考试题的必考内容……为了落实好教学目标，我们课前制作了两节微课，一节是一元二次方程求根公式的推导，另一节是一元二次方程根的判别式的运用。教学设计流程是这样的：①对用配方法解一元二次方程做一个简单的练习回顾（5分钟左右）；②引出本节课题，展示教学目标，视频播放一元二次方程求根公式的推导（7分钟左右）；③自学课本3分钟，然后出示8道一元二次方程练习用公式法求解，用时大概20分钟左右；④点评、纠错 4 分钟；⑤播放第二个微课视频 5 分钟；⑥课后作业：推导一元二次方程的求根公式；布置与根的判别式有关的三道练习题；用公式法解三道一元二次方程。当然，这样的教学设计不一定最合理，但在备课前，我们做了好多的预设和研究，而且对微课的设计制作也做了好几次改动，尽力完成了教学目标，根据课堂练习和课后作业来看，效果比以往要好得多。

（2）在习题课上应用微课

习题课上，对于学生共性的难点习题，可以通过播放制作的微课来解决，如人教版九年级数学上册练习册《圆》中的难点习题，我们制作了 12 节微课，一旦大多数学生不会时就在习题课上播放，如果少部分同学不会，就提醒他们课后自己安排时间观看，可以观看多遍，以满足不同层次学生的个性化学习需求。

（3）在复习课上应用微课

复习课分为每章学完之后的复习课和整个初中数学课程上完后的中考总复习。针对复习课我们做了知识点的概括梳理微课，典型习题、中考热点习题解答的微课以及热点题型解题方法总结的微课，对于知识点的概括梳理微课，一般在课堂上播放，典型习题的解答、解题方法总结的微课根据学生需求在课上或课后灵活观看。

（4）其他微课资源的使用

除了使用自制微课视频外，研究教师还下载了部分优秀微课视频，上传给学生进行学习，如"证明切线的常用方法"是平常考试的必考问题，也是中考的必考问题，类型较多，证明方法灵活多样，是学生的难点，考试中失分较多。我们利用微课，总结了这类问题的常见解决方法，方便学生随时观看，更好的应用和掌握。在教学实践中，我先告诉学生，可以用这样的方法来解决问题，再把微课视频传给学生，带着强烈的目标，学生自主学习视频，顺利解决问题。

（三）阶段性小结（2017 年 7 月 10 日—2017 年 8 月 30 日）

在课题组内，督促检查分配任务的进展情况，交流实施的感想和建议，进行阶段性研究材料的搜集整理工作，并书写中期评估报告和阶段性总结报告。

（四）总结提升推广阶段（2017年9月1日—2017年12月30日）

调研微课实施、学生自主学习习惯、能力的培养的效果，以及课题组老师在教学方式、教学行为方面的转变经验，提出改进微课制作的建议，修正部分已经制作的微课视频，并要求课题组成员带头努力应用微课开展课堂教学活动及教研活动，鼓励学校其他老师应用我们开发的资源，积极加入微课设计与应用的行列，增强教研教改的浓厚氛围。

（五）总结阶段（2018年1月—2018年4月）

分析积累的数据和资料，总结提炼完成课题，撰写结题报告，申请结题。

七、课题研究的成果

（一）微课的实施促进了学生自主学习的兴趣和能力的培养

1. 借助微课，调动了学生自主学习的积极性

初中学生虽然对自己的前途充满理想，但年龄特点决定了他们的自制力还不是很强，大多数学生学习习惯不好，再加上学习能力的强弱不同，开展自主学习的兴趣亟待培养。有了微课资源，学生在课前预习时，只需要花10分钟左右的时间，打开微课视频就可以开门见山的进行学习，相较于其他网络资源的学习，老师制作的微课搜索方便，没有游戏、广告的干扰，一打开就直奔主题，快捷方便，大大提高了学生自主学习的效率，也激发了学生利用微课进行课前预习的热情。学生于航在他的观后感中高兴的说道："如今网络已全面普及，而我们学生使用网络往往都会打游戏、聊天、听音乐……我们也会利用网络学习，但是面对网络上各种信息或是繁琐的文字，都让我们很快便丧失了学习的兴趣，查资料毕竟是枯燥无味的，但通过微课的观看与学习，不仅我们不感到乏味，反而学得津津有味，学习效率很高，老师制作的一节微课基本上浓缩了一个单元的知识点与难点。"课题实验中期我们做了一份调查报告，统计结果显示：借助微课后学生进行课前预习的自觉性提高近40%。

	A（总是）	B（经常）	C（偶尔）
使用微课前课前预习情况	6.9%	34.3%	58.8%
使用微课后课前预习情况	44.0%	39.3%	16.7%

2. 借助微课，培养了学生自主学习的习惯和能力

利用微课学习的另一个特点是它不受时间和空间的限制，只要有移动通信设备，随时随地都可以打开学习，而且可以反复观看，这对于那些学习吃力的、顾不上做课堂笔记的学生来说，提供了极大的方便，他们可以及时进行再学习，解决课程学习当中的困惑、疑点、加注批注、记录总结的规律和解题方法，逐渐培养自主学习的习惯，也提高他们自主学习的能力和兴趣。如学生于航在观后感中写道："我认为在微课学习过后，须及时做练习进行复习，因为微课只能教会你例题的解法，而真正的掌握只有在实践中才能有所体现。因此，在每一次看完微课后，我都会重新攻克自己从前无从下手的题，那种绞尽脑汁得出答案的感觉是极其美妙的。"当然老师不但要制作出学生喜爱的图文并茂、带有音乐、形式各样的实用性微课，还要交给学生学会利用微课资源更好的开展学习的方法技巧。

3. 借助微课，开阔了学生拓展学习资源的渠道，激发了学生自主学习的探究性

针对中考，初三综合复习阶段我们制作了 8 节与二次函数有关的综合类压轴型试题讲解微课，这些题平日里放在课堂上讲解非常占用时间，而且能听懂的学生不多，课堂效率低下，不符合面向全体学生的教育思想，有些老师一般不讲。制作微课后，优等生就可以在课后反复观看，开阔了他们的视野，有效补充了课堂上"吃不饱"的不足，而且他们把学到的方法及时运用于类似的题目进行巩固训练，那种自主探究、解决问题的获得感是非常美妙的。学生赵钰坚在他的观后感中写道："通过学习经典例题（老师所选取的例题多为中考中难度偏上的题或是压轴题，而这类题对我们所有学生都有很大的挑战性），并及时攻克自己之前无从下手的题目，再举一反三，从而知晓了一类题型的解法，这种训练的感觉是非常陶醉的。"向奕宏同学的感受是："微课存在于网络这一广阔的平台，而网络视频的传播形式多样，所以我们在微课上可以向全国各地的名师请教，比起在现实生活中请家教、上补习班，微课省时省力省钱，甚至效果更好。"万家行同学看后建议老师："微课的内容也可以丰富多样，不一定仅仅拘泥于课本，拓展拔高专题、相关课外知识专题，也是我们非常渴望的，更能提高我们的学习兴趣。"所以说，借助

微课资源进行学习，不但有效弥补课堂教学的不足，及时帮助学生答疑解惑，减少学生学习路上的拦路虎，更重要的是借助这种学习方式，大大拓宽了学生学习知识的渠道，培养了学生借助更多手段自主学习、自主探究的能力，更激发了他们自主探究的兴趣。对比微课前期和中期我们做的调查统计显示：利用微课开展自主学习的学生占比提高了70%以上。

你在学习中利用微课解决过困难吗？	A（经常用）	B（间或用）	C（从来不用）
使用前情况	5.8%	9.7%	84.5%
使用后情况	53.3%	36.7%	10.0%

（二）微课的实施推进了教师的进步和专业化成长

1. 微课制作促进了老师的专业能力不断提高

为了制作出高质量、有观看性、受人欢迎的微课，我们课题组组织查看了好多资料，有关于微课的创始、起步、发展、国内外目前研究现状和应用情况的文章，微课的特征和要求，优质的微课视频，发布微课平台的创建方法、应该具备的条件等。有了这些前期准备，在着手制作之前，又研读教材、课标、考纲，精选出每个单元、章节的重点、难点、考点及对应的典型例题，学习了录制、剪辑的相关技术，在正式上传之前，和团队的成员反复观看、研磨，提出改进意见，并且对讲解语言的准确性与规范性、声音的节奏与亲和力、普通话等都提出了很高的要求。开始使用后，我们和学生共同观看，听取他们的第一评价，及时收集意见，共商改进措施，随后分别制作针对学生和家长的调查问卷，收集整理分析数据，同时努力学习录屏软件的使用技术，提高PPT的制作水平……通过微课的制作，我们对真正的翻转课堂有了更详细的了解，对微课的使用效果充满了信心，教学语言、板书更加规范和严格，信息技术水平有了很大的提升。贺小丽老师的《"斜边、直角边"判定》在2016年度"一师一优"课的评选中获庆阳市优质课，在2017年度庆阳三中"教师优质课评选"活动中荣获二等奖；惠格平老师的《一次函数与实际问题——方案选择》在2016年度"一师一优"课的评选中获西峰区优质课，《解直角三角形及其应用》在2017年度"一师一优"课的评选中获西峰区优质课；田巧荣老师的《三元一次方程组的解法举例》在2016年度"一师一优"课的评选中获西峰区优质课，田巧荣老师执教的《二次函数与实际问题》课在 2017 年庆阳市"学科德育精品课程"初中数学录像课评选中荣获二等奖；蒋红梅老师的《解一元一次不等式组》《正弦、余弦、正切函数的简单应用》分别获西峰区 2016 学年度"一师一优"优质课和庆阳市 2017 学年度"一师一优"优质课；徐定国老师的《余弦和正切》在 2017 年度"一师一优"课的评选中获西峰区优质课，徐定国、蒋红梅老师的《平行四边形》荣获 2017 年甘肃省第二届"创新杯"中小学数学单元教学设计文本比赛（初中组）二等奖。在 2017 年中考奖励中，田巧荣、刘建芬、惠格平、贺小丽老师均获得庆阳三中"中考优秀教师"，田巧荣老师的论文《微课——提高初中数学课堂实效性的方式》发表在《教育艺术》2016 年 11 期，《浅议微课制作对教师专业能力的促进》发表在《中国校外教育》2017 年第 4 期（上旬刊），《微课——优化学生自主学习的有效途径》发表在《新课程研究》2018 年第 5 期。

课题实验期间正值我校的鸿合软件强力推广应用时期，我们轻而易举地接受了这一新鲜事物并运用自如，和学生的交流机会多了，师生之间的距离也进了，相互之间的探讨、争执明显多于之前，我们感受到了课题研究带给我们的充实生活，让我们浮躁的心逐渐变得宁静。专心思考微课的制作和实践，研究高效课堂即将带给我的情不自禁的快乐！

2. 微课的实施促进教师的课改理念迫切转变

通过微课的制作和实施，我们课题组的老师爱上了学习研究，爱看别人的微课视频，爱听别人的资源整合授课，爱琢磨自己制作的微课，更加期望自己的辛勤付出能受到欢迎，得到推广，更期望能改变学生的学习方式和自己的教学方式，提高课堂效益。了解了翻转课堂后，我们知道了传统的教学模式和翻转课堂的彻底差别，对照自己的教学行为，我们总感觉到课改的步伐太小，力度不大，虽说我校的"六步三会"教学模式推行初见成效，以学生为主体的设计思路也体现了"先学后教、当堂检测"的教学理念，但因为课前自主学习落实效果差，学生的问题意识和问题水平不高，课堂效率还有很大的提升空间。如果我们能在微课的制作上提高质量、产量，课堂教学的模式上再迈进一步，倒逼学生自觉落实课前自主学习的意识和重视程度，课堂学生的主体地位就能真正体现出来，也许不是真正的"翻转课堂"，但至少也向前迈进了一步。基于这一点思考，我们认为微课的研发和改进还是大有可为的，因为教学设计要符合学情，满足学生的需求，这样学生才喜欢观看，才能发挥微课的真正价值。而科任老师最有条件了解自己的学生，满足学生的需求，如果再设计一些紧扣考纲和热点问题的典型例题，学生自主学习的兴趣和信心就会自然产生，高效的课堂和充满生机的课堂就会指日可待！

（三）微课的实施扭转了学生对自主学习的新认识

《基础教育课程改革纲要》在谈及新一轮课程改革的具体目标时，首要的一条是："改变课程过于注重知识传授的倾向，强调形成积极主动的学习态度，使获得基础知识与基本技能的过程，同时成为学会学习和形成正确价值观的过程。"这一目标使"改变学习方式，倡导自主学习"成了这场改革的亮点。所以培养学生的自主学习能力是课程改革的首要目标。在微课的实施过程中，我们做了很好的动员和宣传，而且制作的内容有对难点的解析、易错点的归纳、典型习题的解析、数学思想方法的总结应用，特别适合考前复习和一个单元结束时的总结性学习，并且在课堂教学中也有微课的应用体现。为了倒逼学生自主学习能力的培养，我们提倡写观后感，课堂上划分合作交流的任务，检测运用的题目有时间和最低完成数量的限制，压缩课堂自主学习的时间，让学生在活动参与和实践应用中体会自主学习的必要性和质量的落实，自觉主动地去培养自主学习的习惯和能力。为了创造微课实施的机会，我们的课堂讲解、点拨梳理更加精炼，课堂的重点放在问题的探究和效果的检测上，强迫学生必须具备一定的自主学习能力，改变依靠老师获取知识的观念，只有发挥自己的自主学习能力，才能更多的、更快捷的、更高效的、符合个性发展的获取印象深刻、细节清晰、本质透彻的知识，更有利于挖掘学生的潜能，培养学生运用知识的灵活性，提高学生分析问题、研究问题的能力。赵裕坚同学的心得体会《微课之"微"景》、王欣怡同学的心得体会《微课之神奇》、于航同学的心得体会《微课观后感》还刊登在庆阳三中的校刊上，李欣遥、赵淼淼、赵文菁同学的心得体会《微课观后感》也在年级组织的"应用微课开展自主学习活动心得"评选中荣获一等奖。

自主学习是新形势下获取知识、养成终身学习习惯、培养创造性人才的战略要求，作为老师，我们肩负着义不容辞的历史使命！

（四）微课的研究和实践增强了课堂教学的实效性

通过微课的实施，老师们学会了充分利用网络资源和部分教学软件，这给微课制作带来了极大的方便，使得一些抽象的、静止的、看不见、摸不着、不易发现的数学概念、几何图形的性质、结论、规律变得直观明了，不再让学生感到难以理解和记忆，解决了老师也不好讲解的困惑。如初次接触函数的概念，学生对于函数的"运动变化的思想""y 随着 x 的变化而变化，但唯一确定的对应思想""函数的图象"等内容理解比较模糊，采用传统的讲授或自主学习、合作探究的教学模式都显得效率低下，一节课难以落实预设的目标任务。但提前制作了微课，通过丰富的实例，以图例展示运动变化、唯一对应的具体关系，不断体现函数概念的特点和图象的形成过程，就会大大点燃学生的学习热情和探究兴趣，让学生在轻松愉快的辨析中理解了什么是函数、两个变量之间是否具有函数关系、函数的图像是怎么形成的……再比如函数的增减性，特殊的平行四边形的概念、性质、判定、联系与区别，通过播放微课视频，也能够将静止的、容易混淆的知识利用动画效果、图象变换等详细地、反复地、真实地展现给学生，吸引学生的注意力，化解学生心中的疑虑。这样的课堂，学生的探究欲望、学习热情就很容易被调动起来，大大增强了课堂的实效性。2017年毕业会考中，实验班与非实验班成绩对比明显。

班级 \ 分数	实验前 平均分	实验前 及格率	实验前 优秀率	实验后 平均分	实验后 及格率	实验后 优秀率
实验班	80.1	45.6%	6.2%	90.3	68.7%	21.9%
非实验班	80.3	44.8%	6.1%	82.5	48.4%	8.8%

通过数据分析可以看出，实验班的平均分、合格率、优秀率比普通班的平均分、合格率、优秀率都要高。课题组四名老师获"中考优秀教师"奖，占毕业班数学代课老师总数的67%。

（五）课题研究激发了老师对教学研究的兴趣，消除了职业的倦怠感

参与了本次微课的设计与实践后，我们课题组的老师不再感觉到研究课

题的神秘感，而是产生了对课题研究的浓厚兴趣，平时刷微信、追热剧的时间被课题研究所占用，我们都变成了一个个爱学习，善思考，总想改变突破自己的人，虽然忙碌着，但普遍感觉充实又快乐。做了课题后，我们的教学理念有所变化，对学生自主学习的促进和帮助，对老师专业素养的提高，对增强课堂实效性的方式有了研究的兴趣和动力，做好了今后的规划和研究方向。虽然本课题即将结题，但研究的热情没有停止，我们还会持续思考、完善、改进、广泛应用和推广，带动更多的老师继续战斗的火焰，让科研之风满地生根发芽、开花结果！

八、课题研究中主要存在的问题

1. 微课制作技术影响着微课使用率的高低

观看优质的微课视频会发现，利用录屏软件边播放PPT边讲解，同时带有教师对重点、难点、关键点的手写板书的微课更受学生欢迎，学生的学习效果比较好，而且这种类型的微课知识容量大，时间好控制。而初期我们是用摄像机录制的，教学设计没有做成PPT，边讲边写，录制效果差，而且呈现速度慢，知识容量小。后来改进用录屏软件，但不会插入手写功能，观看效果就差一些，需要多看几遍。有些老师建议像二次函数综合应用题型制作时那样，直接在教室里面对学生讲，并在黑板上对重点、难点板书，这样效果会更好。这些意见我们会很好的考虑的。

2. 微课制作应该超前于教学进度

微课的内容如果是对教材重点、难点的解读，学生预习时就可借助微课开展自主学习，老师授课时也可通过播放微课视频，揭示某些概念的本质、图形的变换规律，从而使学生更好地理解概念、性质、定理等。这样的微课当然应该提前做好，方便老师和学生使用。但由于我们制作不及时，有时也影响了利用微课开展自主学习的使用率和效果。这些问题早已引起我们课题组的重视，但有时工作太忙，最好利用假期，提前设计、制作微课，方便教师和学生随时应用。

3. 网络设备及条件不足

我校部分学生家住农村，没有开通网络，或者家里没有电脑，接收不到老师发布的信息，利用微课开展自主学习的客观条件无法保证。

4. 推广应用没有大面积实行

由于制作的微课水平有限，加之现在网络资源非常丰富，获取学习资源信息的渠道很多，还有老师观念的影响，我们制作的微课没有得到大面积推广应用，这是今后我们应该努力的方向。

九、今后的设想

1. 加强培训学习

采用"请进来、走出去"的广度和高度，加强理论与技术的学习。

2. 提高微课制作水平，充实微课资源库

在原有的基础上，改进微课制作水平，制作出学生更加喜欢的微课，扩充微课资源库，争取每章节都制作了内容丰富的微课，以满足不同学生和老师的需要。

3. 加强广泛宣传，大面积推广应用

课题组成员要积极参与微课的制作与实施，并广泛应用与课堂、教研、会议等场所，带动更多的老师感受到利用微课的方便，并能积极参与到微课的开发与应用当中，为我校、我区的教育增光添彩。

十、结语

总之，通过一年多的实验与探索，充分证明了制作微课以提高学生的自主学习能力、改变教师的教学方式，促进师生的共同发展有着现实意义和长远意义，我们要继续沿着这条路走下去，为促进我校、我区的教育发展不懈努力。

甘肃省教育科研课题鉴定证书

证 书 号：GSGB[2018]J1241
课 题 类 别：甘肃省教育科学规划课题
课 题 名 称：微课与自主学习的教学实践研究
课题负责人：田巧荣
课题组成员：李瑞阳 李小荣 肖琴琴 刘建芬 惠格平
贺小丽 蒋红梅 徐定国 稻兴洲 张小华

本研究课题经专家组评审，通过鉴定，特发此证。
甘肃省教育科学规划领导小组办公室
2018 年 11 月

甘肃省教育科学规划领导小组办公室

2016年度甘肃省"十三五"教育科学规划课题 立项通知单

庆阳三中：

经甘肃省教育科学规划领导小组批准，你单位**吴宏**同志申报的课题被列为 2016 年度甘肃省"十三五"教育科学规划课题。现将有关事宜通知如下：

课题名称：**中学教师职业压力状况调查及对策研究**
课题类别：**甘肃省"十三五"教育科学规划课题**
课题立项号：**GS[2016]GHB0777**

请学校做好协调管理工作，并将此通知单转交给课题组，并要求课题组做好以下工作：

1、尽快确定具体的实施方案，一个月内组织开题。

2、做好课题管理工作。重点课题的重要活动、重要变更和重要成果经学校签署意见后，同时报市、州、教育科研管理部门和省教育规划办备案（规划课题只报市、州科研管理部门备案）。

3、及时结题并进行鉴定。省规划办立项的课题经基层科研管理部门签署意见后统一报省教育规划办进行鉴定。

2016年8月31日

中学教师职业压力状况调查与对策研究

开题报告

一、课题提出的背景

近年来,我国正经历着社会、教育体制的双重变革,中小学教师尤其是中学教师普遍感到职业压力太大,教师体验到的压力,无论是频率上,还是强度上,都比以往任何时候强烈。具体表现在:

1. 社会压力:家长和社会公众对教师期望值过高,望子成龙心切,社会公众认为教师待遇提高了,就应该加倍努力和付出,教师成功了是理所当然的,失败了则归咎于教师的不努力和无能。教师在他们眼中好像应该是无所不能的,这给教师增添了沉重的心理负担。

2. 经济压力:社会尊师呼声甚高,但真正的"尊师"并未形成风气,教师地位仍然较低。教师经济收入低,特别是不能与同学历的、同龄的、从事其他行业的人相比,这就使得教师在付出与回报不成比例的现实以及生活压力的双重侵袭下产生了自卑心理,感觉活得没尊严,后悔选择教师职业。

3. 工作压力:教师扮演着多重角色,如知识传授者、心理保健者、研究者、创造者、同事、学生的朋友、留守青少年的"父母"等。教学过程中不仅要备课、备学生、备教材、备教法,还要制订各种计划,名目繁多的评比,很多的会议,都使老师超负荷运转。

4. 教育制度压力:教育体制改革免去了小学的升学压力,而把升学压力集中在了中学特别是高中阶段。况且教师工作不是通过计件、计时来衡量的,教师是用"心"来工作的行业。现行的职称评定、骨干评选、教师聘任、考核排序、按绩取酬、末位淘汰等评价机制还不完善，教师面临诸多竞争，个别教师无法承受压力而离职或抑郁。

5. 教师自身压力：有些教师对自身缺乏正确认识、期望值过高，所带班级如果成绩不排第一便会内心恐慌，甚至对于自习课上学生学习他所教学科的人数不多也会气恼指责，回到办公室坐立不安。这种焦虑情绪久而久之会造成生理和心理上的疾病。

教师的"压力"问题，已严重制约着教师潜能的发挥，影响着我国教育事业持续稳定的健康发展。如何缓解教师职业压力，提升中学教师的职业幸福感，减少中学教师队伍中的亚健康人群，是《中学教师职业压力状况调查与对策研究》课题研究的主要内容。

二、课题的界定和理论依据

（一）核心概念界定

教师职业压力作为一个心理学概念，是指由于工作方面的原因而使教师产生的负面情绪反应，中学教师的职业压力可理解为：在中学教学工作中面对学生和社会环境所造成的威胁性情境时，所产生的生理或心理方面的紧张状态。

教师职业是受到最严格监督的职业之一，以其劳动长度的连续性、劳动空间的可延伸性、角色的多重性、工作回报相对较低及工作环境不理想而构成了中学教师这一职业的固有特点，成为一个高压力的职业。

（二）国内外研究现状

20世纪中叶以来，国外关于教师压力的研究就一直是教育学和心理学研究领域的一个重点。布思（Booth）在其研究中发现，20世纪60年代，当教师被问及是否还会选择教师职业时，78%的人持肯定态度；到了80年代，当再次被问及同样的问题时，仍然愿意选择教师职业的比例降到了46.4%。这反映了教师对工作不满的程度在加深，而且越来越多的教师认为压力是他们最大的健康问题。

我国从20世纪90年代以来，开始广泛研究教师压力问题，一项调查研究结果显示，我国有52.1%的中小学教师认为自己从事这个职业以来，承受着很大压力。邵光华和顾泠沅（2002）对我国 246 名青年教师进行压力感的问卷调查表明，37.8% 的教师感到"很有压力"，14.2% 的教师报告自己"极其有压力"，只有 9.8% 的教师认为自己"没有压力"。北京教科院基教所对北京市的一份调查显示：93.1% 的教师感到当教师越来越不容易，压力很大，并认为压力已经严重影响生活质量和职业信心。

尽管中小学教师压力的问题已经凸显，但相关部门和学者对这一问题的研究比较薄弱，至今没有形成行之有效的解决方案。在新课程改革和社会急剧变革的背景下，中学教师的压力日趋增大，相关部门只重视中学教师的师德师风、学科水平、学生管理、教育技能等，对教师的心理健康，职业压力关注的比较少。

教师压力大，不仅不能很好的完成教育教学工作，甚至造成负面影响，因此，研究中学老师的职业压力问题，寻找解决问题的路径和对策是一项重要的任务。

三、选题意义和研究价值

本课题通过对中学教师职业压力现状的调查研究，分析中学教师产生职业压力的因素，探索出一套行之有效的预防和缓解教师职业压力问题的途径和措施。这样的成果在实践中有利于提高中学教师对职业特点的认识，从而引起自我关注和调适，对于提高教育教学的质量和效率，增强学校管理和教育改革具有积极的意义。同时本课题的研究能够丰富中学教师教育管理的理论，为我市中学和相关教育管理部门提供真实可信的第一手资料，有利于他们的判断和决策，推动庆阳市教育事业的顺利发展。

四、课题研究的内容及预期目标

（一）研究的主要内容

1. 调查庆阳一中、三中、六中教师职业压力现状，了解教师心理特点和现状。

2. 根据调查情况，结合相关理论分析中学教师产生职业压力的因素。

3. 探索解决中学教师职业压力的策略和方法，以提升教师职业幸福感，提高教师心理健康水平，进而推广至全市乃至全省，为甘肃省教师心理健康教育提供经验和借鉴。

（二）预期目标

1. 前期调查：运用调查问卷表，了解我校教师心理健康现状和特点，形成调查报告。

2. 中期研究：选取一定量的研究对象，面向被试对象进行个别干预和指导，探索解决中学教师职业压力的策略和方法，搜集一定数量的个案，形成较高质量的研究报告。

3. 后期总结和推广：若研究取得预期成果，则将实验内容向全市推广，以取得良好的社会效果。

五、课题研究的方法与步骤

（一）研究方法

本课题的研究主要采用行动研究法，同时运用问卷调查法、查阅文献法、个别访谈法等。注重理论研究与个案试验相结合。

1. 查阅文献法：依据国内外文献资料的研究，明确该课题研究方向。

2. 走访调查法：确定研究对象，设计教师工作压力量表、教师职业压力与工作倦怠调查问卷、教师职业幸福感的问卷。

3. 问卷调查法：向研究对象下发三问卷，通过问卷，了解被研究对象的职业压力状况。

4. 深度访谈法：对个别案例深度访谈，进行个别咨询。

5. 行动研究法：在前期研究的基础上，初步形成草案，在试验中边修改，边完善，变归纳，边总结。

6. 资料分析法：将所得的第一手真实资料汇总分析，认真研究，最终探索出改善中学教师职业压力的方法和策略。

（二）本课题计划两年（2016 年 5 月—2018 年 5 月）完成，分三个阶段进行

1. **准备与调查阶段**（2016 年 5 月—2016 年 11 月）

（1）学习相关理论，查阅文献资料，特别是国内外研究状况，了解研究动向，掌握一定理论基础。

（2）成立课题研究小组，拟定课题研究方案。

（3）安排人员分工，制订保障措施。

（4）设计调查问卷，选定不同群体（年龄、学历、职称、性别、学校等）的研究对象。

（5）向教师下发量表、问卷，做好调查统计，分类撰写出相应的调查报告。

（6）分析数据，了解中学教师职业压力现状，调整下阶段研究内容与方式。

2. **探索与研究阶段**（2016 年 12 月—2017 年 11 月）

（1）针对调查报告中存在的问题，找出造成教师职业压力的因素。

（2）借鉴前人研究的解决措施，结合本地实际，拟定一份解决中学教师职业压力的对策草案。

（3）以庆阳三中为试验基地，开展试探性研究，收集资料。

（4）收集整理各类调查资料，分析所得资料，初步探索出解决中学教师职业压力的对策。

（5）将初步形成的对策再通过实践以及获得的反馈，及时修正，形成阶段性成果。

（6）课题组成员推广、应用，由"点"到"面"逐步扩大课题影响。

3. **总结与鉴定阶段**（2017 年 12 月—2018 年 5 月）

（1）整理课题研究的资料，对该课题研究成果进行总结，撰写课题研究调查报告和相关论文，准备结题。

（2）成果通过鉴定后，将研究成果与他校交流，使课题成果能够产生应有的价值。

（3）向政府和教育管理部门提供成果，供政府和教育部门参考。

六、课题组人员分工

课题主持人吴宏负责课题的组织与策划。课题组成员李阿庆、陈永鹏负责本课题的实施与开题工作，吴宏、王子顺负责撰写开题报告与结题报告。黄巧玲负责本课题的材料调查、收集整理相关信息材料及材料分析研究，并与本组其他成员合作撰写相关论文。

七、成果的展示方式

1. 实验研究报告。
2. 论文。
3. 案例。

中学教师职业压力状况调查与对策研究

研究总报告

摘要：本课题于 2016 年 8 月被确定为"2016 年度甘肃省'十三五'教育科学规划课题"，课题批准号为 GS[2016]GHB0777，申报编号 QY2016_87。旨在通过对中学教师职业压力现状的调查研究，分析中学教师产生职业压力的因素，探索出一套行之有效的预防和缓解教师职业压力问题的途径和措施。课题组成员认真查阅资料，结合实际制订了研究的总体方案。通过调查问卷、个别谈话、个案分析等途径，归纳分析了教师职业压力因素，经过实践探索出了缓解职业压力的可行性对策。

关键词：中学教师；职业压力；对策研究

一、问题的提出

（一）研究背景

教师从事的是育人的工作，是一种推动社会文明进步的工作，但长期以来我们只强调教师的"育人"功能，但教师如何"育己"的话题却通常被忽视，社会、教育体制的双重变革使中小学教师尤其是中学教师职业压力增大。近几年来，教师不堪重负，因"工作压力"造成的心理问题，已严重制约着教师潜能的发挥，影响着我国教育事业持续稳定的健康发展。如何缓解教师职业压力，提升中学教师的职业幸福感，减少中学教师队伍中的亚健康人群，是《中学教师职业压力状况调查与对策研究》的主要研究内容。

（二）概念界定

教师职业压力作为一个心理学概念，是指由于工作方面的原因而使教师产生的负面情绪反应，中学教师的职业压力可理解为：在中学教学工作中面对学生和社会环境所造成的威胁性情境时，所产生的生理或心理方面的紧张状态。

教师职业是受到最严格监督的职业之一，以其劳动长度的连续性、劳动空间的可延伸性、角色的多重性、工作回报相对较低及工作环境不理想而构成了中学教师这一职业的固有特点，成为一个高压力的职业。

（三）国内外研究现状

20世纪中叶以来，国外关于教师压力的研究就一直是教育学和心理学研究领域的一个重点。布思（Booth）在其研究中发现：20世纪60年代，当教师被问及是否还会选择教师职业时，78%的人持肯定态度；到了80年代，当再次被问及同样的问题时，愿意选择教师职业的比例降到了46.4%。这反映了教师对工作不满的程度在加深，而且越来越多的教师认为压力是他们最大的健康问题。

我国从20世纪90年代以来，开始广泛研究教师压力问题，一项调查研究结果显示，我国有52.1%的中小学教师认为自己从事这个职业以来，承受着很大压力。邵光华和顾泠沅（2002）对我国246名青年教师进行压力感的问卷调查表明，37.8%的教师感到"很有压力"，14.2%的教师报告自己"极其有压力"，只有9.8%的教师认为自己"没有压力"。北京教科院基教所对北京市的一份调查显示：93.1%的教师感到当教师越来越不容易，压力很大。

尽管中小学教师压力的问题已经凸显，但相关部门和学者对这一问题的研究比较薄弱，至今没有形成行之有效的解决方案。在新课程改革和社会急剧变革的背景下，中学教师的压力日趋增大，相关部门只重视中学教师的师德师风、学科水平、学生管理、教育技能等，对教师的心理健康，职业压力关注得比较少。

教师压力大，不仅不能很好的完成教育教学工作，甚至造成负面影响，因此，研究中学老师的职业压力问题，寻找解决问题的路径和对策是一项重要的任务。

二、课题研究的目标、内容、方法及创新

（一）研究目标

本课题研究旨在通过对庆阳三中、一中、六中教师职业压力现状的调查及原因分析，以庆阳三中为实验基地，探索缓解教师职业压力问题的实践操作模式，从而提升教师的职业幸福感，促进教师身心的和谐发展。

（二）研究内容

1. 现状研究调查庆阳一中、三中、六中教师职业压力现状，了解教师职业压力现状和具体表现，并进行分类；根据调查情况，分析现状，探析中学教师产生职业压力的因素。

2. 对策研究本研究从关注教师本体出发，从关注教师的生活世界和生态环境出发来探究缓解教师职业压力的方法和策略。一是着力于教师教学环境的改善、教师评价机制的改革以及管理制度的变革，努力消除教师产生心理问题的根源；二是通过引导教师参与社团活动，包括组织教师参加团体辅导、互助沙龙，传授个人情绪的处理技巧等自我减压方法，提升教师的心理素质。

（三）研究方法

1. 文献法。组织课题组成员到图书馆或上网查阅与本课题有关的文献资料，尽可能了解国内外研究的动态和深度，为课题的深入研究提供有益的帮助。

2. 调查法。课题组老师深入教师中去，了解所需所想，设计问卷调查表，了解教师职业压力的现状和具体表现，在此基础上分析成因，设计对策。

3. 个案法。选取具有典型的个案进行研究，分析现状及产生原因，寻找解决对策，并对实验对象跟踪调查，不断检验实验效果。

4. 谈话法。通过心理讲座进行集体辅导，通过个别访谈深究心态，想方设法缓解他们的职业压力，使实验做到有的放矢，少走弯路，增强实验效果。

（四）研究创新

1. 在调查问卷法的基础上，以研究者主体为教师的身份深入走访调查，真正走进教师的内心，得到真实可信的资料。

2. 创新三份科学合理、切合实际、内容全面的调查问卷，致力于较为全面地分析教师产生职业压力的各种因素，特别是客观因素方面，希望能寻找

一些新形势下的新因素，诸如新课程改革是否会给教师心理带来影响、目前盛行的"聘任制""淘汰制"是否会给教师带来压力等等。

3. 本课题研究的另一个创新之处是以庆阳三中为实验基地，指向个人干预策略的研究，即通过引导教师参与社团活动，从情感支持的角度提升教师抗压能力，不失为当前最可行和最有效的干预办法。

三、研究过程

（一）准备资料进行课题开题（2016年4月—2016年8月）

1. 由课题负责人进行课题申报。

2. 课题组成员深入到教师中去，从职业认同、专业素养、工作压力源、压力反应、学生素质、学校评价、学校环境、制度管理、人际关系、收入满意度等方面，详细了解教师的压力状况和心理需求，选定研究对象。

3. 在庆阳三中、一中、六中的教师中搜集典型案例，建立典型案例的档案。

（二）课题开题后进行课题研究

1. 第一阶段（2016年9月—2017年12月）调查与研究

课题审批后，课题组负责人以教师身份深入调查，精心设计三大类调查问卷，分别为："教师职业压力与工作倦怠调查问卷""教师职业压力量表""教师职业幸福感的问卷调查"。于2017年1月向庆阳三中教师下发问卷，收回有效答卷160份（问卷中的回答选项赋予了相应分值，总分分别为工作倦怠72、压力源120、压力反应68、幸福感80分），并对其中的20名教师进行个别访谈。课题组成员认真统计、归纳整理（见下表），并撰写出相应的调查报告。

问卷调查分层次数据统计

调查内容	分层次		最小值	最大值	平均分	分层次	最小值	最大值	平均值	分层次	最小值	最大值	平均分
工作倦怠	年龄段	26~35	23	67	41.75	性别 男	18	67	40.26	学科 语数外	18	67	40.21
压力源			28	92	64.35		28	109	66.74		28	118	70.91
压力反应			5	51	34		5	67	37.20		5	63	35.49
幸福指数			31	63	49.7		28	69	50.50		26	69	51.17
工作倦怠		36~45	26	67	41.85	女	23	63	39.12	理化	23	63	40.19
压力源			36	118	73.125		27	114	71.18		51	101	65.88
压力反应			13	67	39.275		9	63	36.06		23	55	38.50
幸福指数			26	65	48.125		31	71	51.02		38	63	51.69
工作倦怠		46~55	24	54	39.675	所教年级 高中	22	58	40.02	政史地生	26	58	39.86
压力源			28	104	67.175		27	109	66.68		27	104	63.10
压力反应			9	63	36.85		5	63	34.62		13	55	34.67
幸福指数			38	68	51.075		36	71	52.14		38	71	51.62
工作倦怠	职称	初级	26	67	42.85	初中	18	64	39.22	音体美	23	49	38.00
压力源			31	118	69.13		28	118	70.22		28	97	66.91
压力反应			5	62	37.15		14	67	37.88		17	58	38.27
幸福指数			26	65	49.00		26	69	49.64		39	63	50.73
工作倦怠		中级	23	67	38.83	分级班主任 是	18	63	39.30	其他	23	67	51.00
压力源			28	114	65.00		27	114	68.32		69	97	80.60
压力反应			9	67	36.18		14	67	36.52		36	53	44.40
幸福指数			28	64	50.78		34	71	51.30		31	46	38.20
工作倦怠		高级	18	58	37.05	教研组长 非	23	67	41.90				
压力源			27	103	71.33		28	109	68.20				
压力反应			14	55	36.14		5	56	36.00				
幸福指数			40	71	55.52		28	68	49.92				

数据分析如下:

(1) 教师工作倦怠情况

①数据结果显示,大多教师存在着工作倦怠,最高分为67,最低值18(满分为72分)。

从年龄段看:36~45 > 26~35 > 46~55;

从职称看:初级 > 中级 > 高级;

从性别看:男 > 女;

从学科看：其他＞语数外＞理化＞政史地生＞音体美；

从年级教学看：高中＞初中；

从兼任班、级主任，教研组长看：非班、级主任，教研组长＞班、级主任，教研组长。

②产生的主要原因

82.6%的教师认为薪酬不合期望；78.3%的教师认为工作负担较重、教育工作辛劳；63%的教师认为升职称的空间有限；50%的教师认为学校管理不民主、不人性化。

③如何应对

在个人方面：80.4%的教师认为寻求业余爱好，积极参加文体活动；63%的教师认为要客观认识自我，建立合理期望；54.4%的教师认为适时进修，加强自己的实力。

对学校的期望方面：89.1%的教师认为学校应合理安排休假，组织教师集体旅游；86.97%的教师认为学校应关注教师的工作生活家庭、心理情况；76.1%的教师认为学校应建立完善的激励机制；71.7%的教师认为学校应建立合理的薪酬体系（指绩效方面）；67.4%的教师认为学校应重视教师培训。

（2）教师工作压力源和压力反应情况

①数据结果显示，工作压力最高分118，最低值27（满分120）；压力反应最高分67，最低值5（满分68）。

从年龄段看：工作压力36~45＞46~55＞26~35，压力反应36~45＞46~55＞26~35；

从职称看：工作压力高级＞初级＞中级，压力反应初级＞中级＞高级；

从性别看：工作压力女＞男，压力反应男＞女；

从学科看：工作压力其他＞语数外＞音体美＞理化＞政史地生；

压力反应：其他＞理化＞音体美＞语数外＞政史地生；

从年级教学看：工作压力初中＞高中，压力反应初中＞高中；

从兼任班、级主任，教研组长看：工作压力班、级主任，教研组长＞非班、级主任，教研组长，压力反应班、级主任，教研组长＞非班、级主任，教研组长。

②产生的主要原因

因工资待遇低占71.4%；因学生出问题担心学校归咎于老师占65.9%；因学生成绩不好担心归咎于老师占57.1%；因学校各项检查、评比、考核过多占57.1%；因社会地位低占54.8%；因缺少能够满足自身需要的进修学习机会占54.7%；因工作繁忙感到烦恼占51.2%。

③引起的压力反应的主要原因

记忆力下降占61.9%；感到疲劳占54.8%；睡眠状况不佳占51.2%；注意力不集中占48.8%；对业余爱好兴趣下降占40.47%。

（3）教师幸福指数情况

①数据结果显示，最高分为71，最低值26（满分为80分）。

从年龄段看：46~55＞26~35＞36~45；

从职称看：高级＞中级＞初级；

从性别看：女＞男；

从学科看：理化＞政史地生＞语数外＞音体美＞其他；

从年级教学看：高中＞初中；

从兼任班、级主任，教研组长看：班、级主任，教研组长＞非班、级主任，教研组长。

②让教师有职业幸福感的方面

对自己的专业素养有信心占90.5%；能心情愉悦的完成教学工作占87.8%；认为自己的教学评价效果好占85.4%；与领导、同事关系过得去占78.1%；认为听课能促进专业发展占78.1%；自身能力、水平在学校得到认可占70.7%；认为学校评价客观公平占70.7%，认为大部分学生是好的占68.3%；认为学校虽然约束性强但工作起来还算开心的占67.5%；喜欢自己的职业占62.8%；对自己的工作量能承受的占61.9%；认为学校规章制度合理的占48.8%。

③教师不满意的方面

认为学校对自己和家属不够关心的占80%；对在学校所享受的福利待遇不满意占78.6%；认为学校缺少参加业余生活和文体活动的设施场所占78.1%；对收入不满意占66.7%；认为学校管理不够民主占61%；认为自己的

付出与回报失调的占 56.1%。

(4) 结论分析

分项指标调查结果显示，造成教师工作倦怠的原因位于第一的是薪酬不合期望。社会行业分配的不合理，使越来越多的教师产生了心理的不平衡，繁忙的工作总是得不到应有的回报，以至教师的自尊心受到影响，自信心降低，工作热情下降。另外评不上职称仍然是教师职业倦怠的重要因素，而职称晋升条件的不连续性也使教师茫然不知所措。

尤其中青年教师的职业倦怠感问题比较突出，这一年龄段的教师大多是学校的骨干，他们的社会期望值和自我期望值较高，除繁重的教学任务外，还要承担其他一些社会工作。另外，他们的孩子较小，家庭负担较重，致使他们要承受更大的职业压力。

教师对在学校感到压力最大的是"因学生出问题担心学校归咎于老师"，而"学生成绩不好"屈居第二，可见校园的一些不安全"风波"已引起教师的过敏甚至恐慌，教师除了传道授业解惑，还要扮演保育员、医生、警察等多重角色，无形中担负了外人看不到的责任，这是"社会、学校、家庭三结合教育"合力不够造成的。教育改革几乎没有带给教师较大压力，也正好说明教改没有引起必要的重视。

在幸福指数方面，最满意的是教师对专业素养的自我评价、给学生上课时的心情、对自己的教学效果评价，说明教师普遍具有较高的专业素质和能力，感觉能胜任教育教学工作。

最不满意的是学校对自己和家属的生活不够关心，其二是福利待遇问题，居于第三的是学校的业余生活和文体活动。在师生课业负担较重、工作时间长、来自各方面压力大的情况下，大多数教师每天只是忙于本职工作，基本没有自由活动的时间，感觉很枯燥。

还有一组数据值得重视：工作倦怠非班、级主任，教研组长＞班、级主任，教研组长；工作压力班、级主任，教研组长＞非班、级主任，教研组长；压力反应班、级主任，教研组长＞非班、级主任，教研组长；幸福指数班、级主任，教研组长＞非班、级主任，教研组长。班主任与学生相处时间最多，更容易和学生成为朋友，走进学生的情感世界，去感受他们的喜怒哀乐，学生能记住的、能回忆起的往往也是班主任，这更能体现教书育人的价值和成就感，所以累但快乐着。

2. 第二阶段（2017年1月—2017年12月）探索与实践

（1）课题组成员通过分析，探索出了造成教师职业压力的因素

①教师的职业角色和家庭角色矛盾带来的压力

教育体制改革免去了小学的升学压力，而把升学压力集中在了中学特别是高中阶段，决定了中学教师教学任务的繁重性，教师在校内就像一个不停旋转的陀螺，属于自己支配的时间很少。而为人父母、为人子女，教师在家庭里也被赋予了普通人养家糊口的重任，高强度的工作换来较低的劳动报酬，既无一技之长从事第二职业，又无时间精力赡养父母、照顾妻儿。这就使得教师在工作繁忙和生活压力的双重侵袭下产生了自卑心理，感觉活得没尊严，后悔选择教师职业。

②教师的职业光环和劳动价值低下矛盾带来的压力

在大众的口碑中，教师是人类灵魂的工程师、太阳底下最光辉的职业。家长和社会公众对教师的期望值很高，望子成龙心切，认为教师待遇提高了，就应该加倍努力和付出，教师成功了是理所当然的，失败了则归咎于教师的不努力和无能，教师在他们眼中好像应该是无所不能的"神"。这种思维定势，忽视了教师作为一个普通人的常态，看不到教师工作的辛苦、生活的清贫。近年来党和政府虽然花了很大的力气在保障教师的工资兑现上，要求教师的工资不得低于当地国家公务员，但实际操作中两者之间的差距还是很大的。教师的劳动报酬很难反映教师的劳动价值就使教师产生倦怠心理。

③教师的实绩评定和量化管理矛盾带来的压力

职称作为教师教育教学及科研能力总体水平的标志，对教师具有极大的吸引力。教师晋升职称有一定的条件要求及指标限制，因此教师实绩评定存在竞争压力。在现实中，教师个人的个性、能力、特长和机遇各不相同，教师业绩并不一定能从教师自身的学历、能力和花工夫的多少中直接反应出来，而要从学生方面间接地反映。目前，许多学校还是简单地用升学率、排名次、分数高低等指标来衡量教师业绩。教师的实绩评定标准单一，无论是新教师还是有经验的教师都用一把尺子衡量，忽视了教师之间的差异性；评价方法

过于片面、简单，忽视了学生在遗传因素、家庭环境及家长的重视程度等方面的差异所导致的学习成绩差异。在教师管理方面过分追求量化，教师的课堂教学、学生的作业、早晚辅导、教案详略、听课笔记等都要"循规蹈矩"，用简单化的几条指标和抽象的分数，去衡量复杂且模糊的教育问题。对教师的要求过多，检查过多，评比过多，使教师疲于应付，困惑茫然。重负下无法"充电"，无法得到专业发展而自我"加压"。

④教师的课堂效率和校园安全矛盾带来的压力

新课改要求教师转变教学方式，优化课堂结构，解放学生的"手、眼、口"，注重培养学生自主探索、主动思考、合作探究的学习能力，提高课堂的教学效果。而在实际教学过程中，由于独生子女居多，在家庭教育中被无限迁就和放纵，缺乏纪律约束，给校园的安全蒙上了阴影。教师整天担心不知什么时候出问题，心里那根安全的弦一刻也不敢放松，害怕管理学生被视为体罚，担心话语不当伤害学生的心灵，又害怕实验操作课上发生安全事故等，这势必会影响教学内容的全面开展，造成课堂效率低下。这种矛盾心理使教师没有办法轻松愉快的去生活、工作。

⑤教师的个人因素和课程改革矛盾带来的压力

在同一工作环境压力下，有的教师迷茫疲倦，而有的教师却干劲十足、生龙活虎，这主要由教师个体感受压力的差异所致。新课程标准的出台，教材更新力度加大，现代化教学手段纷纷涌现，学生获取各种信息的渠道增多，掌握现代科学技术知识的速度快，了解外界事物的信息量大，使教师们面临着失去知识权威的危险。为了树立教师的良好形象，他们不得不接受新观念，学习新知识，形成新技能，以提高自己的综合素质。中青年教师虽然有闯劲，但缺乏经验；上了年纪的老师，不能把现代教学媒体和教学经验融合起来，往往事倍功半而产生退缩心理，缺失了从容、平衡、稳定的心态。

（2）以庆阳三中为试验基地，开展实践性研究。课题负责人积极与学校领导沟通，在工作环境及心理疏导方面取得了技术上的主持。具体做法是：

①赢取社会支持重振师道尊严

a.通过校信通、家长会、家长委员座谈会、家长开放日等途径，赢取家长支持，形成了家校教育的共同价值观。

b.在初、高中起始年级课程中每周增加一节文明礼仪校本课,将"尊师"贯穿全校的德育教育,常抓不懈,纠正学生的不良习惯,改善学校的风气,学生和教师之间的不和谐之音明显减少。

c.开展亲子、家长培训、家长陪学活动。2016年10月开展"智慧父母班"家长培训,2017年3月开展"倾听你心声,诉说我烦忧"亲子活动,2018年3月开始"开放课堂"家长陪学。这些活动的开展,有利于建立良好亲子关系,有利于家长和教师换位思考,从而形成尊师重教的良好风尚。

②学校领导关注教师的生活状况和工作环境

a.2017年11月,改造分建教工餐厅,自助餐模式,菜品丰富,营养均衡,解决了部分教师就餐难题。

b.2017年9月,扩大功能室并面向教师开放,有科技创新室、机器人航模室、合唱室、舞蹈室、鼓乐室、管乐室、合唱室等20多个,并配有专门的辅导老师,给教师娱乐提供了场地和技术支持。

c.2017年3月,增加了10个乒乓球桌、2个羽毛球场地和健身器材,为教师健身提供了场地和时间保障。

d.2016年10月,对原"心语心屋"咨询室扩建为7个功能室,并配有心理老师17人,其中专职5人(含专业咨询师3人)、兼职12人。两年来心理健康老师外出培训不下20人次,其中长达一个月的培训2人次。面向学生、教师开放,进行个别心理疏导,成为教师的心理援助中心。

③邀请心理专家对教师进行心理健康专题讲座

a.2016年10月,邀请兰州大学王光荣教授对教师作《照耀学生快乐自己》心理健康专题讲座。

b.2017年3月,开展了以"倾听你的心声,诉说我的烦忧"为主题的心理健康教育活动,邀请陇东学院心理学硕士、国家二级心理咨询师卜鹏翠副教授,中学高级教师、省级骨干教师、国家二级心理咨询师马忠亮亲临指导。

c.2017年3月,聘请亚太地区十大金牌培训师、心智装备训练创始人刘逸舟老师作了"关于新形势下教育工作者的《责任与担当》"的报告,对教师职业倦怠趋势下如何缓解压力,追求快乐进行心理疏导。

d.2017年3月,庆阳市教育局邀请清华大学教授、积极心理学专家安妮对教师进行《幸福教师幸福学生》的专题讲座。

e.2017年8月,邀请庆阳党校刘连志教授以《树信心强素质做合格教师》为题,阐述了新形势下提升教师职业价值观、提升职业境界的重要性。

f.2018年1月邀请甘肃省教育科学研究所何保平教研员作《立德树人下的中学生心理辅导和班级管理》的报告,对教师如何处理与学生的关系给予指导性意见。

④丰富教师精神生活,开展文体活动

a.自开题以来,组织开展"庆元旦,迎新春"教职工拔河比赛。

b.在高初三毕业之际,成功举办教师学生参与的"校园文化艺术节"两次。

c.2016年9月开展以"和谐校园激情飞扬"为主题的教师歌咏比赛。

d.2016年11月组织乒乓球比赛,2017年11月组织教工篮球赛。

e.2017年庆"三八",举办"女教职工手工工艺品和视觉艺术作品展"。

f.2017年4月开展了集"友谊、竞技、娱乐、锻炼"为宗旨的趣味运动会。

g.2017年6月组织教职工参与庆阳市"一节一赛一交流"美育活动。

⑤创造帮助教师成长的条件

a.每年组织开展一次教师粉笔字、钢笔字、毛笔字书写大赛,促进教师的专业成长和教学技能的提高。

b.每年组织开展优质课评选活动,专业引领长足发展。

c.每年组织教师进行"交互式电子白板"技能培训,提高教师的教育技术能力。

d.重视"一师一优课、一课一名师"活动,组织所有教师参与"晒课",多种途径为教师参加"晒课""优课"评选提供课堂实录制作条件。

e.2017年10月至今,建成标准化录课室两个。方便教师录制精品课参赛,为教师展示教学技艺搭建了平台和技术支持。

f.2016年5月邀请中国美术家协会会员、西安美术学院硕士研究生导师、著名国画家李玉田教授来校讲学,以学术讲座《中西绘画的观察方法与创作理念的异同》开阔了我校美术教师的视野。

g.学校先后与广西南宁五中、山西新绛中学、成都三十七中、南京海宁中学、山东昌乐一中、陕西宜川中学以及衡水市多所中学等学校建立互动、交流、学习的友好关系，为更新教师知识结构搭建了平台。

⑥帮助教师自我干预自我减压

a. 学校领导为提升教师的职业荣誉感，增加了诸如二课先进个人、课改能手、优秀教案、优秀辅导老师、巾帼标兵等十多项荣誉评选活动，60%以上的教师获得学校奖励，增强了教师的自信和干劲。

b. 课题组成员深入教师，积极与问题教师谈心，帮助问题教师，正确认识自我、接受自我,扬长避短地发展自我、完善自我。"以幸福都是奋斗出来的"的信念来提升教师的职业幸福感。

c. 帮助教师宣泄放松，培养工作之外的兴趣、爱好。课题负责人及成员倡导并帮助教师自发成立兴趣社团，积极动员教师广泛参与。目前有合唱团、水兵舞团、羽毛球团、乒乓球团、棋艺团、太极拳团、野外骑行团、书法绘画团、文学社、科技兴趣（无人机）团、太极拳团、柔力球团、健身操团、管弦器乐团等，近200名教师参与。这些兴趣爱好活动，愉悦了教师心情，缓解了职业压力，增进了教师的身心健康。

3. 第三阶段（2018年1月—2018年5月）总结与鉴定

（1）2018年1月：整理课题研究的资料，对该课题研究成果进行总结，撰写课题研究调查报告和相关论文，准备结题。

（2）2018年3月：课题成果展示，实验研究报告、论文和案例。

（3）2018年5月：收集课题研究资料、论文、报告，申请结题，填写课题研究成果申请鉴定表，汇集课题研究成果，撰写课题研究报告与结题报告。

四、"三五七减压模式"

《中学教师职业压力状况调查及对策研究》课题小组经过近两年的研究，探索归纳出缓解中学教师职业压力的相关策略，简称为"三五七减压模式"。

（一）政府与社会为教师"减压"

1. 切实提高教师工资

社会媒体宣传：教师地位高，收入高福利好，还有寒暑假待遇；国家为了体现尊师重教，还专门设立了教师节。现实状况，教师尤其是中学教师工资和待遇并非如此。仅拿1984年设立的教龄津贴来说，相当于当时教师月工资的十分之一，一定程度改善了教师的生活，如今10元封顶的教龄津贴连现在工资的300分之一都不到，令人可悲和沮丧。还有班主任津贴、绩效工资……从工作压力和强度来看，教师工资待遇与付出不成正比。

希望政府能提高教师的津贴、奖金、福利，退休教师增加退休金，去世的教师增加抚恤金、丧葬费等，切实提高社会待遇。

2、完善教育管理制度

教师劳动的复杂性、创造性、示范性，决定了教师在校时间远远超出8小时之外，工作任务繁重艰辛，年复一年重复单调。但最令教师感到紧张、烦心的是还要参加大小会议，应付各种总结和检查，双休日、节假日，也被"给学生补课""继续教育""教育能力"等各类培训所占用。还得应对教育部门组织的各类与教学无关的考试，甚至要每周上街打扫包干区域。教育部门依据相关政策对教师提出一定要求，原无可厚非，问题是要符合教育的实际，要考虑它的合理性和存在价值。

教师的职业是培养人的活动，只要教师尽职尽责，倾注爱心，较好地完成了工作任务，就是称职的、合格的。因此，减少一些不必要的规定，通过政策导向，引领教师全身心投入到教育教学中去，避免出现"应付主业，关注副业"的不良现象。

3. 营造尊师重教气氛

在"只有不称职的老师，没有不合格的学生"论调下，教师面临诸多不应有的指责、不公正的评价。学生成绩不好怨老师，学生品行不好怨老师，学生出现不安全事故怨老师，甚至学生走向社会出现违法乱纪也归咎于老师。教师被侮辱、被殴打事件不断发生，难道教师平日的教学活动真是出现了差错，引发了大家的不满和憎恨？事实并非如此。古今中外，作为教师，都希望自己的学生品学兼优、身心健康、有所作为，他们为学生的品行差而担忧，为学生的学习成绩差而着急，他们不是父母胜似父母，这是教师"良心"的体现，也是职业道德的要求。

呼吁人们在关注、看待教育时，要用"换位思考"的方式去看待教师，对教师少一些指责，多一些理解，少一点怨恨，多一点支持。只有在社会上形成尊师重教的良好风尚，大家都来关心教育，支持教育，才能为教师营造宽松的工作生活空间。

（二）学校内部为教师"减压"

1. 关注教师生活状况，丰富教师精神生活

教育质量的提高，核心要素在于激发每位教职工的工作热情，增强教师的事业心、责任感。学校管理者要实施"人本管理"，给教师以关怀、尊重、信任和体谅，使教师获得丰厚的精神报酬。适当安排好教师的课余和假日生活，创设教师的运动空间、交流氛围。

学校要积极为教师改善工作环境，有条件为教师的健身和娱乐等提供保障。一是提供时间，这是最重要的条件，因为教师最缺少的就是时间。二是提供场地，学校可在规定时间内开放一些音乐室、美术室、舞蹈室、乒乓球室等，也可在学校里开设琴棋书画、歌唱、舞蹈、太极拳、健美操等短期培训班，为教师开展文体活动提供技术支持。三是开展活动。例如举行球类等体育比赛，或者歌舞、琴棋书画等艺术活动。

2. 提升对教师职业的再认识

传统上把教师职业当作一门崇高的职业，像"蜡烛"，像"春蚕"，以牺牲自己成就他人而崇高。无形中暗示给教师在从事一种悲壮的职业，必须过着奉献和含辛茹苦的生活，没有幸福可言。学校有责任使更多的教师认识到，教师的劳动在学生身上结出果实，学生的成长并不是对教师生命的剥夺，而是教师价值的实现、生命的肯定，还有什么比自我生命的增值更让人幸福的呢？如果教师对待工作、生活的态度发生转变，以好的心态来接受现实、悦纳自我、心存感激、追求卓越，教师就不应当过愁眉苦脸的阴郁生活，而应该是热情洋溢、乐观豁达，把教育活动作为幸福的体验过程，这是职业境界的提升。

3. 创造教师成长平台，赏识和激励教师

学校要通过设立科学的奖勤奖优工作制度和管理制度，为教师们创设一个公平的良性竞争教育教学平台。对教师取得的成绩和进步，无论多少都要不断给予肯定和鼓励，让教师有成就感，以得到更多的工作动力。若个别新教师在工作中遇到困难或挫折，学校应予以包容、谅解，并组织有经验老教师及时予以帮助。并力争创建让本校新老教师之间或与外校名师之间多互动、

交流、学习的机会，使教师不要死端一碗水、一套教学经验和方法，十年僵化不变。只有不断地加强教师的自我学习，不断更新知识结构，教师才能不断成长。

4. 改进教师评价管理方法

教师压力过大，原因是多方面的，学校自身当前可采取的措施是：①改进教案检查管理。为了应付，教师要花费大量时间用于写教案，而真正用于思考的时间却很少。这种新老教师"一刀切"的教案检查应该予以改进。②改进成绩评价管理。要像保护学生的自尊一样保护教师的自尊，不搞成绩排名。其次适度淡化教师之间的竞争，促进教师之间团结协作。因为合作能促进交流，并在一定程度上缓解教师焦虑，解放教师心智，并在根本上缓解学生的压力，解放学生的心智。

5. 课堂教学仍需提倡师道尊严

教师关心热爱学生，学生尊敬老师，是社会主义新型师生关系的基本要求。但是，当前教育在强调教师关心、爱护学生的同时，却淡化和弱化了学生对教师的尊敬和热爱。只有学生尊敬教师，教师才能缓解心头的忧愁和疑虑，才会不遗余力地教育学生，教师才能获取幸福感和归属感。

（三）自我干预为自己"减压"

1. 正视现实，接受事实

因生活或工作上的不如意而感到职业压力大的人，常有一种共同的心态，即不能接受某些既成的事实。如：教学任务重，学校条件差，职称比同龄人低，工资没有同等学历的人高等。假如不能安于现状，最直接的办法就是重新选择一份待遇优厚的工作，但由于各方面条件的限制无法做出新的改变，那么就只能接受现实，把注意力放在如何改变现状上，而不应该在这一事实是否合理上纠缠不休，这样就会从许多无谓的烦恼中摆脱出来。

2. 了解自己，确认自我

教师不仅要了解自己的优点，更要承认自己的缺点，并努力去改进自己的缺点，如努力之后还不能有新的改变，就应该接纳一个不完美的自我。有的教师由于专业功底不够或基本功先天不足，在岗位上屡屡受挫，就应该调整岗位或承认现实而不应过分指责自己。扬长避短地发展自我、完善自我，就能减轻职业压力，并体现自身的价值。

3. 与人相处，和悦人际

良好人际关系,可以增强挫折的承受力和社会适应能力。教师要学会交际，善于交际，将自己和谐地融于社会之中。成功的教师往往是乐于和学生及他人交往的，尤其是善于与学生打交道的教师，这样就可减轻由师生不和谐带来的压力。

4. 自我干预，愉悦心情

中学教师面对繁重的工作，复杂多变的青春期学生，难免会有各种各样的负面情绪.教师应学会合理宣泄，有自己工作之外的兴趣、爱好，通过健身、听音乐、看球赛、与别人交谈和做自己喜欢的事等活动进行心理干预，学会自我放松，减轻压力。

5. 热爱教学，提升自我

热爱自己的教育工作，是积极工作的内部动力。只有不断学习，提升专业水平，尽可能发挥自己的个性和聪明才智，就可以从工作的成果中获得满足和激励，提高教师的职业幸福感。

6. 淡迫名利，育人为乐

教师的职业特点决定了工作的成与败具有很大的隐蔽性和长效性，必须以平常心来对待眼前的得与失。学校给予的荣誉与奖励并不能代表工作成效的全部回馈，而真正的收获是学生的成才，是学生在一生中给予你的尊敬与爱戴，是你通过教育实践传递给学生并产生几何积数的精神产品，那种成就感是其他职业体会不到的幸福。

7. 假装心情好心情真会变好

有句谚语："一个小丑进城，胜过一打医生。"它的意思是说，小丑带给了大家欢笑，而好心情对身心健康的重要性胜过了医生对你的帮助。我们怎么装，心情就怎么改变。所以教师要学习放下心情，拒绝让它折磨。想拥有好心情，就得从原有的坏心情中开脱，从烦恼的死胡同中走出来。

五、研究成效

《中学教师职业压力状况调查和对策研究》课题开展以来，作为实践基地的庆阳三中校长非常重视，给予课题的实施提供了经济保障和行为支持，促进了庆阳三中教育教学的良好发展。

1. 学校内部管理更人文化

（1）关注教师的生活状况和工作环境。改建教工食堂，开放功能室，开展了诸如拔河、趣味竞技等体育比赛，以及歌舞、琴棋书画等艺术活动，丰富教师的精神生活，提高了教师的生存质量。

（2）关心教师身心健康。组织两年一次的教工体检，聘请专家定期对教师进行心理辅导讲座，提升了教师对职业的再认识和抗压能力，拓建心语心屋功能。

（3）创造学习型团队。开展教育技术能力培训、"一师一优课"、"优质课"评选、"三笔字"比赛等活动，促进教师专业成长。与名校建立互助友好关系，从 2016 年 5 月至今，组织教师外出观摩教学达 400 多人次，拓宽了教师素质提升渠道。

（4）变"单一奖励"多元化。在原来"优秀教师""模范班主任""先进工作者"的基础上增加了"学科名师""教改能手""二课先进""巾帼标兵"等十多个奖励项目，变压力为动力，赏识激励教师，增强教师职业幸福感。

（5）实现家校合育互赢。开展家长培训、家长进课堂等多种亲子活动，提高家长素质，增进了师生沟通，取得了社会支持，减轻了社会压力。

2. 教师自我干预常规化

学校各功能室的开放，给教师健身娱乐提供了场地和技术保障，教师积极参与高雅的情趣活动，如阅读、朗诵、瑜伽、古筝、健身、航模、球类运动等，活动已趋于常规化。这些兴趣爱好活动，愉悦了教师心情，缓解了职业压力，增进了教师的身心健康。

3. 学校及课题组成员取得的成绩

（1）学校管理的人文化、评价机制的合理化、家校沟通及教师抗压能力的提升，极大地促进了教情学情的转变，全体教师凝心凝力，工作热情高涨，得到了上级部门的肯定和家长的好评。

2018 年 4 月，有两名学生获得庆阳市高中生物竞赛一等奖并代表庆阳市参加省级竞赛，这是建校以来高中部学科竞赛获得的最高荣誉。

2016年12月，庆阳三中在"庆阳市校本课程开发成果"评比中荣获二等奖。

2017年4月，庆阳三中在"第三十二届甘肃省青少年科技创新大赛"中获优秀组织奖。

2017年5月，庆阳三中被确立为"西峰区科普示范学校"。

2017年6月，庆阳三中在庆阳市"一节一赛一交流"美育工作中获优秀组织奖。

2017年7月，庆阳三中在"鲁迅青少年文学奖"中获优秀组织奖。

2017年11月，庆阳三中获2016—2017学年度初中教育教学"质量优胜奖"和"先进集体"。

2017年12月，庆阳三中在"2017年庆阳市普通中学素质教育督导评估"中被评为优秀学校。

（2）课题活动开展以来，教师工作热情明显提高。2016年5月至今，学校获上级部门奖励7次；教师参与教学活动获奖：国家级2人次，省级53人次，市级88人次；撰写论文发表：国家级7篇，省级43篇。

（3）课题参与教师综合素质得到提高，撰写教育教学论文十多篇，其中国家级论文1篇，省级论文8篇。在"一师一优课、一课一名师"活动中，课题组成员李阿庆的课例《财产留给谁》被评为庆阳市优课（2016.10）；在三十二届甘肃省青少年科技创新大赛中，黄巧玲获一等奖优秀指导老师（2017.4）。

六、课题成果的推广交流

课题组成员多次到周边如庆阳四中、庆阳七中、陇东学院附中、合水一中等中学与同行交流，探讨缓解教师职业压力的方法。2017年8月继续教育期间，课题主持人吴宏在庆阳六中做《心怀阳光做幸福教师》专题报告，2018年3月、5月课题组成员李阿庆、黄巧玲分别在西峰区教师培训会、合水一中推广研究成果，得到了认同和仿效，产生了一定的影响力。

七、对课题研究的思考

研究者由于自身知识水平的局限，课题研究中还存在一些问题：

1. 层次延伸不够：课题研究涉及到教师的心理素质，有些教师不愿配合，有些措施只能停留在较为浅显的层次，辐射、互动、连带不太全面。

2. 理论依据单薄：因课题负责人没有成体系的理论依据来指导自己的课题研究，以致理论支持的力度不够，研究的深度和广度不够，还未能建立完整的体系付诸于实践。

3. 需要学校支持：教师的工作热情来自于对工作环境的热爱，需要学校领导关注教工生活状况，重视生存质量，同时为教师的兴趣爱好提供时间、场地和技术支持。

4. 社会关注薄弱：因为教师职业的特殊性，来自于社会的压力源因素很大。只通过学校和个人自身是无法从根本上改善的，呼吁全社会理解教师，切实提高教师待遇。

5. 和预想有偏差：①调查中发现教师对在学校感到压力最大的是"因学生出问题担心学校归咎于老师"，可见校园的一些不安全"风波"已引起教师的过敏甚至恐慌。而新课改几乎没有带给教师较大压力，说明教改没有引起必要的重视。②调查中发现班主任工作压力和压力反应最大，但是工作倦怠情绪低，幸福指数很高，说明当班主任，更能体现教书育人的价值和成就感。

八、今后的研究设想

缓解教师职业压力除了要靠教师学会自我调节，提供自我支持外，还有待于社会各界对教师的关心与支持。今后的研究设想是：

1. 提升教师幸福指数，教育部门将教师单一奖励机制多元化，职称评审条件更细化、完善化，变压力为动力，事业的成功才能让教师有成就感和职业幸福感。

2. 寻求社会舆论支持，宏观上形成尊师重教的良好社会氛围，建立合理的社会期望，给予教师与工作强度成正比的期望薪值，让教师能真正走出"神坛"带来的心理束缚。

九、后记

课题在研究过程中得到庆阳三中领导的大力支持，办公室、教研组鼎力相助，广大教师积极配合，为成果的推广起到推波助澜的作用。在研究过程中庆阳一中、庆阳六中教师参与了课题研究组的《中学教师职业压力典型案例》的征集活动，为课题的研究提供了一手资料，庆阳四中、合水一中的同仁也给了非常中肯的建议。在此表示感谢！

参考文献

[1] 教育心理学．顾明远．人民教育出版社，2003．

[2] 教育心理学．莫雷．广东高等教育出版社，2002．

[3] 教师压力分析及解决策略．陈德云．外国教育研究，2002（12）．

[4] 中学教师压力及其与心理健康．边保旗，樊富珉．中国卫生杂志，2006.20（1）．

[5] 中小学教师与工作相关的压力的调查．丁凤琴．教育理论和实践，2006.26（10）．

[6] 新课程背景下教师职业压力的调查研究．孙杰远，李青．广西师范大学学报，2005.41（1）．

甘肃省教育科研课题鉴定证书

证 书 号：GSGB[2018]J1200
课题类别：甘肃省教育科学规划课题
课题名称：中学教师职业压力状况调查及对策研究
课题负责人：吴宏
课题组成员：王子顺 李阿庆 黄巧玲 陈永鹏

本研究课题经专家组评审，通过鉴定，特发此证。

甘肃省教育科学规划领导小组办公室
2018 年 11 月 5 日

甘肃省教育科学规划领导小组办公室

2016年度甘肃省"十三五"教育科学规划课题
立项通知单

庆阳三中：

经甘肃省教育科学规划领导小组批准，你单位张晓红同志申报的课题被列为2016年度甘肃省"十三五"教育科学规划课题。现将有关事宜通知如下：

课题名称：新课程下高中课堂教学中和谐师生关系的构建策略

课题类别：甘肃省"十三五"教育科学规划课题

课题立项号：GS[2016]GHB1672

请学校做好协调管理工作，并将此通知单转交给课题组，并要求课题组做好以下工作：

1、尽快确定具体的实施方案，一个月内组织开题。

2、做好课题管理工作。重点课题的重要活动、重要变更和重要成果经学校签署意见后，同时报市、州、教育科研管理部门和省教育规划办备案（规划课题只报市、州科研管理部门备案）。

3、及时结题并进行鉴定。省规划办立项的课题经基层科研管理部门签署意见后统一报省教育规划办进行鉴定。

2016年9月2日

新课程下高中课堂教学中和谐师生关系的构建策略

开题报告

随着新课程实施不断深化，新型师生关系的构建的研究也开始逐步的展开，成为新课程的理念之一。课堂教学中和谐的师生关系，促进师生之间的相互信任，促进师生共同进步，我校于 2016 年 6 月申报立项了《新课程下高中课堂教学中和谐师生关系的构建策略》为省级一般课题。2016 年 9 月 2 日正式开始进入实验研究阶段。在学校的指导下，制订课题组成员的研究计划，并要求各成员按课题研究计划，积极开展课堂实践的探索和研究工作，争取取得研究的一定成果。

一、问题的提出及研究背景

我校是一所完全中学，高中阶段生源差异较大，学生的家庭背景与个人素质的差别较大，高中学生学习的积极性和主动性较差，目前我校师生关系的现状不容乐观。学生课堂捣乱的事件时有发生，老师认为学生素质差的现象普遍存在；老师课堂教学中体罚学生现象也时有发生。结合我校实际，在我校进行和谐新课堂教学是新一轮课改的关键变革，是教学质量提升的着力点，该课题的研究是很迫切的；该课题研究工作的有效实施，对学生的健康的成长有着广泛的影响。为此，以课题研究为契机，课题组提出改善师生关系的现状，在新课程背景下在课堂教学中构建和谐的师生关系，必须先从改变教师思想入手。

二、对课题研究的目的、意义的认识

构建新型师生关系，课堂教学是主战场，课堂教学时间占用学生大部分在校时间，也是教师与学生接触的主要空间，因此师生关系的建立教师起着推动作用，"亲其师信其道"这句出自《礼记·学记》——我国古代第一本教育专著的古训："夫然，故安其学而亲其师，乐其友而信其道，是以虽离师辅而不反也。"一语道破了良好的师生关系对于学生的重要影响——和谐的师生关系能使学生拥有愉快的情绪去面对学习，教师在人际关系中的情感、意志、性格等方面的各种表现，都潜移默化地影响着学生，甚至影响学生的一生。师生关系是教学过程的教师不得不考虑的问题。随着新课程的实施，教师在教育教学中的地位和作用已经发生明显的变化，在当前，教育理念发生了转变，高中课堂的教学方式、教学方法都发生了翻天覆地的变化，新课程要求课堂教学中通过师生互动与交往来达到课堂教育目的。因此，研究新课程背景下课堂教学中师生关系的现状、特点、变化和实施策略，找到构建和谐师生关系的方法和途径，在教学中的现实意义重大。课题的研究将有利于学生身心的健康。构建和谐校园和课堂是推进素质教育的必由之路，也是历史赋予我们教师的光荣使命。同时，在课堂教学中构建和谐的师生关系是为我校今后可持续发展和实现跨越式发展的基石。

三、制订课题研究方案

（一）本课题研究的主要内容及思路

通过对教师和学生进行师生关系问卷调查，反思课堂教学中师生关系的现状，分析、归纳、总结师生关系不和谐产生的因素背后的原因，从教师方面先改变教学理念，进一步提出改善师生关系方法，寻找教师与学生进行心理沟通的有效方式。在课堂教学中摆正师生的位置，研究师生平等对话方式，沟通师生关系，提供温馨的对话空间，让学生了解教师，教师了解学生，在课堂教学中教师是学生式的教师，学生是老师式的学生，教师不在高高在上，教师也有很多需要向学生学习的地方，建立师生平等对话的基础，赢得学生对教师的理解和信任，为下一步教师走进学生内心世界，体会学生心灵深处的世界，为情感沟通提供必要的平台。在庆阳三中开展师生共写"心声日记"，教师通过日记掌握学生心灵的需求，教师了解学生，学生就接纳老师的教诲，实现师生心灵的沟通，抒写心理成长的历程，拨开心灵中的迷雾，解读学生精神世界，教师为学生的成长指点迷津，搭建师生情感交流的平台，在课堂教学中师生实现零距离交流，构建和谐课堂。

（二）研究阶段的规划、阶段目标及希望取得研究成果

1. 课题准备阶段（2016年9月—2016年11月）

由课题负责人组织课题组成员学习相关教育理论，例如朱慕菊主编《走进新课程与课程实施者对话》，江绍伦《课堂教育心理学》，结合庆阳三中的实际情况，制订本课题的实施和课题研究方案。在高一年级进行宣传课题研究的意义，在高一年级实现思想转变，让教师改变对师生关系对教学的影响的认识，对课题组成员进行研究分工，讨论课题开题论证和研究。

2. 课题研究实施阶段的规划（2016年10月—2017年2月）

①向高一年级学生发放《师生关系调查问卷》，适时向庆阳三中教师发放《师生关系调查问卷》，对问卷进行统计和分析，再进行第二次学生《师生关系调查问卷》反思教学，并进入课堂调研和研究，由课题负责人张晓红撰写师生关系现状研究调查报告。

②组织课题组成员进行理论学习，更新教育教学的观念。定期组织实验教师学习新课程教育理论，研究相关教育心理资料，掌握高中生身心发展特点，研究教育教学对策。在课堂教学中教师以树立正确的学生观指导教学工作。

③积极开展课堂教学中的对话互动模式的实施，在交流和互动中拉近学生与教师的心理距离。教师从细微的事情做起，平等对待每一个学生，注意课堂中提问的学生，关注在学生互动中的心理动向，创设和谐、宽松的教学氛围，赢得学生的信任，实现师生息息相通。

④开展"心声日记"活动。教师和学生要坚持活动的持续性和常规化，不能半途而废，通过日记活动了解学生的内心世界，走进学生的心灵深处，解读学生对教学的呼声。学生把不好直接说出的困惑、疑问、烦恼等，通过写"学生心声"的形式记录下来，传递给教师，及时得到老师帮助和解惑，老师通过留言的方式回应学生的疑问和难处，以朋友的方式给予学生解决问题的看法和观点，实现师生实时的沟通和交流。

⑤和谐师生关系案例征集活动。向庆阳三中和庆阳一中教师征集案例，组织课题组成员学习，把优秀案例进行汇编，同时要求课题组成员注意观察，重点研究几个学生，观察实验学生的日常行为，并做好记录。每学期写出几个典型案例，课题组将优秀研究案例编辑成册，在课题组研究会议上学习交流心得。

⑥在课题研究期间，在高中确立构建和谐师生关系课堂教学模式的实验和研究，每位课题组成员进行一节实验公开课，并收集教案和课件，作为研究的材料和资源。

⑦编制课堂评价表，对教师的课堂教学实施教师评价和学生评价，发扬优点、弥补课堂教学中的不足，建立学生成长记录档案袋，对实验学生进行成绩和思想表现的连续的跟踪调查，对学生的评价应该以学生自评、互评和老师评价相结合的综合评价体系。

⑧利用网络资源与学生进行交流和沟通，如QQ群、微信、电子邮箱等，拓宽师生沟通渠道，开展《翻转课堂》教学活动，微课教学活动，鼓励学生制作课件等。建立QQ群拓宽师生交流渠道：QQ是当下高中学生最喜欢的交流软件，它不仅可以进行实时交流，又可以进行非实时的点对点交流，还可以进行视频交流，又可以进行一对多、多对一的音频交流，也可以发布图片和公告、资源共享、远程协助等交流方式。QQ群的建立简单便捷，QQ群建立后可以将班级里所有学生的QQ号加入其中，虚拟班级就建成了。教师利用QQ群的优势和特点，在业余时间里对班级学生进行个别的学习辅导、情感交流、回答学生在课堂上没有听懂的知识，解决学生的疑难问题，进行辅导作业和检查，收集学生的反馈信息，班级中的学生探讨和分享学习体验等方面。

⑨要求课题组教师课题研究期间撰写师生关系构建或和谐课堂教学的有关的论文一篇。

⑩课题负责人对课题实效进行期中检查，一定要撰写课题研究阶段性总结，课题组成员定期汇报课题研究进展情况，负责人解决课题研究中出现的各种问题。

3. 课题总结阶段（2017年4月—6月）

课题负责人收集、整理实验原始资料，撰写课题研究结题报告，填好结题申请表，提交省科研所进行课题鉴定验收，在西峰区学校进行研究成果交流活动。

四、课题管理规划情况

2016年9月5日，课题组要召开《新课程下高中课堂教学中和谐师生关系的构建策略》开题研究会，课题负责人要就课题的来源及背景、目的及意义、研究内容及方法、阶段划分及目标任务、预期成果形式、课题的组织管理都作了具体的安排和部署。加强组织管理、计划管理、实施管理、档案管理，确保课题的开题工作顺利开展。

2016年9月到10月，向高一年级学生发放《师生关系调查问卷》，适时向教师发放问卷，对问卷进行统计和分析，再进行第二次学生问卷反思教学，并进入课堂调研和研究，由课题负责人张晓红撰写师生关系现状研究调查报告

2016年9月10日，利用教师节的契机开展我爱我师系列征文活动和演唱会活动。

设立多种形式的谈心会、讨论会、辩论赛、家访活动、主题班会，畅通师生交流和联系的渠道；发放《心声日记记录表》，通过信箱、电子邮件等形式收集学生和教师的《心声日记》，将吐露心声活动经常化，以文字为载体传输信息，了解师生的心理活动；加深师生情感交流。并收集学生的师生关系方面的作文、心语征集表等资料。

2016年10月15日左右，召开课题组研究推进会，邀请陇东学院的教授鲁西龙到庆阳三中指导课题研究工作。

2016年11月，在庆阳三中高一教师中开展"课堂文明用语，关爱学生"系列活动，并将教师课堂教学中的忌语印发给教师，以转变教师课堂教学中师生关系的理念，为构建和谐师生关系创造良好的课堂氛围。即①创造和谐氛围，愉快的交谈。②微信交流，亲切和蔼。③参与学生互动，融入学生之中。④组织活动，换位思考。⑤关注学生，帮困解难。⑥化解不快，策略优先。⑦QQ交流，经常联系。⑧鼓励为主，表扬优点。⑨开展自我批评，接受学生的批评，敢于承认错误，增加威信，引导学生畅所欲言。⑩贴近学生，

营造民主、尊重求知的教学环境。⑪暗示交流，传神送情。⑫特殊学生，特别照顾。⑬语言温和，朋友式的交谈。⑭作业批注，交流感情。⑮评语拉近和谐关系。⑯班会愉悦和分享。

2016年11月和2017年5月组织高一年级召开家长座谈会，采用座谈会的形式，教师与家长面对面进行交流沟通，拉近教师与家长的联系，为师生关系的和谐构建营造外部环境，并进行家长意见征集活动。

课题组教师在2016年12月前要撰写有关构建和谐师生关系的论文，并在省级刊物上发表，积极参加庆阳市的教学竞赛活动，力争获奖。

2016年10月开始，课题组成员与高一级积极开展学生心语、师生座谈、学生小报、社会实践、家长会等形式继续构建和谐的师生关系，并收集相关的材料；另一方面课堂教学中构建和谐高效、魅力新课堂教学模式的探究要上一个新台阶，力求通过构建和谐师生关系促进课堂教学达到理想的教育教学效果。优化教学模式，在课堂教学中培养学生的学科素质、使每一个庆阳三中的学生都得到充分发展，大面积提高学生学业成绩和能力为目标的课堂教学新模式。

五、具体做法及研究实施方法

1. 学校领导的大力支持，把课题研究作为学校教科研的重点工作来抓

由于课题是在教育教学实践中进行研究，教师与学生本来就是一对矛盾，师生交往中冲突也不可避免，改善目前师生关系的现状，建立和谐师生关系，构建和谐校园，针对我校的实际情况，力争校领导对课题研究的重视，同时需要课题组成员协调研究，将课题研究工作纳入学校的监督之中。为教师开展课题研究提供有力的支持，为此学校让教研室督查课题的研究工作，为了调动课题教师参与课题研究的积极性、主动性和创造性，专门设立课题研究基金，为教师提供打印机等设备，方便他们打印课题资料。

2. 组织课题组成员认真学习新课程理论，更新教育理念

理念是教育教学活动的中枢神经系统，教师有什么样的教育理念，就会有什么样的教育教学活动。目前，有些教师与学生关系出现紧张的情况，与教师的中心主义倾向不无关系，"师道尊严""作为教师就必须要居高临下""一切都得听我的"等应试教育的观念还根深蒂固。教师不研究学生，而处于青春期的高中生身心发育特点决定了具有容易激动的心理特点，教师在处理学生问题时方法简单导致学生情绪激动，进一步导致教师言辞过激，师生间冲突的发生。我们在高一班级学生中收集教师平时在训斥学生时常用的有伤学生自尊心的话语，要整理编辑为《教师忌语》，净化了课堂教学的语言环境，规范了教师用语，科学的学生观。在课堂评价中教师要使用学生最爱听的语言：①信心要十足啊。②这几天你进步很快。③大胆去做吧，做错了不要紧。④加油，凭你的智力赶上是没有问题的。⑤你是一个聪明的学生。⑥做得太棒了，你能力真强。⑦这事交给你去做，老师放心。⑧帮老师一个忙好吗？⑨我们班是不可战胜的。⑩老师喜欢你们。⑪老师因你而自豪。⑫我很能理解你现在的心情。⑬不舒服的话随时给我说。⑭有什么困难，我很乐意帮忙。⑮要注意休息啊。⑯办法总比困难多的。⑰我喜欢看到你的笑容。⑱我对你信心十足。⑲我相信你一定能赶超上来，加油啊！⑳只要你努力，不灰心，就一定行。㉑做错了没关系，谁没有错误。

3. 开展师生"心声表白日记"活动，建立 QQ 群，架起师生情感沟通的多维传输线

高中生正处于青春时期，他们的身体和心理变化较快，也就是我们所说的心理的断奶时期，他们对成年人的依赖性开始消失。高中学生出现的逆反心理，教师要了解学生的内心的动态才能实施针对的教育，高中学生的心理具有隐秘性，言论具有掩盖性，不在直接表达他们的想法。为了把握高中学生的心理动向，课题组教师们要尝试着各种与学生沟通的方式，其中有谈话法、讨论法、最有效的写"心声日记"的方法。《心声日记》是对学生做个别指导，保密性好，他们不会感到尴尬，不好意思，学生容易接受、对学生也是一种尊重，学生把不好意思说出的困惑、疑问、烦恼等，通过写"心声日记"的形式记录下来，如果需要老师帮忙解决的就通过信箱或电子信箱的方式投递给老师。这种方式学生比较乐于接受。课题组教师要向学生做出承诺：不向任何人泄露《心声日记》的秘密。学生经过一段时间的彷徨，对老师进行试探，学生感到老师的诚信，学生开始信任老师，学生们愿和老师用日记的形式进行沟通了。对于心理负担严重的学生，老师及时找学生沟通、疏导，问题小的就通过QQ聊天的形式做好学生的思想工作，也可以给学生留言的方式开导学生。学生给教师提出建议，教师及时给学生回复，给老师提出批评要诚恳的接受，并给出合理的解释和改进方法，师生在日记中交流，在日记中沟通。例如，有个学生在日记中写道："老师，我是班里一名学习很差的学生，我也想取得好成绩，也想做个优秀学生。但我控制不住自己，贪玩，爱捣乱，还有上网打游戏的恶习。老师，您能帮帮我吗？"班主任张老师在他的日记后面写了一段评语："读了你的日记，我久久不能平静，老师看到一个上进的你，在日记中看到了你的一颗追求进步的心。我很高兴，我非常乐意帮助你。我有一个想法，希望你能以此理想努力学习，严格要求，老师给你监督，老师坚信你一定能成为一名成绩优秀的学生。"老师亲切的语言和对学生的信心十足，使这个学生产生了积极进取的勇气和信心，这位学生不断地改掉缺点和上网的习惯。后来在学习、纪律等方面都有了很大的进步，受老师一致好评。

高一学生王某是一位学习上进心特别强的学生，平时学习刻苦，数学成绩很好。一次期中考试，他因粗心大意在计算中出了大问题，数学成绩很低，老师发试卷时，该同学在课堂上把数学试卷撕个粉碎，并扔在地上，眼中充满泪水。数学老师当时什么也没说。事后老师在给他的《心声日记》记录表写上这样一段话："王某同学，你面对数学成绩退步严重时受到打击的心情，老师完全理解你，老师相信你撕碎的是过去，不能也撕毁你的自信。学习上还要加油，让撕毁的碎片拼凑成成功的阶梯，铺就成鲜花烂漫的春天，展望你的未来和实现你绚丽的人生憧憬。记住：不可怕不是失败，可怕的是失去信心和精神。我想你会明白的老师的心思！"心灵的沟通换来了学生的生命不息，奋斗不止的勇气，真诚的话语变成了奋发图强的勇气。

教学实践让课题组成员和参与教师认识到：师生的平等"交流"，心灵间的"沟通"，情感上的"对话"，是教育学生的有效手段之一，通过《心声日记》活动融洽了师生关系，师生情感融入，苏霍林斯基说："教育，首先是关怀备至地、深思熟虑地、小心翼翼地去触及幼小的心灵。在这里，谁有耐心和细心，谁就能取得成功。"让我们通过饱含爱心、耐心和关心的"心声的表白"去打动学生的童真的心灵，使校园不只是成为学习知识的乐园，更是师生"心声表白"的乐园、学生精神的圣殿。

新课程下高中课堂教学中和谐师生关系的构建策略

研究总报告

《新课程下高中课堂教学中和谐师生关系的构建策略》研究，师生关系是教学过程中不可缺少的人际交往的教学关系，也是学校教学环境中最基础的人际关系，它贯穿于教育教学全过程，师生关系对教学的效果起着决定性的作用，和谐的师生关系会对学生产生潜移默化地教育效果，和谐的师生关系可以调动师生自然的禀赋与智力的潜能。在课堂教学中我们研究了建立和谐师生关系的途径和方法。

一、课题的提出

（一）研究的背景

新课程改革倡导在新教育理念下重塑师生关系，和谐师生关系是突出学生在课堂中的主体地位有效手段，促使教师角色的重大转变；教师在教学中与学生和谐的沟通交流，以谦虚的心态做一名学生式的教师。因此，如何转变教育观念，建立民主、和谐、互爱、合作的师生关系，是新课程下教师面临的一个重大课题。

（二）现阶段高中师生关系存在的主要不足和主要问题

高中阶段注重教学，关注学生的学业成绩，关心的是高考升学率，导致冲突不断发生，学生之间出现欺凌事件，学生对抗教师，教师体罚学生现象时有发生，问题十分突出，急需改观。

新课程下教师观、学生观在教学中没有很好的体现。

教学过程中师生沟通不畅,师生存在隔阂。

(三) 当前师生关系缺乏沟通的原因分析

传统观念根深蒂固,使新课程理念没有很好落实的根源。教师法制意识淡薄,是教师侵犯学生权利的根本原因。学生的合作学习和自主学习没有很好实施致使师生沟通不畅。教学中付出的真情不足,缺乏教育的艺术,导致师生关系不和谐。教学过程缺乏"激发兴趣"导致课堂教学气氛沉闷。根据孟照海老师的调查数据显示:32.8%的学生认为影响师生关系的最重要因素是"教师的教学能力和授课方式"。

(四) 概念界定

1. 师生关系

教与学是课堂的主旋律,教学的过程就是师生交流的过程,同时也是师生互动、交往、谋求共同发展的过程,师生关系在教学过程中形成。

2. 和谐师生关系

"和谐师生关系"是教师与学生的关系中所追求的理想和诉求,是学校文化的传承,和谐教学是人人参与,平等对话、互相协作,实现共赢的教学状态。和谐的师生关系体现在两个方面:一是体现尊重、民主和发展精神的新型师生伦理关系。二是建立在师生个性全面交往基础上的新型师生情感关系。师生之间感情沟通,互相关爱,充分建立起互助互学的良好情谊,提升个人的品性。

二、和谐师生关系的理论依据

(一) 人本主义理论

人本主义理论强调人是理性的,人是有独立的人格的,在相互尊重和信任的关系中,师生能以积极态度改变自己,并通过建设性的行为发展自己,并能快速的获得成功,促进学生把注意力投入到学习中去,人本主义强调重视价值、人生的态度、情感等因素的作用,在新课程改革的过程中,树立平等、民主的师生关系正是人本主义教育理念的体现。

（二）建构主义学习观

建构主义学习观突出学生在学习活动中的主体地位和积极作用，强调学习依靠学生自己构建，和谐的师生关系能够营造良好的学习气氛，促使教师成为建构的帮助者和促进者。

（三）建立和谐师生关系的实践思考

为了解决目前师生关系存在的问题我们提出相应的六个课堂教学中坚持的原则。在教学中以民主、尊重学生、关爱学生为教学的原则、在教学中善于倾听学生的心声、遇事冷静思考和忍让，接纳学生的建议，提高教学艺术展示人格魅力，利用课外拓宽师生交流渠道。

三、课题研究的措施和方法

采用包干管理模式，确保本课题研究的顺利进行，成立科研课题研究小组。

教研室领导和成员为学校课题研究成立领导小组，具体负责课题研究的领导，指导、实施、评审等工作。成立以课题负责人任小组组长的研究小组，具体实施课题研究工作。

四、课题研究目标和内容

（一）课题研究目标

通过课题的研究和实施，促进学校教育环境的进一步提升和优化，构建和谐的师生关系，调动学生学习兴趣，引导学生主动学习、自我发展，使学校形成良好校风班风和学风；提升学生的科学素养以及教师的师德和业务能力，形成"为人师表，行为师范、乐于奉献，善于疏导、用于创新、教学效果明显"的教风；在课题研究的实践探索中发挥团体的智慧，在研究中发现问题，团队研究问题，探索解决问题的方法，构建和谐师生关系的研究中，形成研究型的和谐教师团队。

（二）课题研究的内容

《新课程下课堂教学中和谐师生关系构建策略研究》课题主要研究如下内容：班主任、任课教师与学生间在教学中和谐师生关系的构建，研究教师的课堂教学教育艺术、教学方式方法对和谐师生关系的影响，学生学习方式对师生关系的影响，学生情感教育，学生逆反心理成因及相关策略。主要从"课堂教学中积极情感教育目标体系的研究""教师如何与学生进行情感交流的研究""如何开展有效的学生思想工作"三个方面进行研究。

五、研究方法与过程

（一）课题研究的方法

在课题研究中对学生、教师、家长进行问卷调查，向老师征集典型案例，通过师生谈心，开展《心声日记》等活动了解学生的心态，在课堂教学中探索构建和谐师生关系的方法和途径。

（二）课题研究的过程

1. 第一阶段：（2016年9月—11月）准备阶段与理论学习

召开小课题研究开题会议，公布小课题实施意见和方案。组织"如何构建和谐的师生关系"征求意见活动，在课题组中开展"如何构建和谐的师生关系"大讨论，把全体课题组成员的思想统一到"如何构建和谐的师生关系"上来。课题小组利用高一级每周的年级升旗、每次的集会进行宣传、在高一级各班制作宣传栏、墙报活动等，营造创设研究气氛，营造适合我校健康和谐发展的办学环境，在高一年级组织师生学习"文明用语"，开展中学生性格特点问卷调查、中学生与教师之间情感问卷调查、情感教育问卷调查，和谐师生关系案例征集，对各种问卷调查结果进行分析研究，并写出调查总结，为下一阶段的和谐师生关系的课堂教学实验研究提供研究材料。本课题研究期间进行了问卷调查，2016年11月进行了《和谐师生关系调查问卷——教师卷》和《和谐师生关系典型案例征集问卷》，2016年9月9日进行了《和谐师生关系——学生调查问卷1》，2016年12月进行了《和谐师生关系——学生问卷2》的调查工作。

2. 第二阶段：（2016年10月—2017年3月）进行实验与撰写报告

课堂教学中师生互动研究，进行课堂教学实验，撰写课题研究的阶段性报告。在所教的班级建立QQ群拓宽师生交流渠道：教师利用QQ群的优势和特点，在业余时间里对班级学生进行个别的学习辅导、情感交流、回答学生在课堂上没有听懂的知识,解决学生的疑难问题,进行辅导作业和检查,收集学生的反馈信息,班级中的学生探讨和分享学习体验等方面。

课题组对问卷调查撰写了调查报告。具体如下:

(1)把握高中学生的身心发展规律,掌握高中生的特点,在课堂教学中体现民主与适当自由的空间,实现学生学习和展示均等的机会。

高中学生处于青春时期,对生活充满幻想、情绪容易冲动,抱有生活自由和无拘束行动的想法,对是非的判断能力十分有限。教师与学生每天都在一起,为了什么呢?教师希望带出优秀的学生,获得事业上的成功感,学生到学校为了什么呢?学习知识,学会与人交往,学会生活,这样教师与学生是一个互利和共赢的团队,是合作的伙伴,教师在课堂中公平的对待学生,留有身心自由的权利,通过探究开辟活动的空间。

(2)回归教育的初心,教师用慧眼发现与发掘极有价值的教育资源,与学生分享和共同进步。

课堂教学纷繁复杂,课堂互动难以捉摸,课堂教学中的一点点的疏忽,就可能在学生的心里引起"蝴蝶效应",使课堂难以驾驭。学生的情绪常常溢于言表,希望自己的才华得到展示。

(3)更新教学方法,使学生充满自信,意气风发,潜能迸发,为学生描绘美好的未来。

学习兴趣既来自教师渊博的学识、关注、理解和尊重是兴趣的催化剂,教师精深的教学业务和精湛的教学艺术为学生的上进心插上腾飞的翅膀。如果教师把创设快乐的学习情境贯穿于课堂教学始终,学生被教师的教学方法所吸引,收获喜悦和硕果,从而亲其师,信其道。师生交往互动,共享体验,实现教学相长,学生成长、成才。

(4)身心健康,性格开朗,展现人格魅力。

学生对教师的心理期待:希望教师博学多才,教学风趣,富有人情味,心胸开阔。所以教师有高超的教学艺术,高尚的情操。淡泊名利,精神焕发,关爱学生,大度有人格魅力,气度不凡,教师的素养影响学生的人格,师生关系和谐融洽。

通过学习课题组成员掌握了一定的科研理论,在此基础上围绕构建和谐的师生关系的实验研究进行实验教学，组织观摩课活动，成立课题研究小组，确立子课题，规定具体的教学时间组织教师进班听课、研讨课堂中的和谐师生关系的构建情况，为课题研究提供经验，通过观摩课，以点带面实施课题研究。

在学校教研室的指导下通过课题研究开题报告、课题组长召开课题组成员会议和高一年级组教师会议等多种形式，对课题研究工作予以督察和指导，课题组学习典型的案例，分析案例的产生的原因，以著名教师经验报告会等形式为教师构建和谐的师生关系提供样板，通过名师示范引领，着力研究课堂教学中教师与学生间如何构建和谐师生关系，以及教师的教育教学艺术、教学方式方法对和谐师生关系的影响。

开展各种师生之间的活动和进行问卷调查。此阶段教师与学生的沟通交流活动贯穿于教学实验的始终，边学习理论，边进行课堂教学实验，边进行教学课堂实验边研究和谐师生关系构建理论。为了进一步深化课题研究，促进和谐师生关系的构建，创设更优的内部环境，开展各种形式的教学活动与课堂情况调查，在课题研究过程中开展学生评教活动、在高一年级感恩系列教育活动、心灵对话活动、情感教育师生调查活动等。课题组教师要善于观察、深入了解学生的心理，对学生进行疏导，让学生保持健康的心理，对学习、对生活充满信心。因此建立师生情感交流活动档案袋。建立学生心理辅导档案袋，以此为抓手，对学生加强心理健康教育，教师及时对自己的教育教学行为反思、总结，构建和谐师生关系。

深入课堂教学中进行研究，开展课堂教学改革，组织教师学习《示范课精选与小课题研究》，组织教师进行同课异构，在高一年级举行课堂公开课活动月活动，积极开展课堂教学听、评课活动。努力构建"和谐高效、魅力新课堂教学活动""师生思维对话互动交流"的课堂教学模式。要求课题组成员每人每学期听课15节，公开课和研究课2~3节，在2016年10月到2016年12月共进行听课活动总共70多节课，对70多节课进行研究总结，课题组成员公开课和研究课共进行12节。

进行学生德育工作教育探索，对学生逆反心理成因及相关策略开展研究。研究如何使学生养成良好的行为习惯，研究如何纠正学生的逆反行为，举办感恩教育系列讲座，通过感恩教育使学生转化为奋发向上的品质，以此为契机促进学生学习的内在动力，组织到南梁缅怀先烈，激励学生奋发图强的动力，参观西峰北石窟寺，感受中国灿烂悠久的历史文化，熏陶学生的情操，从而构建起和谐的师生关系，促进教育教学质量的提高。

举行班主任论坛、任课教师经验交流会，举办"经验交流""论文""案例"等科研成果展览活动。

关于构建和谐的师生关系方面的优秀论文和典型案例评选，评出优秀案例、论文在教研室创办《庆阳三中学刊》杂志优先予以发表。

积极组织教师参加各级科研成果的评选。此阶段要求课题组的每位教师将自己在学习与实践中的经验和体会撰写成论文，将经验上升到一定的理论层次，协同学校教研室在高一和高二年级推广和交流研究成果，开展《和谐魅力新课堂教学活动》每人提供一节公开课，上交一篇关于构建和谐的师生关系方面的论文和案例。

3. 第三阶段：（2017年3月—5月）成果汇总，表彰推广，撰写课题研究终结性报告

2017年3月：小课题研究结题工作安排；与学校教研室联合举行高一、高二《和谐魅力新课堂教学》听课和示范课活动系列活动，推广研究成果。

2017年5月：课题成果展示，对《和谐魅力新课堂教学》听课和示范课系列活动优秀教师以及在课题研究中工作业绩突出的教师给予表扬奖励；

2017年6月：收集课题研究资料、论文、报告，申请结题，填写课题研究成果申请鉴定表，汇集课题研究成果，撰写课题研究报告与结题报告。

六、《新课程下高中课堂教学中和谐师生关系的构建策略》课题小组经过一年多的研究，探索出构建和谐师生关系的相关策略

（一）教师策略

高中课堂中的师生关系，是相互促进、相互发展，同时也相互折射。

1. 师生相互的尊重是构建和谐师生关系的根，它是和谐师生关系构建的源泉

在教学中要善于应用表扬和鼓励的手段，拉近师生关系，例如我教的一

名学生胆子比较小，有一次他回答问题很新颖，对他及时表扬，没想到一次不经意的表扬竟然会改变他回答问题声音小的习惯。由此可见。我们要在教学中尊重学生的人格、意愿、隐私权等，采用一切的尽可能的方式肯定学生，赏识学生。

2. 爱心、互相的关爱是构建和谐师生关系的主干

新课程要求课堂教学中突出学生的主体地位。教师的关爱、爱心使学生的自信十足，学生的个性才能得到全面的展示。我们学校班级采用班干部轮流制，让更多的学生参与民主管理，得到了学生的一致好评，收到良好的效果，终于达到了预期的目的。

3. 宽容和赏识是构建和谐师生关系的枝

发现学生的长处，宽容学生的过失，表扬代替体罚，例如我对后进学生辅导数学，面对面批改他们的作业，并当面对他们作业中的优点进行表扬、鼓励他们很聪明，能把数学学好。几次辅导下来，奇迹发生了：这些学生竟开始主动问数学问题了、上课回答问题很积极，违纪现象明显减少、上课精力也集中了，数学成绩也有了一定的提高。看到那些学生的进步，我心中乐开了花。

4. 师生互相理解，提高教师业务能力是构建和谐师生关系的叶

在新时代的背景下，教师要跟上时代的步伐，与时俱进，善于改变自己，适应教育改革的脚步、发展自己。在中学教育中师生关系中，教师处于关系的主动方，在教学中教师起着主导作用，因此，构建和谐师生关系关键在于教师。我认为建立和谐的师生关系的核心是师生心理相容，心灵的互相接纳，形成师生至爱的真挚的情感关系，做到既教书又育人。

5. 修身养性，反思自我是构建和谐师生关系的花和果

正所谓"亲其师，信其道"；"其身正，不令而行，其身不正，虽令不从"。加强学习和研究，提高自身的业务素质，不断改进教学方法，提高教育教学的艺术水平，变墨守成规的紧张课堂为生动活泼、主动探索的研究型课堂，师生互动，共生共长，充分利用现代化教学媒体、教学手段，频繁地在课堂中使用。

（二）学校策略

课堂教学中师生关系的和谐构建还需要学校宏观上搭建的教育大平台，学校搭建的和谐平台为课堂教学提供一个良好的育人环境。

1. 课外活动中构建和谐师生关系

构建高中课堂和谐的师生关系，学校层面要扎实有效的开展学生教育工作，关键就是学生、教师都行动起来，学校、教师和学生都要想把教育工作搞好。本着这个指导思想我们课题组在学校的大力支持下，陆续开展了系列和谐师生关系的主题活动。这些活动有：教师主题部分："构建高中课堂和谐师生关系典型教师经验交流活动""构建和谐师生关系优秀班主任经验交流活动""构建和谐魅力、高效课堂听课观摩活动""优秀教学案例征集活动""优秀教学设计评奖活动"。学生活动部分："感恩活动""科技制作活动""知礼仪有教养演讲活动""我与老师吐露心声辩论活动"这些活动的开展有力地推动了《新课程下高中课堂教学中和谐师生关系的构建策略》课题研究活动的有效开展。活动效果明显，师生关系和学校的教育教学水平都提高到了一个前所未有的水平，有力的促进了学校教育教学质量的提高。

2. 课堂教学中渗透德育教育内容，提高学生的思想水平

3. 调查研究常态化

为了保障教师课堂教学和研究提供准确及时的数据，我们还定期不定期的开展各项专题调查。向学生发放《情感教育师生调查问卷》《中学生心理健康调查问卷》《构建和谐师生关系课堂教学调查问卷》等。我们建立了信心，只要我们尊重学生，关心、爱护每一个学生，帮助学生学习知识，成长做人，教师学习专业知识，提高自身专业素质，学校搭建师生平等交往的教学平台，促进师生相互理解，就一定能够创建课堂中的和谐的师生关系，从而提高课堂教学效果，促进和谐社会的构建。

4. 和谐、魅力、高效新课堂教学模式的建立和推广

新课程下高中课堂教学中和谐师生关系的构建策略研究的主要目的还是要提高教育教学质量及促进学生健康、快乐的学习。做到了这些就是最大的课堂和谐。在如何更好的指导学生学业方面健康和快乐的学习，经过课题组进行了深入的调研，广泛地征求师生意见，通过研究人的记忆规律，借鉴一

些名人成功的经验，荟萃学习方法之精华而成的《和谐发展、快乐课堂》，在我校经过教师和学生的教学实践，此教学方法极大地提高学生的学习效率，起到事半功倍的效果，促进了"和谐、魅力、高效"新课堂教学法在学校的推广。

（三）《新课程下高中课堂教学中和谐师生关系的构建策略》课题研究组提出了和谐课堂教学的互动式教学模式

随着新课程下高中课堂教学中和谐师生关系的构建策略的研究的深入，我校的课堂教学的中心已经逐步转移为以学生为主体，教师为引导的教学模式，以互动教学活动为中心；以教师为中心的教学模式已不再是课堂教学模式的主流。教师的教学设计、实施和评价等课堂教学活动都围绕这个中心，并积极探讨在课堂教学中以培养学生探究、学生间的探讨、学习小组之间的合作学习、应用知识解决问题的能力及互动交往的能力、自学能力为主的"教师编制导学案—设疑—学生自主学习—生生合作探究—师生和谐互动、交流—评价和反馈"的和谐互动教学新模式。

1. 教师设计课堂学习的导学案和设疑

教师通过创设问题情景，在教学内容和学生求知心理之间进行设疑、激趣，把学生吸引到一种与学习有关的知识情景的教学过程，在根据问题情境提出问题，它是探究学习过程不可缺少的教学环节，提出问题等于问题解决了一半。教师通过知识情境的构思，选用适当的教学手段和教学材料，把教学内容呈现给学生，以问题为主线，层次深入，以激发学生进行探究，在探究中获得成功，体验快乐，激发学生探求知识的欲望和动机。

2. 教师制订学习导引，根据导引学生自学

引导学生根据教师制订的自学导引，学生结合自身特点和思维方式，自主地观察思考、和互相的讨论等方式去猜想问题可能的原因、结论、制订和设计探究的方法，进行探究、实验验证设想，在探究过程中收集和记录与探究问题有关的各种信息材料，让学生在探究活动的过程中获得充分的感性材料和生活体验，为自主学习新的知识结构奠定坚实的探究的基础。在探究过程中获取知识同时，丰富情感，检验学习的方法，得出科学的结论。

3. 合作探究

在课堂教学中实现学生合作学习的方式获得知识，通过小组合作学习，小组成员之间进行交流，分享在探究中获得的信息和感性认识。由于学生的知识基础不一样，学生个体具有差异性，他们的学习的习惯，思维方式和生活经验存在不同，在探究过程中收获的知识和体验也不尽相同，在学生自主探究的基础上开展小组或班级范围内的合作学习，分享探究的成功，在合作学习过程中培养学生的合作意识，优点和不足进行互补，互相取长补短，反思自我，具有讲授知识所不能达到的效果。为正确估价探究学习效果和教师点拨释疑教学提供了可靠的实践依据。教师对学生的讨论出现的问题进行点拨，学习中的创新进行肯定的评价，学生从教师的评价中获得学习上进的动力和毅力，分享探究的成果中获得知识和探究的经验，形成合作学习的良好氛围。

4. 和谐互动与交流

和谐、魅力课堂教学是在尊重学生自主学习的前提下进行的，学生在课堂学习有足够的思考、展示和交流与互动，学生是教学的主体，学生的主体地位使教学充满活力和吸引力，学生的主人翁思想使其充满学习热情和动力，和谐、魅力使学生发现真理时得到幸福的体验。课堂教学应成为师生共同参与、相互作用、创造性实现教学目标的过程。在教学过程中，师生、生生进行动态信息交流，这种信息包括知识、情感、态度、需要、兴趣、价值观、生活经验等方面，通过这种广泛的信息交流实现师生、生生互动，相互沟通，相互影响，相互补充。使学习过程更多成为学生发现问题、提出问题、解决问题的过程。通过生生互动学习，师生双向互动，丰富课堂教学过程，促进学生的主动发展，提高课堂教学效率。

5. 评价反馈

教师对学生的学习行为进行评价，包括学习态度，参与课堂状况，与他人合作完成任务情况以及课堂纪律、回答问题的积极性等。采用形成性评价和终结性评价相结合的方式，关注学生在学习过程中所取得的点滴进步，使评价学生学习的过程成为激励学生学会自主学习、合作学习和探究学习的过程。通过评价，反馈学生的学习效果。教师要根据合作交流中暴露出来的问题，因势利导，突出重点，实破难点，对普遍存在的问题要精讲精析，务求学生理解掌握，使学生形成清晰完整的知识结构，为知识应用和能力的提升铺平道路，提高课堂教学的质量和效率。

6. 开展师生"心声表白"活动，架起师生情感沟通的桥梁

高中生正处于青春时期，他们的身体和心理变化较快，也就是我们所说的心理的断奶时期，他们对成年人的依赖性开始消失。高中学生出现的逆反心理，教师要了解学生的内心的动态才能实施针对的教育，高中学生的心理具有隐秘性，言论具有掩盖性，不在直接表达他们的想法。为了把握高中学生的心理动向，课题组教师们要尝试着各种与学生沟通的方式，其中有谈话法、讨论法、最有效的写"心声日记"的方法。

七、研究成效伴随着历时一年的《新课程下高中课堂教学中和谐师生关系的构建策略》的开展，教师们在学习中研究，在研究中学习，在学习研究中得到发展和提升，取得了比较丰硕的效果

（一）新课程下高中课堂教学中和谐师生关系的构建课题研究实施后的课堂教学的变化

1.新课程下高中课堂教学中和谐师生关系的构建课题实施后师生关系得到了极大的改善，师生关系融洽和谐。课堂上学生的学习主动性增强，学习成绩提升较快，感恩心明显增强，懒学、惰学现象基本消除。学生人人有理想，心中有奋斗目标，学习氛围愈来愈浓，课堂教学参与度高。

2.新课程下高中课堂教学中和谐师生关系的构建课题研究，促进了"和谐高效、魅力课堂、对话交流"型课堂教学模式的初步建立，通过开展课堂教学研讨活动，学生小组合作研究学习高潮迭起，自主、实践、探究学习成了课堂的灵魂，学生的研究性学习成果层出不穷。

3.通过课题研究总结的教学经验，荟萃教学方法之精华而成的《和谐发展、快乐课堂》，在我校经过教师的教学实践，提高教学效果，促进了"和谐高效、魅力新课堂"课堂教学模式构建。学校教育教学质量稳步提升，在科技制作方面在庆阳市遥遥领先。课题组成员：李忠山指导的学生刘欣在2016年第31届甘肃省青少年科技创新大赛中《百年皂角、校园药树》获得二等奖，刘玉兰指导的学生作品《可测温可搅拌的水杯》获得三等奖。2016年第六届庆阳市青少年科技创新大赛中刘玉兰老师指导的学生刘欣、孙欢制作的《拒绝白

色污染、拒绝塑料书皮》获得三等奖。

4.课题研究提升了课题组和活动参与教师的研究能力和教学水平。高一级教师和课题组成员在进行研究的过程中，教师学习了先进的教育教学理论，实现教育教学观念转变，从理论中吸取丰富营养；从教与学的反馈信息中，获得成功体验与改进了教学中的不足，教学方法焕然一新。课题研究过程中实现了理论与实践的相结合，使教师在研究充实自己，提高教学水平，实现教研引领教师专业的发展，课题组成员和参与教师在专业成长的道路上迈上新台阶。

（二）新课程下高中课堂教学中和谐师生关系的构建课堂教学的评价策略

在新型的和谐师生关系条件下创建的"和谐高效、魅力新课堂"教学模式，教师采用终结性评价和形成性评价结合的方式，对学生的学习过程和结果进行分析、综合考虑进行评价，调动所有学生的学习的主动性，提高学生学习兴趣，师生间形成良好关系，在和谐师生关系影响下，教学和学习环境得到极大的改善。

（三）研究成果

1.课题参与教师素质显著提高

在课题研究过程中，课题组组织全体实验教师认真学习相关的教育教学理论，在教学实践的基础上形成了对教学本质及其特征的一般性规律性的认识，自主、合作、探究的学习模式和互动的教学模式在逐渐成为课堂学习和教学的主旋律，使学生在宽松的氛围中愉快地获取知识，培养能力，发展特长。

2.提高了课题研究教师的教学科研能力

在课题研究过程中，课题组教师和庆阳三中高一年级组教师积极参与课题研究，课题组不断探索方法和课堂实践，为课题研究的实施注入推动剂，课题组的工作促进庆阳三中教师教育科研能力的提升，激发更多的教师投入到新课程改革的洪流中来。课题研究参与教师撰写教育教学论文十多篇，其中在国家级刊物发表论文1篇、省级刊物发表论文12篇，参加各级论文评奖，获省（市）级及以上奖励近十篇。例如：《反电动势实验装置》发表在国家级刊物《物理实验》2016 年第 8 期上，论文《新课程下高中课堂教学中构建和谐师生关系研究》发表在《考试周刊》2016 年 94 期、《自制教具走进课堂，促进师生关系的和谐发展》发表在《新课程研究》2017 年第 2 期、《用爱铺路，用心交流》发表在《人间》2016 年第 10 期、《中学物理》2016 年第 1 期、《利用数学教学对学生进行德育教育》发表在《数学学习与研究》2016 年 9 月第 18 期。

3. 课题组教师的教学水平和业务能力普遍得到优化

参与课题研究过程中，研究教师在一课一名师晒课活动中多人在庆阳市获奖，张晓红老师的校本课获得庆阳市一等奖。

4. 课堂研究促进学生的学习成绩明显提高

通过课题研究，实验班的学生的学习主动性显著提高，课堂中学生敢于质疑、善于提出问题,乐于探究、交流合作意识增强,并养成了良好的学习习惯，实验班的学生学习成绩与对比班的学习成绩出现明显的差距。

八、对课题研究的思考和今后的研究的继续的讨论

构建和谐师生关系的反思在一年多的教育教学科研活动中，我们遇到的一些困难和现象引起了我们的深层思考。

课堂教学中和谐师生关系的构建，教师必须要有倾听学生的呼声的勇气。

课堂教学中和谐师生关系的构建，必须要协调好学校、教师、学生、家长的有机整合才有效力，课堂教学中教师要有对学生的尊重和耐心，教师内心深处将所有的学生当作与自己一样的平等主体，尊重学生的独特的想法，耐心等待学生的言语，这样就会形成一种友好的氛围，教师在课堂教学中要以平和的态度、温和的话语、鼓励的眼神、给学生信任的回应，教师在与学生互动中，神情要和蔼，不时的追问，面带关切，恰当的诱导，这应该是对学生耐心的写照，也是和谐师生关系建立的应具备的态度。

课堂教学中和谐师生关系的构建，要在课堂的提问中做好适时鼓励和表扬学生，以利于学生持续而长久的注意力到课堂中来，避免懈怠塞责现象的发生，避免使用"怎么那么笨，都讲过这么多遍了还不会"等对学生不利的话语，教师要真正的开放和真实的接纳学生，学生的声音准确的"入心、入耳"。

课堂教学中和谐师生关系的构建，积极学习教育教学真经和课堂教学中教师遵守五条原则：尊重、爱心、赏识、倾听、修身和耐心。正如孔子云："我欲仁，斯仁至"。研究者由于自身的知识水平的局限，课题研究还存在很多不足，构建和谐课堂师生关系还任道而重远，构建和谐高效、魅力新课堂教学模式的研究有待深入探究，"路漫漫其修远兮，吾将上下而求索"。

对于新课程理念下课堂教学与和谐师生关系的研究，我们的研究仅是个开端，取得了初步成果，以后还要在此基础上做进一步的研究和探索。我们一定会开拓创新，扎实工作，努力提升自己的教育科研水平，把素质教育落到实处。综上所述，建立良好的师生关系更多的有赖于教师自身观念的更新和素质的提高，人格的不断健全和完善；有赖于教师对学生无微不至的爱和时时刻刻的尊重。相信良好的师生关系的建立将会迸发强劲的教育能量，促进教育效果的不断提高。

九、后记

课题的研究过程中得到庆阳三中教研室的有力支持，在研究过程中学校教研室编制了课题组进入课堂听课表，为研究搭建了实践平台，在研究的后续阶段为了研究成果的推广，教研室安排课题组的示范课，号召学校的教师前来学习，对高一年级开展《和谐高效、魅力新课堂》教学比赛，为成果的推广起到推波助澜的作用。在研究过程中陇东学院的鲁西龙老师为课题组做了报告，庆阳一中、庆阳三中教师参与了课题研究组的《和谐师生关系典型案例》的征集活动，老师多很认真的填写了自己感受的教学实例，为课题的研究提供了一手资料。在此表示感谢！

参考文献

[1] 走进新课程——与课程实施者对话．朱慕菊．北京师范大学出版社，2004 年 4 月．

[2] 和谐课堂教学评价与实例．章叶英等．华龄出版社，2006 年 3 月．

[3] 教育心理学．张大均．人民教育出版社，2004 年 4 月．

甘肃省教育科研课题鉴定证书

证 书 号：GSGB[2017]J1120
课题类别：甘肃省教育科学"十二五"规划课题
课题名称：新课程下高中课堂教学中和谐师生关系的构建策略
课题负责人：张晓红
课题组成员：王子顺 姚桂芳 刘玉兰 李忠山

本研究课题经专家组评审，通过鉴定，特发此证。

甘肃省教育科学规划领导小组办公室
2017 年 9 月 22 日

甘肃省教育科学规划课题

立项通知单

庆阳第三中学：

经甘肃省教育科学规划领导小组批准，贵单位冯璟老师申报的课题被列为甘肃省教育科学规划课题。现将有关事宜通知如下：

课题名称：体育教学中渗透心理健康教育的研究与探索

课题类别：2017年度甘肃省"十三五"教育科学规划课题

课题立项号：GS[2017]GHB1097

请学校做好协调管理工作，将此通知单转交给课题负责人，并督促课题组一个月内组织开题。

2017年7月25日
办公室

体育教学中渗透心理健康教育的研究与探索

开题报告

一、本课题核心概念的界定，国内外研究现状述评、选题意义及研究价值

（一）本课题研究的意义

在体育教学中渗透心理健康教育是面向全体学生进行心理健康教育的重要途径。在做好学生的心理健康教育的过程中，加强心理健康教育的课题研究，尤其是如何通过体育教学渗透心理健康教育在学校教育中有着特殊的现实意义。

（二）本课题概念的界定

本课题中"体育教学"主要是指中学体育的学与教两个方面；"心理健康"是指个体心理和本身及环境条件许可的范围内，所能达到的良好功能状态。让学生具有开朗、活泼、积极向上的个性心理；有自信心、进取心和坚毅、互助等良好的意志品质；"渗透"是指在体育教学活动中充分发挥体育修身养性的特殊作用，帮助学生开发心理潜能，对学生实施个性心理、心理品质、心理适应为主的教育，指导与帮助学生排除心理困扰，克服心理障碍的过程。

（三）国内外研究的现状

1. 国外体育教学中渗透心理健康教育研究的现状评述

育人必先育其心，对于心理健康教育的重要性国内外教育界早已达成共

识。西方关于心理健康研究的发展规模已相当可观，许多学校已把学生的心理行为指导列入课程，学校配有专职的心理教师。但是国外的研究者对学科渗透心理健康教育的研究还不是很深入。

纵观历史，不同时期都有学者重视心理健康问题，真正系统地开展心理健康研究还是从20世纪开始的。最近几年，美国政府对青少年心理健康给予了前所未有的关注。二战后，日本青少年心理产生了急剧变化，政府开始大规模地在学校里设置心理辅导室。经过多年的发展，目前，国外很多发达国家心理健康研究的规模已经相当可观。

2. 我国体育教学中渗透心理健康教育研究的现状

我国心理健康研究的历史较短。我们通过对收录在中国期刊网上的6524条青少年心理健康研究的论文题录（1978—2015年）进行分析，发现：从总体上看，我国青少年心理健康研究呈逐年增长的趋势。在我国，研究者对心理教育与学校教育以及学科教学中渗透心理健康教育有深入的研究。但是这些课题研究的大多是平时的行为养成和其他科目在心理健康教育中的作用，而对体育教学中渗透心理健康教育的研究却很少。

我们试图通过这一课题研究，探索解决中学生体育教学中渗透心理健康教育的方法和途径。

二、本课题的研究目标、研究内容、研究假设和拟创新点

（一）研究目标

研究适合中学生身心发展规律的体育教学中渗透心理健康教育的方法和途径，为学生身心全面健康发展提供理论支持。

研究探索适合中学生身心发展规律的学校、家庭、社会相结合的心理健康教育网络。

引导学校体育工作者在教育教学活动中研究探索学生的心理特征，对学生进行心理素质培养，确保学生身心健康发展。

（二）研究对象

城区及乡村在校学生5000多人。

（三）研究内容

调查城区及乡村学生的身心发展状况，利用数据分析其形成的内外在因素。

探索和研究在体育教学中进行心理健康教育的方法和途径，帮助学生形成正确的价值观、人生观和世界观；培养学生的观察能力、思维能力、创新能力。

探索和研究在体育教学中如何开展对学生心理健康的教育，促进学生保持健康的心理状态。

（四）本课题的拟创新点

本课题通过探索研究，培养和增强体育教师心理健康教育的能力，为体育教师提供一些学生心理健康教育的理论支持，提升学校的体育教学和心理健康教育水平，保障学生的身心得到健康的发展。

本课题研究人员为中学一线教师，研究重点是通过教学实验和数据分析，构建一种全新的体育教学和心理健康教育有机结合的课堂教育教学模式。

三、本课题的研究思路、研究方法、技术路线和实施步骤

（一）研究方法

文献资料法。查找与本课题相关的资料，特别是教育心理学、体育教学论、心理健康教育相关文献资料。

问卷调查法或谈话法。利用问卷调查法或谈话法获得相关数据、案例。

数据分析法。收集大量数据，对数据进行分析、归纳、总结数据中反映的心理健康问题，探索体育教学中渗透心理健康教育的方法。

行为研究和反思。依据课题研究的目的，本课题重点是以学生"身心健康第一"为核心，推进学生身心健康全面发展。在研究过程中不断地进行反思，保证研究的实效性。

（二）研究思路

近年来，关于学生心理健康教育已成为社会各界关注的焦点问题和热点问题，在教学中渗透心理健康教育的课题研究也具有相当大的规模，但大多停留于理论层面，可操作性不强。本课题研究人员身处体育教学第一线，具

备在中学体育教学中开展心理健康教育的研究条件。我们将充分利用收集到的数据，借鉴他人的研究成果，结合我们的教学实践，在高、初中教学实中边教学、边探索、边研究。在教学、探索和研究中加强各类资料的收集，整理出适合本课题研究的数据，并注意教育理论、心理学、体育学的学习，以保证完成预期成果。

（三）实施步骤

1. 准备阶段（2017 年 01 月至 2017 年 03 月）

进行必要的理论学习，制订课题计划，填写申报表。

2. 实施阶段（2017 年 4 月至 2017 年 12 月）

根据课程计划和课题计划，在高中、初中开展教学实践活动，在教学和实践的过程中，收集多方面的资料，最终形成本课题的比较丰富的研究素材和资源。

3. 总结阶段（2018 年 1 月—4 月）

做好各种资料整编，并进行全面分析，在此基础上，形成课题体系和整体研究框架，撰写实验研究报告，论文，整理汇编实验成果。

四、已取得相关研究成果的社会评价

课题组成员李长伟的论文《农村初中学生厌学心理探究》荣获 2014 年甘肃省心理健康论文大赛二等奖，发表在《教师》杂志 2016 年第四期。

五、主要参加者的学科教学背景和研究经验、组成结构

姓名	性别	年龄	职称	学历	专业	研究内容
1	男	49	一级教师	大学	体育教育	体育特长生研究
2	男	54	高级教师	大学	教育学	学生厌学心理研究
3	男	39	一级教师	大学	体育教育	体育教学模式研究

六、完成课题的保障条件

研究资料丰富，已经汇集了近五年来学校体育教学、心理健康教育的全部书面、音视频资料、学生来信、问卷调查资料、典型案例分析、学生心理

咨询记录、老师回访记录、体育特长生辅导记录、全校学生心理健康教育活动记录等。

参与课题研究的教师年富力强，有一定的教科研能力和经验。大多教师都参与或支持过各级各类课题。

我们研究的对象——学生体育兴趣浓厚，特别是参与学校体育活动或训练积极性较高，具有广泛的学生基础。

现代教学理论为课题的开展和研究提供了理论支撑和方法指导。

配套经费：学校已计划安排经费5000元用于课题专项研究。

研究时间：2017年3月—2018年3月，用一年时间完成结题报告。

单位条件：学校全力支持本课题研究，无任何阻碍研究的因素存在。

体育教学中渗透心理健康教育的研究与探索

研究总报告

2017年4月，我校课题组承担了甘肃省教育科学"十三五"规划课题《体育教学中渗透心理健康教育的研究与探索》的研究任务，经过一年的实践和研究，已完成了该课题的预定研究任务，现将研究工作总结如下。

一、本课题的研究背景、意义与方法

（一）研究背景与意义

在学科教学中渗透心里健康教育是对中小学生进行素质教育的重要途径与方式，本课题力图紧密结合体育与健康学科教学特点进行相关实践研究，以求在体育学科取得突破。

新课改为体育学科提供了新的发展机遇。

心理健康教育的相关研究也提出，在学科教学中进行渗透是面向全体中小学生进行心理健康教育的重要途径，但如何进行学科渗透，尤其是如何在体育学科的教学中进行渗透的具体研究在理论上还是空白。

我们两所实验学校都有大量的进城务工人员子女及留守儿童就读。他们对我们学校全新的学习、生活环境出现了不适应，父母忙于生计，对子女的心理健康状况重视不够。搞好心理健康教育工作，加强心理健康教育的课题研究，尤其是如何通过学科渗透进行心理健康教育有着特殊的现实意义。

（二）研究方法

文献资料法。

案例分析法。

行动研究和实践反思。

二、体育教学中渗透心理健康教育的基本途径与方法

1. 创设有利于学生心理发展的体育教学环境

2. 挖掘体育教材的心理健康教育因素

3. 利用组织队形特点进行心理健康教育渗透

4. 通过课堂动态调控进行心理渗透

5. 体育教学中渗透心理健康教育的具体方法

（1）情境感染法。

（2）互动参与法。

（3）游戏竞赛法。

（4）评价激励法。

（5）批评教育法。

（6）漠视冷落法。

（7）语言诱导法。

（8）特殊规则法。

三、研究结果

（一）研究的要点

1. 更新观念

体育教师更新了自身的教学观念，同时也更新了学生的学习观念，在体育教学中培养了学生自主锻炼的方法和手段，提高学生对自主学练的认识和兴趣，使学生在自我追求中，借助教师的启发和引导加大了"要我学"为"我要学"的转化力度。

2. 创设平等、和谐、宽松的学习空间

在体育教学中，能够营造一种生动活泼的教学气氛，使学生的生理和心

理得到充分的满足，形成探求创新的心理愿望和性格特征，形成了一种以创新的精神吸取知识，运用知识的性格。帮助学生创造性地应对环境的变化，创设了一种师生心理相触，平等交往的良好课堂气氛，使学生在愉快中学习体育，提高了教学效率。

3. 课上课下形成了良性循环

在体育与健康课上，教师启发和引导学生，让学生把课上所学，所练的内容，结合自己的情况，运用到了课外体育活动中去。

4. 区别对待不同的学生

在教学中，充分地发挥了学生的主动性，有针对性地对学生加以区别对待。

5. 把培养锻炼能力与发展学生的个性结合起来

教师在教学中，通过言传身教，帮助学生克服了依附思想，促进了学生自主锻炼能力和个性的发展。

6. 在体育教学过程中，合理安排主动学习环节，发展学生的主体能力

7. 让学生积极思考，主动参与进行创造性学习

体育教师应该充分把握这一特点，创设可以通过多种途径来实现的体育目标，指导学生进行创造学习。

（二）研究的措施

1. 教学内容贴近学生实际。

2. 教学方法活泼有趣。

3. 组织形式突出了优势互补。

（三）实施形式

根据上述制订的研究要点和措施要求，课题组教学中开展了实践性研究。在平时的具体教学中，组织形式上由按班级上统一教材，改为按照研究要点和措施要求，选择教学内容进行教学。

（四）在实施过程中，所采用的教法

1. 多媒体教学法。

2. 实地观摩法。

3. 尝试性比赛法。

4. 开处方法。

四、本课题研究价值

1. 学生的体育兴趣已有了很明显的提高，自觉锻炼习惯已初步养成。

2. 从实验可看出，经过一学年的教学实验效果显而易见。学生的身体素质也有了进一步的增强。

3. 课堂教学已形成良好氛围，生动活泼，学生主动学习和积极性有了明显的提高。

4. 学生能较好地掌握田径、足球、篮球、排球等各项目的运动技术和技能。通过此项实践研究，各项生理指标和运动成绩在同类学校中名列前列，也为学校争得了荣誉，同时也促进了全校整体素质的全面提高，深化了教育改革。

五、达到的效果

教师坚持"以学生发展为中心"，不断优化教学手段，改进教学方法。把着眼点放在学生身上，关注个性差异和不同需求，最大限度的去培养和激发学生的运动兴趣，培养学生的学习兴趣，让学生成为课堂的主人，激发学生的运动热情，最终使学生养成终身体育的意识，促进学生在身体、心理和社会适应能力诸方面健康、和谐、全面地发展。

六、问题与思考

本课题对体育与健康教学中如何渗透心理健康教育，从理论和实践两个方面做了较深入、系统的探讨，提出了我们独到的见解。但由于课题组自身研究能力所限，本课题仍有两点没有完全展开与深入：一是如何创设有利于学生心理发展的体育教学环境，本课题仅停留在初步的经验认识上，没有进行深入研究，没有升华的理论；二是对通过课堂动态调控进行心理渗透的认识仍比较模糊，我们准备就这个课题的下一步再进行深入研究，为今后的体育与健康教育教学找准方向。

七、课题组重要的阶段性研究成果

成果名称	作者	成果形式	出版单位、发表刊物名称、时间	获奖情况
排球基本技术教学口诀	冯璟	论文	《体育教学》2005.06	
《心理健康教育在体育教学中的实践与应用》	冯璟	论文	《报刊荟萃》2018.03	在《报刊荟萃》杂志优秀论文评选中，被评为全国优秀论文一等奖
课间操在学生身体发育过程中的作用	李长伟	论文		2016年获甘肃省体育类论文大赛二等奖
静下心来用"爱心"做体育特长生的特训工作	王满虎	论文		2017年获庆阳市论文一等奖
体操教学中学生运动损伤的原因和预防策略	安永建	论文	《甘肃教育》2012.11	
体育与健康教学中学生厌学心理分析及对策	李长伟	论文	《教师》2015.04	

八、对成果的自我评价

我们认为，该课题取得的成果，具有较强的实践价值和现实意义，为以后进一步研究探索在体育与健康教学中开展心理健康教育提供了有效案例。在研究过程中，我们感到本课题本课题具有较大的推广价值，它的实施不仅提高了体育与健康教师的专业素养，对学生心理健康发展起到了促进作用，对学校其他学科教育教学工作起到了推动作用，而且对周边学校的体育与健康教学中渗透心理健康教育具有辐射作用，在一定程度上推动了庆阳市区学校及西峰区其他学校体育与健康教学的发展。体育与健康教学中渗透心理健康教育是一个复杂庞大的系统工程，需要我们坚持不懈、持之以恒地做下去。做好并关爱这一工作，是促进全民身心健康，开展全民健身活动的重要组成部分。对于加快建设文明城市、促进社会进步具有重要意义。虽然我们做了大量的工作，做了一些有益的探索，取得了一定的成绩，但距我们的初衷和学校、体育主管部门、学生家长及社会的要求还相差甚远，我们只有不断反思工作中出现的新问题，探索新方法，才能更好地服务于学生，服务于社会，才能使我们的工作更有意义。我们要继续努力，强化措施，创新工作方法，不断把此项工作推向深入，为全面建设社会主义现代化强国做出新的更大的贡献。

甘肃省教育科研课题鉴定证书

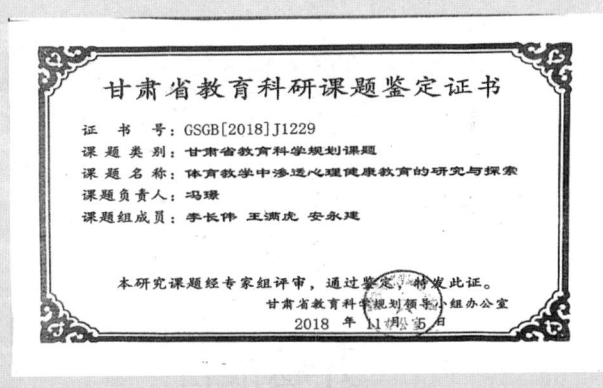

证 书 号：GSGB[2018]J1229
课题类别：甘肃省教育科学规划课题
课题名称：体育教学中渗透心理健康教育的研究与探索
课题负责人：冯璟
课题组成员：李长伟 王满虎 安永建

本研究课题经专家组评审，通过鉴定，特发此证。

甘肃省教育科学规划领导小组办公室
2018 年 11 月 25 日

甘肃省教育科学规划课题
立项通知单

庆阳市西峰区第三中学：

经甘肃省教育科学规划领导小组批准，贵单位李阿庆老师申报的课题被列为甘肃省教育科学规划课题。现将有关事宜通知如下：

课题名称：用爱撑起一片天空——初中问题学生帮教案例研究

课题类别：2017年度甘肃省"十三五"教育科学规划课题

课题立项号：GS[2017]GHB1124

请学校做好协调管理工作，将此通知单转交给课题负责人，并督促课题组一个月内组织开题。

2017 年 7 月 25 日
办公室

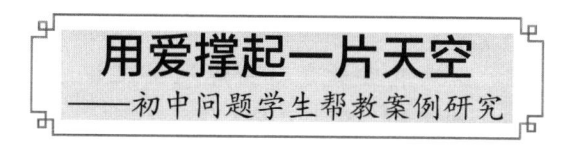

用爱撑起一片天空
——初中问题学生帮教案例研究

开题报告

一、课题研究目的及意义

（一）目的

1. 通过实地调研、实地访谈、文献研究、理论研究等得出造成中学问题学生思想现状的"原因目标"。

2. 经过问题学生的社会接触背景、家庭状况、学校状况进行跟踪调研，得出造成中学问题学生思想问题的"形成目标"。

3. 在之前的研究基础上，进行学术成果撰写、调研报告，完成研究的"学术成果目标"。

4. 在这一系列的前提下，本团队对中学问题学生的解决策略及方法，还要进行系统的论述，来对当前中学问题学生的思想教育提出好的实施方法，完成现实性的"建议目标"。

（二）意义

1. 理论意义

（1）有利于丰富和完善中学问题学生教育的理论

当前，初中问题学生表现出的问题十分严峻，但是，从目前实际效果来看，对初中问题学生教育的研究还不够。大多数研究还停留在对问题学生出现的问题种类、出现原因以及教育方法等方面的研究。这就导致了具体解决中学问题学生教育时遇到许多困难，缺乏理论指导。所以，这就需要我们深入研究解决问题学生时的理论体系。特别是当前社会形势的变化所带来的中学问题学生健康问题，这往往涉及到学校、家庭、社会等多方面的原因，此外，传统的心理健康教育如学校心理辅导、心理咨询等形式已经无法解决中学问题学生问题的需要，原有理论也无法指导现阶段问题学生的新问题。所以，进一步丰富和完善问题学生教育的理论，可以更大程度上解决现阶段出现的问题，同时，还可以进一步调动问题学生教育的社会、学校、政府财政资源，弥补学校教育在理论指导、时间安排、方法选择、多方配合等方面的不足。可以说，在丰富和完善中学问题学生教育方面具有重要的理论意义。

（2）有利于拓展中学问题学生心理教育的新空间、新渠道

传统的中学对问题学生的教育一般以学校为主要阵地，设立心理咨询的信箱，设立心理咨询办公室。同时，配备心理咨询教师来开展心理咨询和心理辅导，辅导一些简单的心理学、教育学、伦理学等方面的知识。或者建立心理问题学生的档案，跟踪了解产生这些问题的原因及其发展变化。在这些基础上，及时改变问题学生的心理偏差，解决问题学生的一系列问题。本研究采取了全新的角度，认为真正解决问题学生教育问题，就必须开拓学校教育、家庭教育、社会教育的新方法。同时，发挥社会教育的功能，使学校教育与社会教育密切配合，建立校内外一体化网络，深入挖掘社会教育资源，拓展解决问题学生教育的新空间、新渠道。

（3）有利于提高中学问题学生思想教育的实效性

通过对中学问题学生思想教育面临的共性问题，进行实地调研。同时，分析其产生的原因，进行个别访谈调查分析，结合问题学生身心发展特征和中学教育教学规律，提出较为系统的、可操作性较强的措施。通过研究，希望可以形成学校、家庭、社会共同努力的联合式教育方式，营造良好的实施思想教育的氛围，提高对问题学生教育的实效性。

2. 实践意义

本课题针对性很强，课题研究成果将对教育一线的教师和班主任提供一手资料。有利于正确教育问题学生。对我们的教育事业有极大的推动作用。

（1）有利于促进中学问题学生教育的实际需要。

时代发展和社会进步迫切需要修正传统解决问题学教育的内涵和外延。

首先，现在学校解决问题学生的教育已经取得很大的进步，但面对不断出现的问题学生教育的新问题，中学的教育显得力不从心，无法适应现实的实际需要。然后，中学问题学生的教育工作受到学校氛围和教师职业角色的限制。教育工作者是大部分是学校的重要成员，在处理问题学生的问题时，一般总是从学校和老师的角度出发，忽视校外情况对问题学生的影响，因而很难和学生建立专业的心理辅导关系。这就使得从其工作方法等方面看，教师的教育工作往往局限于校内资源，对于家庭教育资源、社会教育等资源的利用还很不够。而且，从当前的情况来看，学校专门处理问题学生教育工作者比较少，社会工作的知识和经验也相对缺乏。一些学校把心理健康教育的任务放在班主任或德育工作者身上，导致教育方法上的简单化，在构建教育的内容方面的力不从心，难以实现解决问题学生的教育目标。，因此，本研究立足于现代社会和现代教育的复杂特征，把学校的问题学生教育与社会实际结合起来，探索构建完善的问题学生教育模式，使学校在解决问题学生教育方面产生积极的功效。

（2）有利于促进中学问题学生的心理健康，使他们更好的学习

中学生智力发展快，有着较高的知识文化和较强自尊心，同时，也是一个特殊的群体。健康的心理对于中学生的健康成长和人生发展有着重要的作用。因此，对问题学生的心理教育，从宏观上讲对中学生的健康成长、学校教育的全面发展有着重要的促进作用。从微观上看对提升中学生生活质量和心理素质具有良好功能。研究中学问题学生的心理教育，有利于形成学校、社会、家庭等多方面的合力，促进中学生心理健康教育的完善，促进中学生的心理健康发展，使他们取得一个学习的好成绩。

（3）有利于促进中学问题学生家庭关系的和谐

因此，解决问题学生的思想问题，必须使学生有一个良好的情绪与身心。这是问题学生心理健康的主要标志。健康、稳定的情绪与身心可以促进问题学生家庭关系的和睦，例如：子女与父母关系、兄弟姐妹关系。可以使问题学生保持积极的健康心态，有效地从事学习、工作，理智地适应环境。不被情绪悲观、动荡而影响。增强他们从事各种活动的兴趣、信心。热爱生活，积极向上。并能较好地控制、调节自己的情感，不使自己陷于情感上的困扰，这无形中就促进了家庭关系的和睦，使问题学生有一个良好的家庭学习环境。

二、国内外同类课题的研究现状

（一）国内研究综述

1. 对问题学生思想状况教育状况的研究综述

虽然我国早在20世纪80年代就提倡了中学生的素质教育，时至今日，也进入了全面探索素质教育的阶段。但是，在执行的过程中，我国还是没能摆脱应试教育模式。目前，中学生的思想状况的主流是积极、健康、向上的，但是中学生群体在思想上还是存在许多问题，例如：中学生不能够安心学习、价值观念扭曲、生活抑郁、学习不努力等。肖燕认为：社会中的不良思想对中学生的思想教育具有的消极影响，同时，家长只注重自己孩子的学习成绩，把思想教育误解为思想政治课，认为是学校的事情。这也是问题学生产生的一个重要原因。陈丽香、冯伟认为：当前中学教育中之所以出现问题学生，就是因为他们绝大多数存在逆反心理、从众心理、冷漠心理、困惑心理等主要心理障碍。赖怀超认为，造成问题学生的原因有：①以自我为中心，缺乏责任感。②道德认知模糊。③道德价值的判断出现多元化和不确定性。④一些学生的学习目的不够明确。⑤校内外教育的不一致性，导致一些学生具有双重人格。⑥一些学生人文意识缺乏，对家长、老师的理解、尊重不够。⑦心理承受能力较差，经不起一点挫折。⑧网络设备的不正当使用，致使学生虚拟世界的道德感严重缺乏。孙秀英认为：当前中学问题学生的产生，是因为绝大多数中学的教育目标重视统一要求，忽视个性差异。目标过大、过高，偏离学生的发展实际。同时，重智轻德的社会现状，导致严重的唯智倾向。忽视了培养问题学生正确的政治方向、人生观、思想方法。

综上所述，国内学者对于这方面的研究还很多，在这里不一一列举。但是他们绝大多数对问题学生研究的教育现状停留思想层面上。主要有：①社会、学校、家长自身不重视问题学生的思想教育。②受社会环境的影响，使得中学生的思想教育滑坡。③个人主义倾向问题比较严重。④价值观功利化倾向比较明显。⑤中学的思想教育目标不统一等。

2. 对问题学生思想教育存在问题的原因的研究综述

刘绍荣认为：之所以会产生问题学生，是因为受片面追求升学率的影响，学校对问题学生的教育工作不够重视。或者是对问题学生教育的针对性不强，内容空泛。余国良认为：问题学生的产生是因为缺乏相关的激励机制，导致学校和教师只忙于狠抓学生的考试成绩。对于学生的思想教育流于形式。同时，在教育过程中形式较为单一，绝大多数忽略与当前实际的联系，使思想教育起不到应有的作用。李杰认为：加强对问题学生的思想教育是提高中学生思想素质的重要手段。他认为：问题学生产生的原因有，①地位沦陷；②方法古板；③内容陈旧；④环境缺失。孙迪亮认为：问题学生之所以会出现，是因为在教育实践中未能体现人文关怀，致使教育目标的确定、教育内容的编排、教育方式的选择及教育效果的评价等方面出现了许多偏误。冯宇生认为：中学问题学生的出现，主要原因有，①思想教育者认识上的偏差。在这里，思想教育者不仅包括从事思想教育的工作人员、教师，同时，也包括学校的所有的教育力量。②问题学生对思想教育认识有所偏差。中学生分为消极对待型和积极对待型。消极对待型是产生问题学生思想教育效率不高的一个重要原因。

综上所述，关于这方面，国内专家学者对于问题学生思想教育存在的问题从不同角度进行了分析研究。他们认为：从学校方面来看，学校以应试教育为主。从家庭方面来看，家长的思想政治教育意识薄弱，重视程度不够，以考试分数为中心。从社会方面来看，社会制度不完善，人们的思想受社会环境的影响比较大等原因。然而，归根到底是由于教育体制不完善。同时我们也需要意识到，我国当前处于社会主义初级阶段，人口众多，经济同发达国家相比较为落后，对于问题学生的解决是一个渐进的改革、完善过程，不是一蹴而就的。

3. 对问题学生思想教育对策的研究综述

（1）从学校教育方面探讨

李薇认为：问题学生的教学过程中应从以下几方面入手，①从培养全面发展的人出发，认真做好问题学生的思想教育。②教育形式要多样，寓教于乐，在活动中熏陶问题学生。③扩宽途径，培养问题学生正确的思想教育认识。刘绍荣认为：努力提高施教队伍的思想教育素质，充分发挥他们在教育中的作用。解放思想，从正面引导学生成长成才。于海霞认为：要解决问题学生的思想状况，必须引进情感教学，使学生能够以积极的状态参与思想教育，达到情感与学习的融合。孙秀珍认为：解决问题学生，必须以智育情、以意育情、以情育情、以境育情，才能达到思想教育的教育效果。

（2）从家庭教育方面探讨

刘大伟认为：学校必须加强对问题学生思想教育的内部管理，扩宽中学思想教育的阵地。同时，还要加强学校与家庭、社会的沟通。于德永认为：家长要与学校保持紧密的配合，学校向学生家长传授家庭教育的知识，使家长形成正确的家庭教育观，能够运用科学的家庭教育方法，使他们能够及时地发现学生存在的问题并进行疏导。使得学校可以准确真实地了解问题学生的思想道德状况，全面地关注问题学生的发展。

（3）从社会环境方面探讨

吴巨安认为，组织问题学生参加社会实践是提高思想教育的关键。同时，还要紧紧围绕中学生全面发展的教育目标，寻找适合中学生思想政治教育的突破口。于德华认为：净化社会文化环境对于搞好问题学生思想教育具有特殊重要的意义。例如：和有关政府部门配合，清理整顿校园周边的娱乐场所、商业摊点、网吧等。同时，学校要充分发挥图书馆、文化馆、博物馆以及爱国主义教育基地的思想教育示范榜样作用，使问题学生能够重新树立正确的世界观、人生观、价值观和道德观。

综上所述，专家学者们的观点和对策很多，但停留在理论层面居多，没有提出具体如何操作以及操作的可行性等。本人认为：其一，要从根本上解决问题学生存在的问题，政府应加大教育的投资，尤其是对中学教育资源的投资，提高中学学生的整体素质。其二，制订辅助入取的考核标准，改变一味地追求高分的形势，缓解高考、中考带来的压力。其三，减轻学生、家长、社会的负担，彻底破除应试教育，全面贯彻素质教育。其四，加强学校教育、家庭教育、社会教育的联合，提高教育者的业务水平。最后，根据中学生的实际发展需求，给予他们更多的人文关怀，提高中学问题学生思想教育的效果和自我提高、自我丰富的需求。

（二）国外研究综述

国外对于问题学生的相关研究要比我国早很多，他们研究的现成理论观点可以供当前中学机构进行借鉴。主要有：扬·阿姆斯·夸美纽斯（1632年）

认为：教育学应该从哲学中脱离出来，成为了一门独立的学科。他还提出教育方法的心理化，强调了心理健康对问题学生的重要性。论证了教育适应自然的思想，提出了世界上最早的心理教学原则体系。约翰·弗里德里希·赫尔巴特（1806年）认为：教育作为一种科学，必须要以心理学为基础，他认为教育学有两大理论基础，即：伦理学、心理学。莱特·威特默（1896）认为：学校必须建立专门机构为心理困惑和心理上障碍的学生服务。同时，他还创立了俄勒冈学校，专门收治有心理障碍的学生，开创了美国心理学为教育学提供服务，并把二者以实体形式实现结合的先例。戴维斯、弗兰克·帕森斯、克利福德·比尔斯这三个人认为：倡导在中学开展心理健康教育，学校应该专门设置心理辅导课，以帮助解决学生成长过程中遇到的困惑，及时掌握学生的心理动态。赫伯特·斯宾塞认为：学校必须建立智育、心育、体育的概念，主张教学方法应该建立在心理学的基础之上，注重学生心理健康教育。杰罗姆·布鲁纳（1996）认为：教育的任务不仅是让学生掌握基础知识、发展能力，还应该培养良好的心理素质。所以学生学习的教材应该由该学科的专家、教师和心理学家共同编制，以保证在教学过程中能够很好的贯彻学生的心理健康教育。莱德（1999）认为：为了保障学校能够很好地解决问题学生心理教育，应该从学校的教育目标和教育过程两方面来制订评价指标，来判断学校执行的质量。此外学校的心理教育部门应与其他部门相结合，保证心理健康教育能够渗透到学生学习生活的各个方面，达到效果最大化。同时，学校的心理健康部门还应该与社会上专门的心理机构联系，以使学校心理健康教育水平能够保持在一定的高度。弗莱厄蒂（1999）、艾德曼（2002）认为：学校在教育改革时一定要把问题学生教育放在改革的重要部分，这样才能保证教育服务不断提高，才能够更好地为中学生学习成绩的提高。

综上所述，在阅读整理中外文献的过程中不难发现，我国对于问题学生教育的发展与发达国家比起来相对滞后。在发达国家，理论体系早已形成，落实情况也很好，而且对于问题学生教育投资的回报早已显现。而在我国现阶段理论基础初见规模，但还有很多问题亟待解决，还需要不断地努力不断地发展。总结起来，主要包括：第一，教育部门领导对中学问题学生教育越来越重视。第二，高校学者不仅重视对中学问题学生的研究，还能担负起自身的社会责任，帮助中学培养全能的问题学生教师。第三，有许多地方都出版了专业的中学问题学生教育教材。第四，部分学校建立了问题学生心理咨询室、情绪发泄室。但是，各地积极开展中学生问题学生教育时，还存在一些问题，比如专业化程度不高、走形式主义等。这也是本研究积极探讨的问题。

三、课题研究的内容及预期目标

（一）课题内容

1. 相关的研究文献综述

国内外关于问题学生的思想教育的研究比较多，学术观点也比较丰富。本人首先对国内一些具有代表性的学者的研究进行梳理、总结，得出对当前中学学生具有现实价值的学术论点。同时也分析一下国外关于问题学生思想教育的研究现状，研究的发展水平，对"案例分析"提供好的理论支撑。通过国内外研究，整理出当前他们尚未涉及的方面，以及论述不够深的地方，本课题进行探讨。同时，结合当前问题学生面临的学习环境、社会环境、家庭环境进行阐述，得出研究"案例分析"所面临的现实条件，最终，对当前初中问题学生的思想教育提出一些好的建议。

2. 研究对象

本研究把问题学生作为研究对象，以"案例分析"为研究重点，选取初中学的狭小范围进行研究。通过访谈法、实地调研等方法了解问题学生思想教育的现状。深入分析当前教育水平不断提高的形势下，为什么会出现越来越多的问题学生。通过文献法、网路资源调查法深入分析这一现象。探索出具有现实价值的原因，为当前中学的思想教育献言献策。

3. 研究过程

本研究在前两个环节基础上，把整理好的调研分析、访谈记录、文献总结、网络搜索内容进行整理，使本研究的"案例分析"更加丰富。同时，在系统总结国内外问题学生的研究现状基础上，坚持理论与实际相结合、个性与共性相结合、抽象与感性相结合等原则，使"案例分析"研究更为详细，以此，对当前中学问题学生的思想教育，提出一些可行性建议。

4. 预期目标

本课题是以当前社会背景下，针对初中学生来研究。了解当前问题学生的现状，分析不同问题学生的问题形成因素，探索解决途径和方法。以我校心理咨询室为阵地，长期有效的为问题学生提供服务和帮助，为这些孩子播撒爱的阳光，用爱给他们撑起一片天空。

四、课题组人员分工

课题组组长李阿庆负责课题的组织与策划，负责本课题的实施与开题工作，撰写开题报告与结题报告。课题组陈永鹏负责和学校政教处协调，和全校班主任进行问题学生的实验研究工作和资料整理工作，并提供技术指导。课题组何红娟负责本课题的材料调查、收集整理相关信息材料及材料分析研究，并与本组其他成员合作撰写相关论文。

五、课题研究的方法与路径

1. 文献研究法：通过查阅、研读相关文献，分析各时期代表性的研究案例，吸收国内外研究成果，通过问题学生的理论和实践的研究，总结、撰写该课题研究的论文或经验总结，为该课题研究提供理论支持和有效参考。

2. 实验研究法：精心编制一系列问题学生的辅导的实施方案，开展相关实验，并通过实践不断充实、完善。

3. 调查研究法：调查分析问题学生的心理健康状况，开拓务实地进行研究，在研究和实验过程中，采取一些切实可行的对策进行辅导。

4. 经验总结法：经过研究，总结出各类问题学生的存在的问题以及有效的解决策略。

六、成果的展示方式

1. 实验研究报告
2. 论文、经验总结、案例

七、课题经费

由课题承担学校庆阳第三中学负责所有经费。

用爱撑起一片天空
——初中问题学生帮教案例研究

研究总报告

摘要：本课题于 2017 年 7 月 25 日被确定为"甘肃省教育科学'十三五'规划 2017 年度科研课题，课题批准号为 GS[2017]GHB1124，申报编号 QY2017_93"。旨在通过对初中问题学生现状的调查研究，分析问题学生问题产生的一系列因素，探索出一些行之有效的帮教问题学生的途径和措施。课题组成员认真查阅资料，结合实际制订了研究的总体方案。通过个别谈话、个案分析等途径，了解到我校初中问题学生的问题主要来自社会因素、学校因素、家庭因素、个人因素。分析了形成问题学生的心理原因：初中学生正处于青春叛逆期，对世界充满好奇，大胆而又盲目，敏感而又脆弱。他们的世界观还未形成，对是非的辨别能力还比较弱，外部环境对他们的成长影响非常大。因此，社会、家庭、学校对他们的成长有很大的影响和责任。

关键词：初中；问题学生；对策研究

一、问题的提出

（一）研究背景

问题学生是伴随着教育活动的存在而长期存在的，只是社会背景不同，问题学生的表现就不同。我是一名中学教师，十几年的班主任工作让我见过了各种类型的问题学生，调皮任性、早恋网瘾、厌学消沉、自私冷漠、打架闹事、缺乏诚信如此等等的问题学生也经常是我工作中非常棘手的问题。多年的困惑使我一直处于摸索的黑暗中，同时，一个教育工作者的良知也经常在告诫我，教育是一种大爱，教育关爱的是生命，教育关爱的是每一个学生的生命，舍弃了一部分学生就不是真正的教育。所以，我一直在工作中要求自己不要放弃任何一名问题学生，决不能轻易把他们推向家庭，推向社会。中学生能否健康成长不仅关系到家庭的希望，也关系到民族的素质和未来。初中阶段是青少年发展的关键时期，他们这三年期间的品德形成、个性特征、学习基础、生活习惯等直接影响着其人生走向。但问题学生的存在却令教师和家长非常头痛、惋惜、甚至束手无策。一个无声的话题成了我心中的一个结：问题学生形成的原因到底是什么？究竟是教育理论中的教育策略和教育原则没有普适性，还是教师理解和操作上有偏差？是学校教育出了问题，还是家庭和社会出了问题？对待这些学生到底还有没有灵丹妙药？问题学生本人是如何认识自己的？学生认识和教师认识的差别主要在那里？问题学生是教出来的吗？如果是，应该如何避免？这些问题激发了我进一步探究的兴趣。

（二）国内外研究现状

随着我国改革开放的不断深入，社会、经济、文化等领域的发展日新月异，人们的观念思想、工作方式、人生追求等都在潜移默化地发生着变化。在个体成长及其学习、生活、工作中出现的各种冲突和矛盾对中学生的成长影响越来越明显。而这种影响对于不同环境中中学生所带来的变化又是不同的。这严重影响了中学生心理健康的发展。早在 2016 年，教育部部长袁贵仁在全国教育工作会议上就指出："教育系统必须树立新的发展理念，要增强质量意识，提高教育质量。"这就对当前中学更好的研究学生思想提出了更高的挑战，但是，通过研究发现，影响中学生思想的原因是多方面的。具体来说，主要有家庭原因、父母教育原因、人际交往原因、课余生活不合理分配原因、信息交流不当原因等方面。这些原因，直接加速了中学问题学生思想的产生。如何更好的解决它，已经成为教育机构越来越重视的问题。本人以中学的问题学生为切入点，更好地探究其产生问题的原因，为今天中学教育中学生提出更好的建议。为了研究的更为全面透彻，现在本人将国内外在这方面的研究进行梳理，选取较有代表性的学者观点进行整理、阐释，以便本人能够给当前中学教育提出更好的建议。

1. 国内研究综述

（1）对问题学生思想状况教育状况的研究综述

虽然我国早在20世纪80年代就提倡了中学生的素质教育，时至今日，也进入了全面探索素质教育的阶段。但是，在执行的过程中，我国还是没能摆脱应试教育模式。目前，中学生的思想状况的主流是积极、健康、向上的，但是中学生群体在思想上还是存在许多问题，例如：中学生不能够安心学习、价值观念扭曲、生活抑郁、学习不努力等。肖燕认为：社会中的不良思想对中学生的思想教育具有的消极影响，同时，家长只注重自己孩子的学习成绩，把思想教育误解为思想政治课，认为是学校的事情。这也是问题学生产生的一个重要原因。陈丽香、冯伟认为：当前中学教育中之所以出现问题学生，就是因为他们绝大数存在逆反心理、从众心理、冷漠心理、困惑心理等主要心里障碍。赖怀超认为，造成问题学生的原因有：①以自我为中心，缺乏责任感。②道德认知模糊。③道德价值的判断出现多元化和不确定性。④一些学生的学习目的不够明确。⑤校内外教育的不一致性，导致一些学生具有双重人格。⑥一些学生人文意识缺乏，对家长、老师的理解、尊重不够。⑦心理承受能力较差，经不起一点挫折。⑧网络设备的不正当使用，致使学生虚拟世界的道德感严重缺乏。孙秀英认为：当前中学问题学生的产生，是因为绝大多数中学的教育目标重视统一要求，忽视个性差异。目标过大、过高，偏离学生的发展实际。同时，重智轻德的社会现状，导致严重的唯智倾向。忽视了培养问题学生正确的政治方向、人生观、思想方法。

综上所述，国内学者对于这方面的研究还很多，在这里不一一列举。但是他们绝大多数对问题学生研究的教育现状停留思想层面上。主要有：①社会、学校、家长自身不重视问题学生的思想教育。②受社会环境的影响，使得中学生的思想教育滑坡。③个人主义倾向问题比较严重。④价值观功利化倾向比较明显。⑤中学的思想教育目标不统一等。

（2）对问题学生思想教育存在问题的原因的研究综述

刘绍荣认为：之所以会产生问题学生，是因为受片面追求升学率的影响，学校对问题学生的教育工作不够重视。或者是对问题学生教育的针对性不强，内容空泛。余国良认为：问题学生的产生是因为缺乏相关的激励机制，导致学校和教师只忙于狠抓学生的考试成绩。对于学生的思想教育流于形式。同时，在教育过程中形式较为单一，绝大数忽略与当前实际的联系，使思想教育起不到应有的作用。李杰认为：加强对问题学生的思想教育是提高中学生思想素质的重要手段。他认为：问题学生产生的原因有，①地位沦陷；②方法古板；③内容陈旧；④环境缺失。孙迪亮认为：问题学生之所以会出现，是因为在教育实践中未能体现人文关怀，致使教育目标的确定、教育内容的编排、教育方式的选择及教育效果的评价等方面出现了许多偏误。冯宇生认为：中学问题学生的出现，主要原因有，①思想教育者认识上的偏差。在这里，思想教育者不仅包括从事思想教育的工作人员、教师，同时，也包括学校的所有的教育力量。②问题学生对思想教育认识有所偏差。中学生分为消极对待型和积极对待型。消极对待型是产生问题学生思想教育效率不高的一个重要原因。

综上所述，关于这方面，国内专家学者对于问题学生思想教育存在的问题从不同角度进行了分析研究。他们认为：从学校方面来看，学校以应试教育为主。从家庭方面来看，家长的思想政治教育意识薄弱，重视程度不够，以考试分数为中心。从社会方面来看，社会制度不完善，人们的思想受社会环境的影响比较大等原因。然而，归根到底是由于教育体制不完善。同时我们也需要意识到，我国当前处于社会主义初级阶段，人口众多，经济同发达国家相比较为落后，对于问题学生的解决是一个渐进的改革、完善过程，不是一蹴而就的。

（3）对问题学生思想教育对策的研究综述

从学校教育方面探讨：李薇认为：问题学生的教学过程中应从以下几方面入手，①从培养全面发展的人出发，认真做好问题学生的思想教育。②教育形式要多样，寓教于乐，在活动中熏陶问题学生。③扩宽途径，培养问题学生正确的思想教育认识。刘绍荣认为：努力提高施教队伍的思想教育素质，充分发挥他们在教育中的作用。解放思想，从正面引导学生成长成才。于海霞认为：要解决问题学生的思想状况，必须引进情感教学，使学生能够以积极的状态参与思想教育，达到情感与学习的融合。孙秀珍认为：解决问题学生，必须以智育情、以意育情、以情育情、以境育情,才能达到思想教育的教育效果。从家庭教育方面探讨:刘大伟认为:学校必须加强对问题学生思想教育的内部管理,扩宽中学思想教育的阵地。同时,还要加强学校与家庭、社会的沟通。于德永认为:家长要与学校保持紧密的配合,学校向学生家长传授家庭教育的知识,使家长形成正确的家庭教育观,能够运用科学的家庭教育方法,使他们能够及时地发现学生存在的问题并进行疏导。使得学校可以准确真实地了解问题学生的思想道德状况,全面地关注问题学生的发展。从社会环境方面探讨:吴巨安认为,组织问题学生参加社会实践是提高思想教育的关键。同时,还要紧紧围绕中学生全面发展的教育目标,寻找适合中学生思想政治教育的突破口。于德华认为:净化社会文化环境对于搞好问题学生思想教育具有特殊重要的意义。例如:和有关政府部门配合,清理整顿校园周边的娱乐场所、商业摊点、网吧等。同时,学校要充分发挥图书馆、文化馆、博物馆以及爱国主义教育基地的思想教育示范榜样作用,使问题学生能够重新树立正确的世界观、人生观、价值观和道德观。

综上所述,专家学者们的观点和对策很多,但停留在理论层面居多,没有提出具体如何操作以及操作的可行性等。本人认为:其一,要从根本上解决问题学生存在的问题,政府应加大教育的投资,尤其是对中学教育资源的投资,提高中学学生的整体素质。其二,制订辅助入取的考核标准,改变一味地追求高分的形势,缓解高考、中考带来的压力。其三,减轻学生、家长、社会的负担,彻底破除应试教育,全面贯彻素质教育。其四,加强学校教育、家庭教育、社会教育的联合,提高教育者的业务水平。最后,根据中学生的实际发展需求,给予他们更多的人文关怀,提高中学问题学生思想教育的效果和自我提高、自我丰富的需求。

2. 国外研究综述

国外对于问题学生的相关研究要比我国早很多,他们研究的现成理论观点可以供当前中学机构进行借鉴。主要有:扬·阿姆斯·夸美纽斯(1632年)认为:教育学应该从哲学中脱离出来,成为了一门独立的学科。他还提出教育方法的心理化,强调了心理健康对问题学生的重要性。论证了教育适应自然的思想,提出了世界上最早的心理教学原则体系。约翰·弗里德里希·赫尔巴特（1806年）认为：教育作为一种科学，必须要以心理学为基础，他认为教育学有两大理论基础，即：伦理学、心理学。莱特·威特默（1896）认为：学校必须建立专门机构为心理困惑和心理上障碍的学生服务。同时，他还创立了俄勒冈学校，专门收治有心理障碍的学生，开创了美国心理学为教育学提供服务，并把二者以实体形式实现结合的先例。戴维斯、弗兰克·帕森斯、克利福德·比尔斯这三个人认为：倡导在中学开展心理健康教育，学校应该专门设置心理辅导课，以帮助解决学生成长过程中遇到的困惑，及时掌握学生的心理动态。赫伯特·斯宾塞认为：学校必须建立智育、心育、体育的概念，主张教学方法应该建立在心理学的基础之上，注重学生心理健康教育。杰罗姆·布鲁纳（1996）认为：教育的任务不仅是让学生掌握基础知识、发展能力，还应该培养良好的心理素质。所以学生学习的教材应该由该学科的专家、教师和心理学家共同编制，以保证在教学过程中能够很好的贯彻学生的心理健康教育。莱德（1999）认为：为了保障学校能够很好地解决问题学生心理教育，应该从学校的教育目标和教育过程两方面来制订评价指标，来判断学校执行的质量。此外学校的心理教育部门应与其他部门相结合，保证心理健康教育能够渗透到学生学习生活的各个方面，达到效果最大化。同时，学校的心理健康部门还应该与社会上专门的心理机构联系，以使学校心理健康教育水平能够保持在一定的高度。弗莱厄蒂（1999）、艾德曼（2002）认为：学校在教育改革时一定要把问题学生教育放在改革的重要部分，这样才能保证教育服务不断提高，才能够更好的为中学生学习成绩的提高。

综上所述，在阅读整理中外文献的过程中不难发现，我国对于问题学生教育的发展与发达国家比起来相对滞后。在发达国家，理论体系早已形成，落实情况也很好，而且对于问题学生教育投资的回报早已显现。而在我国现阶段理论基础初见规模，但还有很多问题函待解决，还需要不断地努力不断地发展。总结起来，主要包括：第一，教育部门领导对中学问题学生教育越来越重视。第二，高校学者不仅重视对中学问题学生的研究，还能担负起自身的社会责任，帮助中学培养全能的问题学生教师。第三，有许多地方都出版了专业的中学问题学生教育教材。第四，部分学校建立了问题学生心理咨询室，情绪发泄室。但是，各地积极开展中学生问题学生教育时，还存在一些问题，比如专业化程度不高、走形式主义等。这也是本研究积极探讨的问题。

（三）概念界定

1. 问题学生概述

所谓初中问题学生，是指在初中阶段某些学生由于受到家庭，社会，学校等各方面不利因素和自身存在的问题等因素的影响下，导致其在思想、心理、行为和学习规范方面，需要在别人的帮助下，才可以解决自身问题的学生。

2. 问题学生的主要类型

（1）娇生惯养型：由于计划生育政策，造成一个家庭就一个孩子。过分的溺爱疏于对孩子行为培养，导致孩子存在自私、不接受他人意见、意志薄弱，任性，学习缺乏主动性和钻研精神。

（2）父母离异型：由于父母婚姻出现问题，双方离异，再组家庭，或一方带孩子的单亲家庭，孩子往往会有问题。他们或表现的自以为是，对什么都不感兴趣；或出手阔绰，在同学中显摆自己有钱，造成恶劣影响；或胆小懦弱，缺乏自信和勇气。

（3）心理扭曲型：由于社会和家庭环境的影响，这类孩子过早的接触到了社会上的不良风气影响，如赌博、色情、沉迷游戏，造成这些孩子心理扭曲，思想复杂，行为怪异，严重者会违法乱纪，造成严重后果。

（4）性格抑郁型：这类学生天生胆小，不爱说话，常常会被家长和老师忽略，没有得到关注，长此以往就会造成他们性格上的抑郁，

（5）基础薄弱型：这类学生是因为家庭疏于管理，从小没有养成良好的学习习惯和行为习惯，学习上欠账大，到中学来跟不上节奏，对学习失去兴趣，来到学校混日子。

（6）寄宿留守型：由于社会原因，外出打工的人越来越多，造成一大批留守学生，他们有的由爷爷奶奶管理，有的寄放在亲戚家里，学习和行为无人问津。还有的直接就安排住校或在校外租住，过早地单独生活，存在很大的隐患。

二、课题研究的目标、内容、方法及创新

（一）研究目标

本课题就研究的出处目标、过程目标、成果目标都有明确想法和构思。①通过实地调研、实地访谈、文献研究、理论研究等得出造成中学问题学生思想现状的"原因目标"。②经过问题学生的社会接触背景、家庭状况、学校状况进行跟踪调研，得出造成中学问题学生思想问题的"形成目标"。③在之前的研究基础上，进行学术成果撰写、调研报告，完成研究的"学术成果目标"。④在这一系列的前提下，本团队对中学问题学生的解决策略及方法，还要进行系统的论述，来对当前中学问题学生的思想教育提出好的实施方法，完成现实性的"建议目标"。

（二）研究内容

1. 相关的研究文献综述

国内外关于问题学生的思想教育的研究比较多，学术观点也比较丰富。本人首先对国内一些具有代表性的学者的研究进行梳理、总结，得出对当前中学学生具有现实价值的学术论点。同时也分析一下国外关于问题学生思想教育的研究现状，研究的发展水平，对"案例分析"提供好的理论支撑。通过国内外研究，整理出当前他们尚未涉及的方面，以及论述不够深的地方，本课题进行探讨。同时，结合当前问题学生面临的学习环境、社会环境、家庭环境进行阐述，得出研究"案例分析"所面临的现实条件，最终，对当前中学问题学生的思想教育提出一些好的建议。

2. 本研究把问题学生作为研究对象，以"案例分析"为研究重点，选取初中学的狭小范围进行研究。通过访谈法、实地调研等方法了解问题学生思想教育的现状。深入分析当前教育水平不断提高的形势下，为什么会出现越来越多的问题学生。通过文献法、网路资源调查法深入分析这一现象。探索出具有现实价值的原因，为当前中学的思想教育献言献策。

3. 本研究在前两个环节基础上，把整理好的调研分析、访谈记录、文献总结、网络搜索内容进行整理，使本研究的"案例分析"更加丰富。同时，在系统总结国内外问题学生的研究现状基础上，坚持理论与实际相结合、个

性与共性相结合、抽象与感性相结合等原则，使"案例分析"研究更为详细，以此，对当前中学问题学生的思想教育，提出一些可行性建议。

（三）研究方法

（1）教育实验法：选择好实验对象，进行耐心细致的实验，探索问题学生帮教策略。

（2）走访法：走访问题学生家庭，了解问题学生问题形成的家庭原因，挖掘社会因素。通过对收集到的各种事实资料进行分析处理，开展课题研究，从而得出结论。

（3）案例法：通过对个案的分析研究，寻求帮助问题学生的方法和途径。

（4）比较研究法：根据课题的特点，立足于实践调查，对相关的案例、活动调查和数据进行比较、分析、研究。

（5）经验总结法：教师通过对教育实践活动中的具体情况，进行归纳与分析，使之系统化、理论化。

（四）研究创新

1. 研究视角新

本课题从心理学、教育学、社会学多角度切入，以"案例分析"为研究重点，详细调查和分析问题学生的形成根源，并探索解决该问题的有效策略和途径。

2. 研究内容新

本课题在国内外相关研究文献和本校初级中学的实地调研基础上，系统的对"案例分析"进行研究，同时，提出双载体任务驱动融合互动的课程创新性教学方法，从而为学校在课程教学模式探索上提供积极的理论价值与参考价值，来对当前的问题学生进行更好的教育。

3. 研究方法新

在本研究中，本人以"案例分析"为研究重点，采用访谈法、文献法、理论研究法、调研法对我校问题学生思想问题的成因进行分析、评价。同时，论证所有的成因、方法、内容、原则，在此基础上提出决策，使决策具有合理性和可行性。

三、课题研究的措施和方法

采用分工合作管理模式，确保本课题研究的顺利进行，成立科研课题研究小组。成立以课题负责人任小组组长，小组成员定期开会，交流问题学生帮教情况，制订帮教措施，确保课题研究顺利进行。

（1）课题负责人：李阿庆：中学一级教师，长期担任班主任。学校心理咨询室兼职辅导员。陈永鹏：主持学校教务教学工作。何红娟：中学二级教师，长期担任班主任。

（2）学校专设科研机构——教研室负责学校的教科研工作，加强对课题研究的管理和指导。

（3）人员分工：

李阿庆：课题负责人，全面负责课题的申报、开题、计划制订、人员分工、管理考核、活动开展、资料整理、归纳汇总、中期评估、结题报告等工作。

陈永鹏：参与课题的申报、开题、活动开展、学校协调、技术支持、归纳汇总、中期评估、结题报告等工作。

何红娟：参与课题的申报、开题、计划制订、资料收集、资料整理、中期评估、结题报告等工作。

四、研究过程

（一）第一阶段（2017年4月—9月）准备阶段与理论学习

召开小课题研究开题会议，公布小课题实施意见和方案。由课题负责人组织课题研究小组成员学习问题学生国内外研究理论，寻找课题研究相关理论的支持，明确研究问题学生对促进教育教学的重大影响，转化问题学生的重要意义，为课题研究的有效开展准备理论基础。组织针对问题学生转化征求意见活动，在课题组中开展"如何转化问题学生"大讨论，课题组成员和相关班级教师提出开展这项工作的建议，找出研究课题的方法，寻找研究的突破口。通过讨论，撰写体会，把全体课题组成员的思想统一到"寻找问题学生的不同类型，探求问题学生根源，寻找转化问题学生的最佳路径"上来。

（二）第二阶段（2017年10月—2018年2月）实验阶段

深入了解问题学生的形成原因，针对不同问题学生的情况把他们进行归类，挑选出每一类中最具有代表性的个案作为研究对象，利用学校开展的各项活动，把我们的研究理论在个案问题学生中进行实践，观察帮教的效果，不断调整帮教的措施与策略，撰写课题研究的阶段性报告。和所帮教的学生建立微信群，拓宽师生交流渠道：微信是当下中学生最喜欢的交流形式、国内最为流行、群的交流功能最为强大，即时通信的特点，它不仅可以进行实时交流，又可以进行非实时的点对点交流，还可以进行视频交流，又可以进行一对多、多对一的音频交流，也可以发布图片和公告、资源共享、远程协助等交流方式。教师可以通过微信，及时掌握问题学生的思想动态。

1. 问题学生的分类

初中学段是人之一生求学阶段中最重要的一个阶段。学生自我意识明确，开始强调"尊重""理解"，但正是这种自主意识的增强，他们变得兴奋、易激动、性格比较暴躁、叛逆、遇事比较冲动、不冷静。因此，初中学段的问题学生更具有典型性。初中阶段的问题学生有其自身特点，更具有典型性。根据本人调研和实际工作经验，常见的问题学生有三种类型：

（1）学习类问题学生

所谓学习类问题学生，是指那些在学习方面偏离规范，需要在别人帮助下才能解决自身问题的学生。其表现为基础弱、成绩差、学习跟不上同龄人。

（2）行为类问题学生

所谓行为类问题学生，是指那些在行为方面偏离常态的规范，其表现为极端的行为，往往不遵守学校纪律，有旷课，打架等不良行为，他们经常迟到、顶撞师长、欺负同学、撒谎、抽烟、聚众打架、离家出走等等。

（3）心理类问题学生

所谓心理类问题学生，是指那些在心理方面偏离常态的规范，其表现为丧失对未来的信心，有心理障碍，往往处于自卑，极端和心理亚健康状态的学生。他们孤僻、不合群、性格比较内向、不善与人进行沟通与交流。甚至存在暴力、自残的倾向。

2. 问题学生形成原因

（1）家庭教育存在的问题

①家庭的过分溺爱而使其成为问题学生

有些家庭对子女总是以最大限度地满足其物质要求，但他们忽视了对问题学生进行及时有效的教育和管理，如果父母过分溺爱孩子，孩子容易养成懒惰、自私、过分依赖的行为，如果以简单、粗暴的方式处罚孩子，孩子容易产生自卑、逆反，抑郁的行为。而自卑、逆反、抑郁情绪往往是问题学生的表现特征。（案例一：李某，男，14岁，初二学生。这个学生家庭富裕，独生子女，是其父辈家族中唯一的男孩，在家族中备受宠爱。问题表现：在学校还不是调皮的孩子，但是动手能力差，学习上几乎不动脑，做事没有主见，学习目的不明确，主动性差。做作业依赖性强，稍有难度就放弃。知识欠账大，基础薄弱，孩子缺乏自信）正是由于家庭给予的爱太多而使其教育方式不当导致李某成为一个问题学生。

②监护人的管理不当，导致其成为问题学生

由于现代社会的压力大，部分父母为了一家人的生计在外打拼，无瑕监管自己的孩子，把孩子留给老人或亲戚，有的甚至给孩子租一间房子让十二三岁的孩子自己独立生活。造成孩子放学后无人监管或对自己孩子监管不当。在离异家庭中成长的孩子都多少会出现一些心理异常，但家长们没时间、没精力或不懂得怎么去和他们沟通。为了弥补平对子女监管的不足和不作为，监护人只能最大限度地满足他们的物质要求，但对孩子的心理成长过程却漠不关心。（案例二：侯某，男，16岁，初三学生。父母离异，都各自再婚，孩子一个人住了一套房子。父母只负责给钱，平时没有人给他做饭，孩子拿着钱买着吃。钱多，但孩子心中仇恨大。问题表现：在课堂上，睡觉，不认真听讲。顶撞老师，打骂同学，认为所有的社会上的好人好事都是假的，不相信任何人，认为别人做任何事都是有目的的，小小年纪就有一大套歪理邪说，影响了周围一大堆学生。学习不认真，拜金主义严重。）这是由于家庭教育中爱的缺失而导致其成为问题学生。部分因为离异，双方互相推诿，谁也不对孩子负责，无人管理，形成管理上的真空。

③家长在教育中没有起到正面影响

在对学生的调查中发现,有的家长在家庭中有暴力倾向,孩子就成了其施暴的对象,于是,这些学生有的就会转而向其他更弱的人或者更弱的动物施暴,从而释放内心的压力,这完全是把己的快乐建立在别人的快乐之上。研究表明:家庭中的暴力倾向或施暴是形成孩子暴力倾向的最大帮凶。(案例三:刘某,15岁,男,初二。父母没文化,做小本生意。平时除了做生意外,业余生活爱打麻将。问题表现:行为散漫,我行我素,缺乏集体观念和集体意识。对自己要求不严,上课小动作多,扰乱课堂纪律。作业凌乱拖沓,作业欠账大。缺乏奋斗目标,经常迟到旷课,屡教不改。在校外,抽烟上网K歌,结交社会上的混混,沾染了很多不良习气)这是家庭教育中爱而不当,缺乏爱的智慧而导致其成为问题学生。

(2)学校教育存在的问题

①学校考核目标单一,重智力轻德育

目前,在现实中我们的基础教育只是为了升学而教育,考试什么课程,学校就只开什么课程,考试中占多大权重,学校就设置多大权重的课时量,而且不管什么样的学生,所有的学生都接受相同的课程教育。学校都是以考试成绩的高低来评判学生智能的优劣,这是不科学的,也是极易伤害那些在传统智能如数学,语言上欠缺的学生的自尊心,这种以升学率为目标的方式是教育严重功利化和教育目标的片面化的典型表现,扼杀了学生的个性,阻碍了学生的多元才能的发挥。

②教师在德育课程教学上重形式轻内容

目前受学校对德育目标认识的偏差影响,教师在德育课程教学中教学内容空泛,与现实脱节,流于形式,实效性差。其一,德育课过分"功利化"、形式化。德育课仍然处在"讲起来重要,做起来次要,忙起来不要"的尴尬地位。其二,教学上重形式轻内容,使得教育内容往往是预设的、静态的、抽象的,更多的是以条条框框的知识逻辑体系呈现出来,德育教学与学生生活实际脱节,作为实现既定教育目标所选定的。

(3)学生自身的问题

初中学生处于青春时期,对生活充满幻想。情绪容易冲动,思想波动性大，看问题片面而又偏激，对是非的判断能力十分有限。家庭对他们关爱太多让他们产生依赖心理。家庭生活中爱的缺失会让他们对生活产生怀疑，对父母、对老师、对同学产生仇恨心理。一旦交友不慎，结识社会上的不良青年，受到不良青年的唆使和感染，他们就会漠视学校的校纪校规。对老师的教育置之不理。这类学生在中学教育中成为一大顽疾，这也是我们课题在今后继续研究方向。

3. 帮教策略

《用爱撑起一片天空——初中问题学生帮教案例研究》课题小组经过九个多月的研究，探索出初中问题学生学生行为、思想上的解决策略。

（1）教师策略

①爱心、互相的关爱是唤醒问题学生的最佳路径

"这是心的呼唤，这是爱的奉献，这是人间的春风，这是生命的源泉。在没有心的沙漠，在没有爱的荒原，死神也望而却步，幸福之花处处开遍。"歌词唱的好，也为教育指明了方向，让爱心充满校园，让关爱洒满每个问题学生的心田。我们知道，一切改变都是要靠学生自己去改变，做人终归要学生自己去做。教师的关爱、爱心才能恢复学生的自信。教育家夏丏尊先生说的好："教育之没有情感，没有爱，如同池塘里没有水一样；没有水就不能成为池塘，没有情感，没有爱，也就没有教育。"爱是教育事业的基础和开始，教育的成功来源于对学生的最大关爱。教师只有情感投入，把爱的甘泉洒向每一个学生，使他们获得心理上最大限度的满足，从而引导学生对教师的崇敬、信任和亲近，创设教育学生的感情基础，缩短师生间的心理距离。

②宽容和赏识是温暖问题学生的最佳方式

加德纳多元智能理论认为每一个人至少有八种智能，即语言智能、数理逻辑智能、视觉智能、听觉音乐智能、身体运动智能、自我认识智能、人际关系智能和自然观察智能，每一个人都有自己的智能强项和智能弱项。因此，对待问题学生，我们要有足够的爱心和耐心。具体的方法是将那些学生请到办公室，对他们进行认真地辅导，面对面批改他们的作业，并当面对他们作业中的优点进行表扬、鼓励他们很聪明，让他们帮老师整理办公室，打扫卫生，表扬他们很能干。几次辅导下来，奇迹发生了：这些学生竟开始主动问

问数学问题了、上课回答问题很积极，违纪现象明显减少、上课精力也集中了，学习成绩也有了一定的提高。

③互相理解，是帮助问题学生的最佳路径

针对自卑感强烈性格孤僻的学生有时候很难沟通，但孤僻的学生大多容易沉湎网络，更愿意和网络上虚拟的朋友敞开心扉。所以我有意地加他QQ，主动跟他打招呼，我尝试通过聊天等多种方式，利用节假日等休闲时间与他沟通。我自己钻研电脑游戏，主动邀请他和我打王者荣耀，俯下身子走近他们的生活，对他们迷恋网络表示极大的理解。慢慢的他们也愿意和我谈谈他们自己的生活中的一些烦恼和学习上的困惑，以及上网给他们带来的快感，抓住契机及时引导。这样和他们经常沟通交流，我们便逐渐成为"好朋友"。"亲其师，信其道"。课堂上，上课总是积极回答问题，遇到不懂的问题也敢于提出，让人能够感受到他们那一种强烈的进取心。

（2）学校策略

树立全新育人理念，给问题学生提供宽松多样的发展空间。

转变教育观念，树立以德树人理念，面向全体学生；加强日常管理，培养学生良好的行为习惯和学习习惯。在学校中，成绩优秀的学生不一定在日后也能获得成功，在学校成绩差的学生在日后的工作中也不一定差，不一定就是失败者。搭建多样的教育平台，实行科学多元化的评价学生体系，让每一个学生的个性特长得到提升和发展。

利用学校的一切教育资源，对问题学生进行转化工作。

国旗下的演讲。利用学校德育教育的主阵地，专门让我们确立的实验对象问题学生参加每周一升旗演讲活动，来唤醒他们心灵深处爱的意识。

到戒毒所参观。组织问题学生参观戒毒所，聆听教官对戒毒人员的管理讲解，听取吸毒人员的心理忏悔，对他们形成心灵警示。

参观历史博物馆。组织问题学生参观历史博物馆，看革命历史，唤醒他们的责任感和使命感。

参观科技馆。组织问题学生参观科技馆，感受新奇的科学技术，唤醒他们对知识的渴望。

到敬老院帮助老人。定期组织问题学生到敬老院帮助老人扫地、叠被子。

唤醒他们内心的亲情。

学校的心理咨询室联合教育。让问题学生到心里咨询室去向老师倾诉内心的苦闷与彷徨，去听音乐来放松紧张的学习压力，还可以去打假人，来宣泄自己内心的愤懑。

组织亲情讲座。聘请心里专家，邀请问题学生家长和问题学生一起来聆听。教会家长如何去爱孩子，教会孩子怎样爱家长。因为爱是需要智慧的。

参加学校开展的各项文体活动。鼓励问题学生参加体育运动会，诗歌朗诵会，高初三毕业典礼。在活动中增强他们的自信。

参加学校社团活动。学校有很多社团，比如文学社团、读书社团、书法绘画社团、乒乓球、经典诵读、合唱团、舞蹈团、手工制作社团、科技创新社团、趣味化学社团、趣味地理社团等，鼓励问题学生根据自己的兴趣报名参加，来挖掘自身的潜能。

学校组织问题学生家长座谈会、问题学生家长和学生沟通培训会、留守学生心理健康辅导。

学校建立公开的家长陪读制度，更利于问题学生的教育。

（3）家庭策略：家校合一，给问题学生提供温暖有爱的成长环境

①与时俱进，关爱孩子的兴趣和需要

随着时代的发展，知识更新迅捷，每个人都要不断学习，才能跟上时代步伐。作为家长，首先要不断学习，关注孩子的内心需要和行为习惯，并积极营造温暖有爱的氛围，为每一个孩子营造一个安全、和谐、健康的成长环境。大量事实证明，父母是孩子积极向上情感满足的重要源泉之一，也是孩子健康成长的重要精神保证。和家长联合起来，对问题学生的家长进行培训，交给他们和孩子沟通的技巧，让他们懂得如何去爱孩子。

②改善教育方法，运用爱的智慧

"教学有法，但无定法。"作为家长，首先应该学会赏识你的孩子，无论成年人还是少年儿童，都喜欢得到别人的赞赏。其次，学会尊重孩子。学会用孩子的眼光去看世界，用孩童的心去体验世界，这对打开问题学生的心扉，建立良好的人格和性格有着重要意义。再次，赏罚分明。该批评的要善意地批评，该表扬的一定要表扬，这就要求我们既不能对问题孩子的错误置之不理，

也不能对问题学生的闪光点视而不见。教师在课堂中公平的对待学生，给他们留有身心自由的权利，通过探究开辟活动的空间。通过学生自由行动交流知识体验，课堂中发挥每个学生的个性，给问题学生足够的耐心和展示空间，让他们真正感受到老师是爱他们的，他们得到的爱是平等的。他们才能产生强大的勇气和动力，来克服自身的困难和缺陷，才能有勇气和自信。

③加强与孩子沟通，懂得爱的技巧

父母对孩子不能过分溺爱，也不能不闻不问，让孩子缺失爱。父母应该有敏锐的觉察力，及时发现孩子的不良习惯和行为，加强与孩子的沟通，将其扼杀在萌芽状态，消除不利影响，逐步培养孩子的自制力、意志力，学会独立的生活。

④加强家校联系。形成爱的合力

这就要求我们延伸学校教育的力量，家庭教育也必须不断得到优化，并积极迎合学校教育，为教师的学校教育对策提供依据。家长平时要加强与老师的沟通与交流，与老师形成教的合力，及时了解学生在学校的表现情况。双方达成一致，统一奖惩标准，形成合力，共同培养与教育学生。

（4）社会策略

①积极关爱问题学生，宣传倡导"正能量"

社会需要传递健康、积极、向上的正能量，有利于营造团结一致、积极向上的氛围，加强问题学生的正面教育。加强法制教育，整治校园周边环境，创建安全稳定的学习环境，加强正面教育，弘扬正气，营造争先创优的氛围，整治社区周边环境都是一些必要的手段。让家庭、学校、社会形成爱的合力，共同用爱为问题学生撑起一片天空。

②社会环境对青少年成长的影响

时代在变，社会在变，青少年的道德养成离不开其周遭的社会环境，开放多元的社会环境，一些不良信息，落后文化等通过音像，图书，特别是互联网向青少年侵蚀，对青少年的成长产生消极影响。

（三）第三阶段：（2018年3月—5月）

成果汇总，全校推广，撰写课题研究终结性报告。

2018年3月：小课题研究结题工作安排；把我们的研究成果推广运用于

学校的班级管理工作中。

2018 年 4 月：课题成果展示，在全校范围内选拔课题研究中配合研究实验，工作业绩突出的班主任给予表扬奖励；

2018 年 5 月：收集课题研究资料、论文、报告，申请结题，填写课题研究成果申请鉴定表，汇集课题研究成果，撰写课题研究报告与结题报告。

五、研究成果

1. 问题学生的研究促进问题学生的行为习惯逐步养成

外因是事物发展的条件，内因是发展的根本动力。初中学生由于年龄小，必须自我教育与他人教育相结合才能起作用。教师与家长应引导学生树立远大的理想和明确的生活目标，从小事做起，从每天的学习开始奋斗。还要引导学生正确认识自己，悦纳自己，不断地自尊自强。学生要对自己的优缺点有个清醒的认识，立足于自己的长处，发挥自己的优势，改进自己的缺点和不良习惯。学生应学会体谅自己的父母，懂得钱的来之不易，不乱花钱。还要提高辨别力，学会审视自己的朋友圈，多向刻苦努力的同学学习，主动请教难题，远离打架斗殴的同学。经过课题组的耐心工作，选取的 10 位作为研究对象的学生都不同程度地有所转变，其中有一位学生代表学校参加全区经典诵读活动，还有两位同学参加体育训练出色优秀，被庆阳一中体育组中考提前破格录取。

2. 问题学生的研究促进问题学生的学习成绩明显提高

通过课题研究，实验问题学生在各班学习主动性显著提高，课堂中学生敢于质疑、善于提出问题，乐于探究、交流合作意识增强，并养成了良好的学习习惯，实验对象的成绩较以前的成绩出现明显的进步，逐步养成了一些良好的学校习惯，学习自觉性也较以前有了明显的进步。尤其以初一（10）班和初二（7）班选取的那十名重点帮扶对象，进步尤为突出。还有些在年级组荣获考试成绩进步奖。

3. 问题学生的研究促进问题学生的心理越来越健康

通过课题组成员的共同努力，反复帮扶，我们选取的心理上存在问题和障碍的学生，大面积得到矫正和改善。例如以前和家长对立的学生，基本上能够理解父母的苦心，体谅父母的辛苦，原谅父母以前对他们简单粗暴的教育方式。性格变得开朗活泼了，和同学们相处的也融洽了。以前愁眉不展，一语不发的学生，现在脸上有了笑容了，话也渐渐多起来了。通过参加学校的社团活动和问题活动，逐渐找回了自尊和自信。

4. 提高了课题研究教师的教学科研能力

在课题研究过程中，课题组教师和庆阳三中全体班主任参与课题研究，课题组不断探索方法，为课题研究的实施注入推动剂，课题组的工作促进庆阳三中班级管理工作的提升，激发更多的教师投入到问题学生研究的洪流中来。课题研究参与教师撰写教育教学论文8篇，省级刊物上发表论文5篇，参加各级论文评奖，获省级奖励1篇。例如李阿庆撰写的《网络时代中学教师心理健康问题及调适策略》发表在《甘肃教育》上，其他论文在《好家长》《知识周刊》《庆阳第三中学校刊》等杂志上发表。

六、对课题研究的思考和今后的研究的继续讨论

在问题学生的研究过程中，我们遇到的一些困难和现象引起了我们的深层思考。一对问题学生关爱度的把握，还需要我们教育工作者一起深深的思考。二是家长素质的提高不能仅仅靠学校来完成，还需要社会的合力。三是许多家庭的问题，很多都是社会问题，仅仅靠学校和教师是无法解决的。

七、后记

课题的研究过程中得到庆阳三中政教处各位班主任和政教干事的有力的支持，在研究过程中对研究成果的实验和推广，为成果的推广起到推波助澜的作用。学校团委、心理咨询室都积极组织活动，讲座配合我们的研究工作。政教处提供的问题学生档案为课题的研究提供了一手资料。在此表示感谢！

参考文献

[1]问题学生教育指南[M].关文信.北京：首都师范大学出版社，2010：5-6.

[2]浅谈问题学生的成因及转化[J].魏彩虹.徐州教育学院学报，2003（9）.

[3]初中问题学生的教育途径[J].张跃波.玉溪师范学院学报，2017（1）.

甘肃省教育科研课题鉴定证书

证 书 号：GSGB[2018]J1225
课题类别：甘肃省教育科学规划课题
课题名称：用爱撑起一片天空——初中问题学生帮教案例研究
课题负责人：李阿庆
课题组成员：陈永鹏 何红娟

本研究课题经专家组评审，通过鉴定，特发此证。

甘肃省教育科学规划领导小组办公室
2018 年 11 月 5 日

甘肃省教育科学规划课题
立项通知单

庆阳第三中学：

经甘肃省教育科学规划领导小组批准，贵单位杨自盛老师申报的课题被列为甘肃省教育科学规划课题。现将有关事宜通知如下：

课题名称："六步""三会"课堂教学模式实践研究

课题类别：2017年度甘肃省"十三五"教育科学规划课题

课题立项号：GS[2017]GHB2879

请学校做好协调管理工作，将此通知单转交给课题负责人，并督促课题组一个月内组织开题。

2017 年 7 月 25 日
办公室

"六步三会"课堂教学模式的实践研究

开题报告

一、课题提出的背景

当今的课堂教学应当成为学生自主、合作、探究学习的天地。但是，在我们平时课堂听课和课堂教学调研中发现：大多数课在深层次上并没有发生实质的变化，以教师为中心的注重书本知识的传授，忽视学生实践能力、自主探究活动和创新精神的培养的传统的课堂教学模式仍然占主导地位。课堂是教学的主阵地，是提高教育质量的关键所在。要提高教学质量，我们必须改变现有的这种缺乏生命活力的、僵化的课堂教学模式。

二、核心概念界定

（一）对"六步三会"的界定

"六步"是我们设计的课堂教学的六个具体环节（步骤），即：目标展示——自主学习——合作探究——展示分享——点拨梳理——检测运用六个环节；"三会"就是学生对当堂所学知识学会、会学、会用。

"六步"是教和学的流程，"三会"是教和学要达到的效果。"六步"教学流程的设计，其目的是要提高课堂教学的效率，让学生在老师的引领下，积极主动、目的明确地去学习思维，在单位时间内（一般是一节课）获得高效发展。"三会"是对课堂是否高效率的评价，主要是判断教学三维目标是否达成，教学是否"面向学生的发展"。

（二）对"教学模式"的界定

"教学模式"是从教学的整体出发，根据教学的规律原则而归纳提炼出的包括教学形式和方法在内的具有典型性、稳定性、易学性的教学样式。从微观的教学活动的角度看，它具有变化性，但从宏观的过程角度看，它又具有比较稳定的过程形式。教学模式包含着一定的教学思想以及在此教学思想指导下的课程设计、教学原则、师生活动结构、方式、手段等。

三、课题研究的理论依据

（一）建构主义学习理论

建构主义学习理论，注重学生的前认知，注重体验式教学，培养学生的探究和思维能力。它认为知识不是通过教师传播获得的，而是学习者在一定的情境中，借助他人（教师和学习伙伴）帮助，利用必要的学习资料，通过主动建构意义的方式获得的。其理论核心是以学生为中心，强调学生对知识的主动探索、主动发现和对所学知识的主动建构。

（二）主体教育理论

主体教育理论认为：学生既是教育的对象，又是学习、认识和发展的主体，一切教育影响，只有通过学生主体活动才能内化为学生的素质。在学与教的关系上，应该置学生于教学的主体地位，以学生的学为中心组织教学；在教学目标上，"授之以鱼，更要授之以渔"。

四、国内外对课堂教学模式的研究现状

教学模式是教学理论的具体化，是教学实践的概括化的形式和系统，具有多样性和可操作性。自教学活动诞生之日起，教育实践者和教育研究者就在不断地研究和探索它，不断孕育、萌生和形成了丰富的有效教学模式思想。

国外的有效教学思想较为系统，表现为重视教学效率和寻求有效教学方法（模式）与途径。古希腊苏格拉底的以对话法为主要特征的"讽刺——定义——助产"，是西方教育史上最早的教学模式。夸美纽斯的《大教学论》，为现代有效教学模式奠基。德国教育家赫尔巴特"普遍有效"的教学模式。

苏联凯洛夫"五环节教学"模式。美国斯金纳的程序教学模式。苏联赞科夫的教学与发展实验模式。

近现代,我国影响较大的有效教学模式有:"指导——自学"教学模式、"引导——发现"教学模式、"目标——导控"教学模式等。此时的有效教学开始朝着建构多元化、情境化、个性化教学模式的方向发展。人们更加关注教学实践的丰富性和教学模式的灵活应用。

五、选题意义及研究价值

当今的课堂教学应当成为学生"自主、合作、探究"学习的天地。但是,在我们平时课堂听课和课堂教学调研中发现:大多数课在深层次上并没有发生实质的变化,以教师为中心的注重书本知识的传授,忽视学生实践能力、自主探究活动和创新精神的培养的传统的课堂教学模式仍然占主导地位。课堂是教学的主阵地,是提高教育质量的关键所在。"六步三会"课堂教学模式可以改变现有的这种缺乏生命活力的、僵化的课堂教学现象。

我们依据建构主义学习理论和主体教育理论研究探索的"六步三会"课堂教学模式能够体现"自主、合作、探究"精神,提高教学效率和质量。让学生在学会知识的同时,学会学习的方法,并能运用知识解决实际问题,促进学生素养的提高。促使我校教师教育科研水平的提高。

六、课题研究的目标

(1)探索构建"六步三会"课堂教学模式,提高课堂教学效率。
(2)增强教师的教研意识,通过学习和交流,提高教师队伍素质。
(3)促使学生素养的提高。
(4)通过新的教学模式,全面提高教学质量。

七、课题研究的具体内容

(一)"六步三会"课堂教学模式构建研究

研究学生和教材:通过分析学生初始能力、教学起点、学习动机、学习期望等一般特征和具体的教材内容。确定"六步"教学流程中目标展示和自主学习、合作探究的内容，预设学生展示分享的成果，教师准备点拨梳理提纲和需要检测运用的重点。

研究通过"六步"教学流程，如何从培养学生全面的科学素养的角度、密切联系社会生活、学生生活，提高学生对知识的应用能力、以及了解社会、适应社会的能力等方面，使学生"学会、会学、会用"。

（二）"六步三会"课堂教学模式实施研究

1.研究教师驾驭课堂的策略。包括：①如何组织学生自主学习：提出目标、具体要求，如何检查。②如何组织学生合作探究：既全体积极参与，又能使每个人不产生依赖。③如何组织学生参加成果展示分享活动：提高信息交流的量，学会表达自己的观点（准确、清晰），学会倾听接纳别人的观点。④如何点拨梳理学生课堂所获知识：既知识线索清晰，又突出重点突破难点。⑤如何编写检测运用内容：既注重课本所学知识，又能迁移运用。

2.教学评价。检测学生通过课堂学习，是否达到"学会、会学、会用"。包括：①制订学生评价方案；②制订小组评价方案；③制订课堂教学评价方案。

3.课堂教学的反思研究。

八、研究假设和拟创新点

（一）研究假设

"六步三会"课堂教学模式的研究，会给我校教师学习、交流提供一个平台，从而使老师们的教育科研水平大大提高。

"六步三会"课堂教学模式的实践，会提高学生的综合素养，提高学校的教学质量。

（二）拟创新点

1. **可操作性方面**

通过研究，探讨"六步三会"课堂教学模式，使之在各科课堂教学中具有可操作性。

2. **可应用性方面**

通过实践，探索"六步三会"课堂教学模式在实际教学过程中能够提高学生的综合素养和学校教学质量。

九、研究思路

新课程标准下的课堂教学应当成为学生"自主、合作、探究"学习的天地。于是探讨"六步三会"课堂教学模式，然后让这种模式在学校各科课堂教学中实践，提高教学质量。

十、研究方法

理论研究，实践研究，问卷调查研究、案例分析、对比研究等。

十一、技术路线

研究的路线："提出研究问题—制订研究计划—研究计划实施—评价反思—调整—再实施—总结"。

十二、实施步骤

1. 调研、理论学习阶段，侧重课堂教学案例分析（2014年3月—4月）。

2. "六步三会"课堂教学模式的初步探索阶段，制订实践方案（2014年5月—2016年8月）。

3. 对比实验阶段，探索"六步三会"模式的特点（2016年8月—2017年1月）。

4. 应用实践教学，形成初步成果阶段（2017年2月—2017年10月）。

5. 总结完善，形成最终研究成果阶段（2017年11月—2018年2月）。

十三、课题组成员

1. 课题领导小组

组长：王岩

副组长：杨自盛

成员：王文舟

2. 课题实施小组

组长：杨自盛

成员：王岩、王文舟以及各教研组组长

十四、完成课题的保障条件

（一）完成课题的软硬件设施

庆阳三中始建于1962年，是一所完全中学，"市级示范性高中"。学校现有55个教学班，3280名学生。在校教职工279人，本科以上学历232人，硕士生7人，留英教师3人；专任教师学历达标率为100%；近三年来，学校被评为"全国中小学心理健康教育示范学校"；甘肃省"德育示范学校""语言文字规范化示范学校""快乐校园示范学校"；庆阳市"市级文明单位""教育系统先进集体""第五届青少年科技创新大赛优秀组织奖""心理健康教育示范点""平安示范单位""校园信息化建设先进集体""高考质量进步奖"。

学校具有优质的教育教学资源，硬件建设基本实现了现代化。全校所有教室都安装了交互式电子白板；有理化生及通用技术实验室14个，"机器人社团""航模活动室""科技创新展室"等8个二课活动室。有全省A级心理咨询室1个，全市最先进的地理实验教室1个。学校拥有图书78200多册，师生阅览室3个，各类报纸杂志206种，共6000多册。

（二）完成本课题的研究能力和保障措施

1. 课题组部分成员参加过多个课题的研究，为本课题的研究奠定了较好的基础。

2. 参加课题组的老师均为学校各学科教学的骨干教师，有着丰富的教育经验和教科研研究能力，并都长期奋斗在学校教育第一线上，并善于总结教学经验，积极参加各类培训，努力学习理论，有多篇论文获省市级奖，多篇论文发表。使本课题的研究有了很好的理论基石。

3. 学校重视教科研工作，制定了教科研奖励条例和办法，对每一个立项的课题都会给予一定的资金，积极支持老师教科研工作。

4. 课题研究人员职责分明，分工合作，相互促进。

"六步三会"课堂教学模式的实践研究

研究总报告

2013年10月,庆阳市政府教育督导室专家组对庆阳第三中学教育教学工作进行了督导评估,专家组共随机观察课堂教学20节,其中优秀3节,良好7节,合格10节,优良率50%。这一残酷的结果,深深刺激了时任主管教学副校长王岩同志。随后,他组织教研组长、骨干教师深入课堂,反复听课调研,召集各类教学会议,研究解决课堂教学效率低下的问题。在2014年3月,提出了《"六步三会"课堂教学模式》构建研究课题,通过三年实践,2017年申请为甘肃省教育科学"十三五"规划课题。课题组经过多年的实践探索研究,完成了预期研究任务,在全校课堂教学中实践运用,并将该教学模式在全区推广。现就课题研究过程报告如下:

一、课题提出的背景

新课程标准下对教学过程的理解是:教学过程是师生双方在教学目的指引下,以教材为中介,教师组织和引导学生主动掌握知识、发展能力、形成良好个性心理品质的认识与发展相统一的活动过程。在这一活动过程中,强调了学生学习方式的改善,要求教师要引导学生主动参与、亲身实践、独立思考、合作探究。新课程标准颁布十多年来,课堂教学出现了不少新的组织形式,但是,在我们平时课堂听课和课堂教学调研中发现:大多数课在深层次上并没有发生实质的变化,以教师为中心的传统的课堂教学模式仍然占主导地位,教师主宰课堂,学生被动的、消极的接受知识;教师注重书本知识的传授,忽视学生实践能力和创新精神的培养;重学习结果,轻学习过程;

重教师讲授，轻学生自主探究活动。因此，这种课堂教学模式导致学生的学习兴趣下降，学习负担加重，学习的主动性和创造性受到压抑，学生的潜能得不到充分开发，既不符合新课程标准的要求，又影响了学生的未来发展。

当今的课堂教学应当成为学生自主、合作、探究学习的天地。布鲁纳认为："学生是一个积极的探究者。教师的作用是创设一种能够使学生独立探索的情境，而不是提供现成的知识，学生不是被动的、消极的知识接受者，而是主动、积极的探索者。"课堂是教学的主阵地，是提高教育质量的关键所在。要提高教学质量，我们必须改变现有的这种缺乏生命活力的、僵化的课堂教学模式。

二、核心概念界定

1. 对"六步三会"的界定

"六步"是我们设计的课堂教学的六个具体环节（步骤），即："目标展示—自主学习—合作探究—展示分享—点拨梳理—检测运用"六个环节；"三会"就是学生对当堂所学知识学会、会学、会用。

"六步"是教和学的流程，"三会"是教和学要达到的效果。"六步"教学流程的设计，其目的是要提高课堂教学的效率，让学生在老师的引领下，积极主动、目的明确地去学习思维，在单位时间内（一般是一节课）获得高效发展。"三会"是对课堂是否高效率的评价，主要是判断教学三维目标是否达成，教学是否"面向学生的发展"。

2. 对"教学模式"的界定

"教学模式"是从教学的整体出发，根据教学的规律原则而归纳提炼出的包括教学形式和方法在内的具有典型性、稳定性、易学性的教学样式。简洁地说就是在一定教学理论指导下，以简化形式表示的关于教学活动的基本程序或框架。是各种教学活动有机地连接在一起从而组成的具有动态性的过程，从微观的教学活动的角度看，它具有变化性，但从宏观的过程角度看，它又具有比较稳定的过程形式。教学模式包含着一定的教学思想以及在此教学思想指导下的课程设计、教学原则、师生活动结构、方式、手段等。

三、课题研究的理论依据

（一）建构主义学习理论

依据皮亚杰和布鲁纳的建构主义学习理论，注重学生的前认知，注重体验式教学，培养学生的探究和思维能力。它认为知识不是通过教师传播获得的，而是学习者在一定的情境中，借助他人（教师和学习伙伴）帮助，利用必要的学习资料，通过主动建构意义的方式获得的。其理论核心是以学生为中心，强调学生对知识的主动探索、主动发现和对所学知识的主动建构。

（二）人本主义学习理论

从人本主义出发，注重发挥学生的主体性，以培养学生的学习能力为目标。这种教学模式基于先让学生独立学习，然后根据学生的具体情况教师进行指导。在学与教的关系上，应该置学生于教学的主体地位，以学生的学为中心组织教学；在教学目标上，要以教会学生学习为主，而不是以传授知识为主。

四、课题研究的目的和意义

本课题主要是课堂教学实践中的行动研究。本课题究主要有三方面的目的和意义：

一是探索出适合庆阳第三中学各学科特点的体现"自主、合作、探究"精神的课堂教学模式，提高教学效率和质量。

二是改变学生的学习方式，提高学生的学习能力，促进学生的全面发展。充分调动学生学习的积极性和主动性，让学生从课堂中学会知识，学会学习的方法，实现终身学习，获取解决现实生活中问题的能力。

三是以研促教，加快教师的专业成长。促进我校教师更新教育观念，提高教师的业务水平和科研水平，进而优化教学，更好地为学生全面发展服务。

五、课题研究的目标

预计达成如下目标：

1.通过本课题的研究，探索出适合我校实际的"六步三会"课堂教学模式和课堂评价体系。

2. 通过本课题的研究，提高课堂教学效率和学校教学质量。

3. 通过本课题的研究，探索出有效的课堂教学组织形式，最大限度地发挥教师的指导作用学生的主体作用。

4. 通过本课题研究，增强教师的教研意识，促使老师们加强学习和交流，打造乐于学习、会研究的教师队伍。

5. 在研究过程中，通过课堂教学的展示、观摩等交流活动，促进学习型校园的创建和积极向上的校园人文氛围的形成。

六、课题研究的内容

1. 通过问卷调查、现场听评课、教师访谈、学生座谈等途径，调查研究目前我校课堂教学中存在的问题。

2. 通过理论学习，研究新课程理念下教师应采取什么样的教学策略。

3. 通过对当前国内有影响和实效学校的课堂教学的观摩学习，研究他们课堂的特点、基本点、基本模式、课堂评价、要求和管理等。

4. 研究教材，教材是体现新课程理念的载体。

5. 研究学情，要分析学生现有的水平和对教育教学内容的思维能力、接受能力、动手操作能力，学习兴趣、动机、意志、情感等。

6. 研究学法和学习方式，要把学习的主动权还给学生，充分发挥学生的主体作用。

7. 研究教法。立足学情和教材，灵活机智地运用"六步三会"课堂教学模式。

8. 研究课堂评价。对学生实施有效的课堂评价是成功教学必不可少的一部分。通过研究，初步制订出各学科能激发学生学习动机和"可持续作用"的、侧重于学生学习过程的课堂评价体系。

七、研究研究的方法

文献研究，行动研究，调查研究，实验研究，比较研究，访谈等。

八、课题研究的步骤

本课题的研究时间为 2014 年 3 月—2018 年 2 月，共分为五个研究阶段。

（一）第一阶段：调研、动员、组织学习阶段（2014年3月—4月）

1.通过开展问卷调查、教师访谈、学生座谈、课堂观察等途径，了解我校课堂教学中存在的问题。

2.组织召开多种形式的教学改革讨论会，组织多种形式的学习交流活动。

3.组织骨干老师和课题组成员考察学习先进、高效的课堂教学模式。

4.组织教师学习新课程理论、教改动态，结合自身教学实际，话教改，谈困惑。

（二）第二阶段：初步探索实践阶段（2014年5月—2016年8月）

1.学校成立《"六步三会"课堂教学模式的实践研究》课题组并开题，各学科组制订子课题实施方案。

2.各子课题组成员在课堂教学中改革实践，上研究课。各子课题组加强理论学习和实践研究，不断实践、反思、学习、探讨、改进、再实践。

3.学校为课堂教学模式的改变创设条件。

4.改变课堂教学评价方式，初步制订出能指导课堂教学模式改革的"庆阳第三中学课堂教学评价表"。

5.积极开展新模式研究课活动，如青年教师课堂教学大赛，各子课题组研究课等。

（三）第三阶段：深入实践阶段（2016年8月—2017年1月）

1.各子课题组全面、深入地开展课改研究。子课题组成员加强相互听课和研究。各子课题组负责人要带头上模式研究课，课题组每周要推出至少两节组内模式研究课，并及时评课、总结、改进、调整。

2.学校定期开展新模式验收课活动。

3.学校组织校级公开研讨课并与兄弟学校开展"同课异构"活动。

（四）第四阶段：全面实施阶段（2017年2月—10月）

1.各学科在全校全面开展"六步三会"课堂教学模式的课堂教学。

2.各子课题组及时总结改革中的成功经验并交流研讨会，推广经验，改进不足。

3.加强学习和交流，积累经验。学校组织校级示范课，推广"六步三会"课堂教学模式经验。

4.依据新的课堂教学评价表,组织开展人人上达标课活动,全面推进"六步三会"课堂教学模式改革,提高学校教学质量。

（五）第五阶段：总结深化阶段（2017年11月—2018年2月）

1.在取得阶段性成果的基础上,学校及时总结课堂教学改革中存在的问题,进一步制订措施,深入开展研究,特别是对"六步三会"课堂教学模式中的细节问题加强研究。

2.学校及时总结推广"六步三会"课堂教学模式成功经验,以专题讲座、研讨会、学习简报等形式予以交流推广,供教师学习借鉴。

3.学校对全校"六步三会"课堂教学模式情况进行总结,课题组形成总结报告。

4.表彰先进,深化完善。学校对在课题研究和运用中的先进予以表彰,是研究成果转化为教学生产力。

九、操作流程

（一）目标展示

学习目标是课程标准规定本节课必须让学生了解、掌握、巩固的学习任务,目标明确了,才能进行有效的教和学的双向实践。一个新的教学过程开始时,教师要明确告诉学生课上将要学习什么,有利于学生在学习过程中把握学习方向,抓住学习重点,避免盲目性。展示目标前,教师应该设置一定的情境,将新课教学置于恰当的情境之中。

（二）自主学习

本阶段是学生自主学习阶段。教师根据教学内容,把教学目标具体化、问题化,给学生设计一定的自学线路图（如导学案）,让学生带着问题,沿着自学线路,学习课程文本或其他学习材料,掌握基础知识,对学科内容有初步认识,找出自己的疑难之处,在课堂上有目的地学习。自主学习是培养学生独立思考能力,独立发现问题、解决问题能力的重要途径,是学生养成良好的学习习惯,学会学习,提高学习力,为终身学习奠定基础的必须过程。自主学习要适度,体现在内容上,教师的预设要恰当,学习内容要适量,确保学生能进入最佳学习状态；体现在时间上,教师要准确把控,确保学生能顺利完成学习任务。自主学习阶段，教师要巡回观察指导，及时发现生成的问题，将其作为后续的教学资源。

（三）合作探究

本阶段是师生、生生合作学习和探究学习阶段，是对自主学习阶段中的重点、难点以及个体学习有疑惑的问题，通过交流质疑，思想碰撞，形成理性思维的阶段，是对自主学习阶段的再思考与再提升。合作探究的对象主要是小组内的成员，其表现形式多是互帮互教、开展讨论、深入探究等等。合作探究要全员参与，面向全体，防止小组内优秀学生一言堂，把持讨论话语权，要让学困生积极参与进来，充分调动学困生的学习积极性，利用好"兵教兵，兵练兵，兵强兵"的战略，让学生在交流中学习，在主动中发展，在合作中增智，在探索中创新。

（四）展示分享

展示分享是学生合作探究完毕后，教师组织学生采取多种多样、合适的方法去表达合作探究的过程和成果。既分享学习成果，为学生展示自我、张扬个性、培养自信搭建平台；又便于教师及时获知学生的得失，为后面的点拨指导提供教学依据。本阶段要抓住学生展示的效度，让学生在展示中共同发现问题、改正错误、调整思维方式，让全体学生的脑子动起来，让课堂活起来。

（五）点拨梳理

本阶段是在学生展示后，教师要组织进行合适的评价和学习内容的归纳总结，是升华课堂教学的阶段。一方面，教师要把学生小组合作、探究、交流、展示过程中暴露出的问题，作为教学难点处理，分析并指出学生学习过程中出现偏差的本质原因；另一方面，教师要恰当挖掘各知识点的内涵，拓展其外延，对各知识点进行提炼、归纳和总结，使相关的知识由分散到集中，由无序到有序，帮助学生建构新的知识体系。

（六）应用检测

应用检测是落实课堂教学目标、形成技能技巧的重要环节。教师要根据每节内容精选或精编与学习目标相吻合的题目，对学生的学习状况进行及时检测。检测要突出"四性",即检测试题要紧扣教学目标,有针对性;覆盖教学重点、难点,有典型性;设置一定梯度,有层次性;要把课内知识与解决实际问题结合,有拓展性。

十、评价办法

(一)教师方面

1. 教学目标的设计

一要全面具体。目标应涵盖且具体到认知、技能、情感等各领域,避免过分强调知识性目标,以达到素质教育的要求;二要实际准确。应在了解学生实际能力水平和特点的基础上,恰当准确确定教学重难点,以便教师在课堂教学中有的放矢讲清重难点,从而提高教学效率;三要分层落实。目标的设计要关注学生的个体差异,体现出合理的层次性,促使目标落到实处,使不同个体的学生学有所得,学有所长。

2. 课堂活动的组织

(1)教师对学生的自主学习要给予适时的指导

新课程对教学活动中师生角色的定位是"学生是学习的主人,教师是学习的组织者、引导者与合作者"。在"六步三会"模式的课堂教学过程中,教师对学生的自主学习,一要给予适时的指导,让学生始终围绕学习目标和重难点学习;二要适时援助、化解学生学习疑难点,保证课堂教学的顺利展开;三要适时调控课堂氛围,以创设符合教学需求的和谐氛围。

(2)教师要为学生营造良好的合作探究氛围

在"六步三会"模式的合作探究学习环节中,教师一要依据全班学生的性别、能力、特长、基础等因素,按照互补互动、协调和谐原则把学生分成若干个同组异质合作学习小组;二要合理安排学习小组合作学习目标;三要给予学生充足、宽裕的发言和辩论的时间和空间,让各种程度学生的智慧都得到最大限度地发挥;四要适时、适当的激励学生,让学生体验到合作的成功与快乐,产生进一步合作的欲望。

(3)教师对学生的展示分享要关注倾听,恰当评价

学生在展示分享自主学习和合作探究的成果时,教师一要高度关注,用

心倾听，捕捉学生当堂生成的成果及创新点；二要给予中肯的评价；三要充分尊重和善待学生。

（4）教师的点拨梳理要分条缕析，高度概括

点拨梳理是对课堂教学内容的高度概括，点拨的应是重点、难点，充分体现出精、准的特点，梳理的内容应完整系统，条分缕析，具备网络性，便于学生在课后再现知识、加深理解、强化记忆。

（5）运用检测问题的设计要精心

一要紧扣教学目标，检测习题具有典型性；二要检测过程简洁，效度高；三要检测反馈途径广泛，补救效果好。

（二）学生方面

1. 学习流程环节清楚

按照"明确学习目标—自主学习—合作探究—展示分享—倾听老师点拨梳理—接受运用检测"的基本环节学习，做到环节清楚，每一环节，有明确的目标任务，做到环节目标清楚。

2. 学习过程状态积极

学生以饱满的精神、浓厚的兴趣参与学习；善于思考质疑，能提出个人独到、有价值、具有启发性的观点；小组成员合作真实高效，同伴之间能互帮互学；课堂上教师与学生、教师与小组、小组之间能充分互动；课堂展示具有多样性，有小组内部的小展示、代表小组的课堂大展示、学生个体的展示，课堂展示具有层次性，不同的展示目的，选择不同水平的学生展示，展示的学生表达简洁、准确，态度谦虚；有师生、生生及媒体之间的信息交流结构，交流充分，评价他人客观公正。

3. 学习效果达到"三会（学会、会学、会用）"

学生对当堂所学知识基本能够掌握，做运用检测题准确率高，知识目标达成度高；学会了解决问题的方法，形成了有效的学习策略，养成良好的学习习惯，有强烈的成果欲，对学习有信心和兴趣；学生发现问题、表述问题、解决问题、综合运用等各方面的能力得到提高。

明确了"六步三会"教学模式下的课堂教学评价，能够有效指导"六步三会"课堂教学，引导和促进教师深化课堂教学改革的积极作用。

十一、取得的效果与反思

（一）学校的教学质量得到提升

庆阳三中校是一所拥有3200多名学生的完全中学，生源处于西峰区中下水平，特别是高中生源更差，高中学生入学成绩较兄弟学校低100多分。学校很早就取消了集体补课，初中学生没有晚自习，每天的作业量控制在1—1.5小时内。实施"六步三会"课堂教学模式以来，教学质量已稳定在全区前列。近三年，中考合格率、九科平均分、优秀率综合排名全区第二，且每年与第一名差距越来越小；高考二本以上进线率逐年攀升，2017年高考二本进线率居庆阳市32所公办高中第七名，二本进线率较上年提高了15%，进步率居32所公办高中第二名，连续三年荣获西峰区"高考质量进步奖"。

（二）老师的课堂教学工作得到了学生和社会的认可

由于课堂效率提高，学习负担减轻，95%以上的学生对学校、老师和教学工作感到满意。2017年10月27日，庆阳市政府教育督导室专家组对庆阳第三中学素质教育工作督导评估反馈意见认为："学校把深化课程改革作为实施素质教育的重要手段，坚定不移，常抓不懈。学校建构和实施了'六步三会'课堂教学模式，使教师的教学准备由传统的平面教案书写向网络化、多元化、主体化的课堂教学设计转变，课堂教学过程基本实现了以教师为主导，以学生为主体的'两个转变'。探索实行'六步三会'课堂教学模式，符合新课改要求，适应素质教育和学生的认知能力。从2013年坚持至今，有一定的可操作性和指导性，合作、交流、展示成为课堂教学的基本形态和主要方式。课堂学习气氛活跃，成效明显，目标达成度高。"督导组共随机观察课堂教学20节，其中优秀10节，良好10节，优良率100%。较2013年督导评估优良率提高了50%。

（三）学生的素质得到了全方位的提升

课堂教学效率提高了，学生有了学习方法和能力，于是学校为学生开设了安全、礼仪、机器人社团、科技创新、航模社团、心理健康、文学教育、社会实践、美术、舞蹈、合唱、英美文化鉴赏、篮球、足球、乒乓球等三十多门类校本课程，学校音体美教育、乒乓球队、科技创新、心理健康教育、机器人社团均进入全市前列，许多学生在省、市、区屡屡获奖，学生的综合素质、自主发展初步成为现实。

（四）教师的业务水平、教学技能得到了提高

借助于课堂教学改革，激发和调动了老师教学研究的积极性，业务水平和教学技能得到了提高，近三年，在各级各类教学技能比赛中，有50多人获得了国家、省、市、区级奖励。

（五）教学经验得以推广

我们积极按照西峰区教体局的安排，与董志中学、庆阳四中、庆阳七中等学校进行同课异构活动，在更大范围辐射"六步三会"课堂教学模式经验，共享高效课堂改革的成果，得到了兄弟学校师生的好评和认可。

"六步三会"教学模式在我校实践以来，受到了老师和同学们的欢迎，提高了老师的教学效率和学生的学习效率，学校的教学质量也得到了大幅度的提升，特别是对学生自主学习能力和学科素养的提升具有积极的指导作用，教研部门的专家们也认为"六步三会"教学模式理论依据充分，符合建构的规范要求。

"六步三会"教学模式的实践，要紧紧围绕"学会、会学、会用"这个目标来开展教学工作，既要强化教学活动中学生的主体地位，又要体现教师的主导作用，正确协调教与学的关系，全面落实新课程"三维目标"，促进高效化、魅力化课堂的有效构建。老师们一定要践行模式，在对模式熟练掌握、一切流程招数融会贯通到一定境界后，方可抛开模式或升华模式。

参考文献

［1］中外教育家有效教学思想初探．姚利民．湖南大学学报（社会科学版），2005（3）．

［2］有效教学的理念与实施策略．宋秋前．浙江大学出版社，2007（4）．

［3］实施"六步"教学模式构建高效课堂教学．黄广跃．《速读·上旬》，2015（3）．

甘肃省教育科研课题鉴定证书

证 书 号：GSGB[2018]J1247
课 题 类 别：甘肃省教育科学规划课题
课 题 名 称："六步""三会"课堂教学模式实践研究
课 题 负 责 人：杨自盛
课题组成员：王岩 王文舟

本研究课题经专家组评审，通过鉴定，特发此证。

甘肃省教育科学规划领导小组办公室
2018 年 11 月 15 日

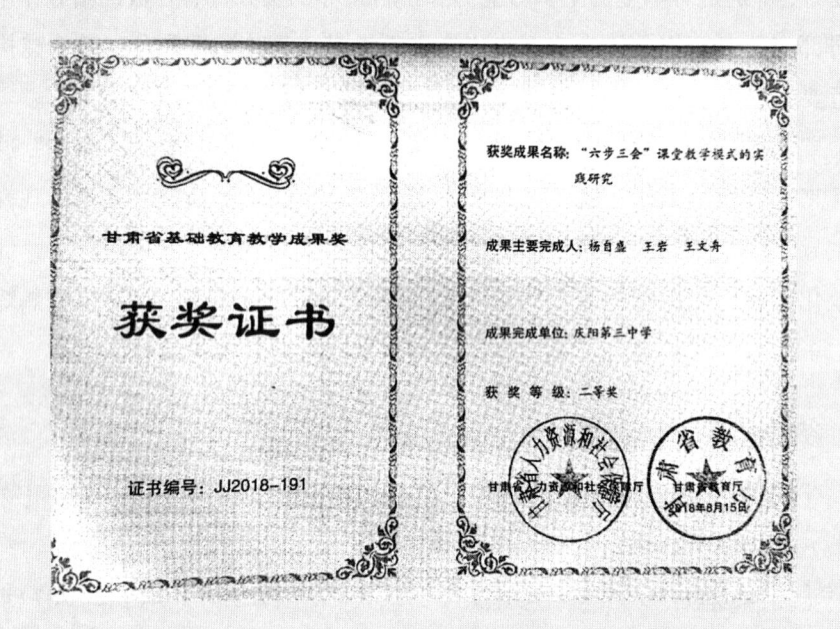

甘肃省基础教育教学成果奖

获奖证书

证书编号：JJ2018-191

获奖成果名称："六步三会"课堂教学模式的实践研究

成果主要完成人：杨自盛 王岩 王文舟

成果完成单位：庆阳第三中学

获奖等级：二等奖

甘肃省教育科学规划课题
立项通知单

庆阳第三中学：

经甘肃省教育科学规划领导小组办公室组织专家评审，贵单位刘向学老师申报的课题被列为甘肃省教育科学规划课题。现将有关事宜通知如下：

课题名称：乡土地理课程资源的利用研究

课题类别：2018年度甘肃省"十三五"教育科学规划一般自筹课题

课题立项号：GS[2018]GHB3216

课题负责人所在单位要为课题组提供相应的保障条件，确保课题组按时保质完成研究任务，监督课题组规范使用下拨的课题经费，督促课题组一个月内组织开题。

2018年9月29日

乡土地理课程资源的利用研究

开题报告

一、选题意义及研究价值

《地理教育国际宪章》提出："地理在各个不同级别的教育中都可以成为有活力、有作用和有兴趣的科目，并有助于终身欣赏和认识这个世界"。2001年我国实施新课程，新课程标准指出，充分开发、合理利用地理课程资源，对于丰富地理课程内容，增强地理学科教育教学活力，具有重要意义。2014年又提出基础教育要强调"核心素养"。为了顺应时代发展的需要，深化课程改革，践行新的教育理念和地理学科的发展对地理课程提出了新的要求，让学生学习生活中的地理，跨越知识走向能力，提高学生对生活的适应力和应对挑战的能力，提高人才素质，更大程度地满足其生存和发展的需要。

新课程改革的实施，促使教师转变角色，促使学生改变学习方式，学习对生活有用的地理，培养学生的爱国情感和乡土情怀。乡土地理它贴近学生生活，容易被学生所理解，应该成为学生所熟知的地理知识，在中学地理教学中，结合乡土地理知识案例可以帮助学生理解许多抽象概念。自课程改革以来，一些关于地理课程资源开发和利用的研究不断涌现，但是许多研究往往涉及的内容有限，在教学形式上也难以创新和突破。因此，本课题主要针对乡土地理课程资源在中学地理教学中的利用现状，对乡土地理课程资源在中学地理教学中的开发和利用方面进行一些必要的探索和研究。

地理新课程提出了建构"开放式地理课程"，选择与学生生活密切相关的地理素材，有目的进行整合与开发，并将其渗透到地理教育教学中，对丰富地理课程内容、开展生动活泼的地理教学、促进学生的全面发展将起到重要的推动作用。本课题在发掘当地乡土地理课程资源的前提和基础上，通过探索研究性学习等活动方式，创新地理教学活动，丰富地理教育内容，培养学生的爱国情感和乡土情怀，促进学生的全面发展和核心素养的形成。

二、研究内容、研究目标

课程资源的存在，贯穿于课程改革、课程设计、课程实施和课程评价等整个教育教学过程之中，它的内涵也在不断地丰富发展和完善之中，它服务于课程，并且能帮助实现课程目标。乡土地理课程资源作为地理学科课程资源的必要补充，应该是具有一定区域意义和当地地方特色的课程资源。因此，本课题以探索和开发利用乡土地理课程资源为主要任务，以建构"开放式地理课堂"为主要目标，选择与学生生活密切相关的地理素材，并渗透到地理教育教学中。以庆阳市区域范围内或者西峰区周边地区的乡土地理课程资源的开发和利用为研究内容，以乡土地理课程资源的教学活动为重点，设计和制订乡土地理教学活动方案，从而达到丰富中学地理教育内容，增强地理教学活力的目的。

三、课题研究的理论基础

（一）认知—发现学习理论

教育心理学家布鲁纳认为"发现学习是教育儿童主要的手段"，认识是一个过程而不是最终结果。发现学习是让学生通过自己的探索过程最终获得问题的答案。在乡土地理教学中也要注意培养学生的发现、探索精神，注重学生学习地理事物现象的过程，让学生发现身边的地理现象，主动的探索，发现地理规律，通过自身探索获得的知识才容易被学生内化。

（二）情境教学理论

情境教学理论指出，在教学中要遵循儿童身心特点创设恰当的情境。在乡土地理教学中"给学生一个真实的世界"，以学生身边生动，富有乐趣的地理现象创设教学情境，活跃学生的思维，激发学生探索的欲望，将乡土地理现象与地理原理相结合，使学生不断迸发灵感与顿悟，在解决身边的地理问题的同时，知识得到丰富，思维得到拓展，能力得到提高。

（三）范例教学理论

德国的瓦·根舍因提出的范例教学原理中，主张教学内容应适合学生的基本经验、生活实际、智力水平和知识结构；主张教给学生精选的知识，让学生进行知识的迁移和实际应用。乡土是学生所处的、熟悉的地理环境，以与学生知识结构，智力水平相称的乡土地理为教学出发点，组织教学，再拓展到一般性、规律性的地理原理。学生一定会产生良好的知识迁移效果。

四、课题的研究思路、研究方法和实施步骤

在教育部课程纲要和我省课程实施方案的框架内，以教学推进与课题研究结合，我们通过课题研究，对综合实践活动课程中的相关内容进行有机整合，以"研究性学习"为基本学习方式，探索不同形式、具有乡土地理特点的新的课程资源，让学生以活动为载体达到活学活用、学以致用的目的，同时也改变以往仅仅依靠现有教科书实施课程教学的做法。

在新课程理念的指导下，采用文献法、问卷调查法、案例分析法，在调查研究与实践的基础上，以开发乡土地理课程资源，优化地理教学为宗旨，在地理教学中恰当的运用乡土地理资源，使地理教学与乡土地理课程资源的利用相辅相成。从综合实践活动课程的教育目标出发，从学生的发展需要、认知水平出发，通过行动研究、经验总结、案例分析等，加强实践探索，总结经验，及时把经验成果转化为实施措施，促进我校综合实践研究性学习活动课程的整体推进。

以课题研究带动课程实施，编制课程活动方案，分析活动案例，撰写经验论文，将课题研究、课程实施与自我成长有机结合起来。实现从"教教材"到"开发利用课程资源"的转变。依据课标，借助学习素材，因地制宜，合理开发乡土地理课程资源，使学生体会到"有用的地理"，地理能力服务于生产生活实际，实现"知识与技能、过程与方法、情感态度价值观"的三维目标。

（一）提高认识水平，明确课题研究目标和方向

在新课程改革的精神指导下，不断学习和探索，强化建构"开放式地理

课堂"理念和乡土地理课程资源理念。要求课题组成员利用网络检索、查阅相关的研究资料，认真研读《普通高中地理课程标准解读》，推荐阅读参考书目《走进新课程——与课程实施者对话》《乡土地理教学研究》《新教育风暴》等，领会新课程精神实质，统一思想，提高认识，随时交流观点。从研究性学习活动实践入手，创新思维，探索乡土地理课程资源在中学地理教育教学中的开发利用问题。

（二）确定课题研究思路和基本实施步骤

课题的实施主要是借助于日常课堂教学平台，以教学推进与课题研究相结合。通过课题引领，对综合实践活动课程中的相关内容进行有机整合，以"研究性学习"为基本学习方式，探索开发出不同内容、具有当地区域特点和教育价值的课程资源，以活动为载体，学以致用、活学活用。主要通过校本课程或者班本课程的方式进行教学实践操作，从而达到乡土地理课程资源师生共建、师生共享之目标。课题研究分三个阶段进行：

第一，课题准备阶段：组建课题组，制订课题研究计划；课题组成员制订实施方案，落实人员分工；检索、查阅国内外相关的研究资料；举行课题开题活动，提交课题论证、设计报告等。

第二，研究实施阶段：问卷调查，访谈交流；进行教学实践探索；开展案例研究，撰写研究论文，提交中期研究报告。

第三，总结结题阶段：对研究内容进行总结，撰写结题报告；撰写论文、编写案例集等。

（三）明确分工任务，制订实施方案

1.课题研究组织分工

课题总负责人：刘向学

课题成员：刘研森、齐艳丽

制订课题方案：刘向学

搜集整理资料：课题组全体成员

阶段总结：刘向学、刘研森

最终成果总结：刘向学

课题主持人：制订研究方案；书写论文；课题组研究报告和结题报告的书写；协调整个研究活动，全面负责该课题的申报、研究和结题工作。

课题组成员：制订研究方案；书写论文，负责前期文献资料的收集及每个阶段的过程性材料；实践课件、教学案例的整理等。

2.结合我校校本课程选课活动的开展，拟组建以乡土地理为主要教学内容的第二课堂教学班，将乡土地理课程资源引入到教学课堂中来，实现乡土地理课程的校本化。

3.制订实践活动方案，提交乡土地理研学考察活动计划书。以建构"开放式地理课程"为目标，结合当地地理环境和区域特点，挖掘与学生生活密切相关的地理素材，以课题研究带动课程实施，编制课程活动方案，计划带领学生到巴家咀水库，南小河沟，火巷沟等地参与相关课程的考察活动，交流活动案例。

4.收集、整理相关文献资料和过程性材料等，撰写教学实践活动的反思笔记。

（四）设计问卷，调查分析

针对课题研究和实施需要，在课题研究实施前期阶段，需要设计调查问卷并进行访谈交流，并根据问卷情况作整理分析。

（五）利用好现有的研究资料、优惠政策、配套经费等条件

充分利用好我校现有的教育教学平台和科研条件。学校教研气氛浓厚，成立有专门负责教育科研的教研室，组织和管理参加课题培训和研讨活动；学校提倡教师在教育教学的同时，及时总结经验，研究教育教学课题；在课题的实施和研究过程中，并给予业务上的指导和帮助；学校鼓励教师结合教学实际积极申报课题，并督促课题研究的正常开展；学校投入大量经费，增添校园网络，为教师和教研室配备了电脑和多媒体设备，方便查阅、整理资料；并且实行以奖代补政策，为课题研究给予经费补助。所有这些都是我们开展课题研究的有利条件，需要我们加以充分合理的利用。

乡土地理课程资源的利用研究

研究总报告

一、课题研究的背景

《地理教育国际宪章》提出："地理在各个不同级别的教育中都可以成为有活力、有作用和有兴趣的科目，并有助于终身欣赏和认识这个世界。"2001年我国实施新课程，新课程标准指出，充分开发、合理利用地理课程资源，对于丰富地理课程内容，增强地理学科教育教学活力，具有重要意义。2014年又提出基础教育要强调"核心素养"。为了顺应时代发展的需要，深化课程改革，践行新的教育理念和地理学科的发展对地理课程提出了新的要求，让学生学习生活中的地理，跨越知识走向能力，提高学生对生活的适应力和应对挑战的能力，提高人才素质，更大程度地满足其生存和发展的需要。

新一轮基础教育课程改革提出的一个全新的课程概念，在以创新为主旋律的新的时代，要求学生能够自主地选择、判断、获取和应用信息，通过实践和体验来获得新知识，要求学生具有多渠道获得信息的主动意识和能力，具有主动、多元、开放的思维品质，具有综合分析和解决复杂问题的能力。

地理新课程提出了建构"开放式地理课程"，通过选择与学生生活密切相关的地理素材，有目的进行整合与开发，并将其渗透到地理教育教学活动中，对于丰富地理课程内容、开展生动活泼的地理教学、促进学生的全面发展将起到重要的推动作用。本课题在发掘当地乡土地理课程资源的前提和基础上，通过探索研究性学习实践活动等方式，创新地理教学活动，丰富地理教育内容，培养学生的爱国情感和乡土情怀，促进学生的全面发展和核心素养的形成。

二、课题研究的意义

根据基础教育课程改革发展纲要，综合实践活动课程是基础教育课程改革新设定的一门重要必修课程，目前我国这类课程刚刚起步，尚未引起社会的广泛重视，课程的实施大多只停留在理论研究阶段，需要我们积极探索和实践。而乡土地理综合实践课程作为具有独特功能并相对独立的课程形态，作为一种基于学生的直接经验，密切联系学生生活和社会生活，体现对知识综合运用的新课程形态，它既适应我国当前进行素质教育的要求，又呼应基础教育课程改革发展的需要，它是促进新形势下人才培养模式转变，落实素质教育目标新的措施。是我国基础教育全新的课程组成部分，乡土地理课程的实施，不仅被课程专家寄予厚望、备受关注，更需要体现地理学科的责任和广大地理教育工作者的责任和担当。

时代的发展，需要具有综合素养和综合能力的人才，教育必须突出和强化培养创新人才的功能，才能适应时代发展的需要。乡土地理综合实践活动课程作为一门真正属于学生自己的课程，是新课程改革的亮点和难点。该课程的开设，有利于打破传统分科教学因缺乏横向融合、易导致学生读死书的状况，能够有效提高传统学科课程中，大多数学生普遍缺失，而社会发展又亟需的综合能力和素养，为学生生存能力、生活经验的获得和社会实践能力的形成开辟一个新的渠道，为学生个性的发展创设一个实践平台，让学生通过亲身体验和相关内容的学习，积累丰富的直接经验，体验成功的喜悦，促进学生综合能力素质的发展和提高，培养学生创新精神、实践能力和终身学习的能力。

新课程改革的实施，促使教师转变角色，促使学生改变学习方式。就地理学科而言，学习对生活有用的地理，培养学生的爱国情感和乡土情怀，正是地理核心素养的重要部分。乡土地理它贴近学生生活，容易被学生所理解，应该成为学生所熟知的地理知识，在中学地理教学中，结合乡土地理知识案例可以帮助学生理解许多抽象概念。自课程改革以来，一些关于地理课程资源开发和利用的研究不断涌现，但是许多研究往往涉及的内容有限，在教学形式上也难以创新和突破。因此本课题主要针对乡土地理课程资源在中学地理教学中的利用现状，在中学地理教学活动中，针对乡土地理课程资源的开发和利用方面进行一些必要的探索和研究。

三、课题研究的重点和研究目标

（一）建构开放式地理课堂

课程资源贯穿于课程改革、课程设计、课程实施和课程评价等整个教育教学过程之中，它的内涵也在不断地丰富发展和完善之中，它服务于课程，并且能帮助实现课程目标。乡土地理课程资源作为地理学科课程资源的必要补充，应该是具有一定区域意义和当地地方特色的课程资源。因此，以探索和开发利用乡土地理课程资源为主要任务，以建构"开放式地理课堂"为主要目标，选择与学生生活密切相关的地理素材，并渗透到地理教育教学中。我们确定了以庆阳市区域范围内和西峰区周边地区的乡土地理课程资源的开发和利用为研究内容，以乡土地理课程资源的教学活动为重点，设计和制订乡土地理教学活动方案，以丰富中学地理教育内容，增强地理教学活力。

（二）确定乡土地理课程活动主题

黄土高原是我国比较大的一个地理单元，也是世界上生态环境问题比较突出的区域之一，我校地处庆阳市中心区，是黄土高原一个特殊的地理区位上，这里既有世界上保存比较完整的黄土塬面——董志塬，周围地区又有黄土高原典型的崎岖不平、沟壑纵横的景观，其中，位于城市边缘的南小河沟景区，它是研究水土流失治理规律、措施的试验基地。这里又是全国小流域治理方面的典型与样板，写进了高三地理（选修）教材中。我们享有得天独厚的学习、研究和利用的优势。当我介绍了这种情况以后，同学们表现出既惊讶又好奇的神态，个个表现出强烈的探求欲望。为了更好地学习和了解黄土高原水土流失状况及其治理措施，领略人类改造自然、利用自然的成果，我在地理教学中，充分利用这一优势，选取并确定了"黄土高原生态环境与可持续发展"的活动主题，以庆阳市为中心点，开展对黄土高原生态环境相关问题的调查，以研究性学习活动的方式进行乡土地理课程资源的教学活动，涉及到的内容几乎涵盖了地理学科的方方面面，包括对黄土高原的气候、地形、水文、植被以及当地的资源、农业、工业、交通、人口与城市、民俗与风情等地理要素各个方面的探求，引导学生从自然和人文两个方面了解乡土、认知区域要素特征，分析某一地理要素对区域地理环境产生的影响以及不同地理要素之间的相互作用及联系。通过这种教学活动方式，让更多的学生参与到地理知识的研究与探索当中来，从而体会到乡土地理学习与社会生产生活实践活动之间，有着密不可分的关系，更好地实现地理教育的目标。

（三）指导学生研究性学习活动

在新课程理念的指导下，采用文献法、问卷调查法、案例分析法，在调查研究与实践的基础上，以开发乡土地理课程资源，优化地理教学活动为宗旨，恰当的运用乡土地理课程资源，使地理教学与乡土地理课程资源的利用相辅相成。从综合实践活动课程的教育目标出发，从学生的发展需要、认知水平出发，通过行动研究、经验总结、案例分析等，加强实践探索，经验总结，及时把经验成果转化为实施措施，乡土地理具有繁杂而丰富的知识点，我们以指导学生研究性学习实践活动为基础，开发乡土地理课程资源。具体的做法是，以分组的方式，从"乡土地理"入手，建构区域地理知识框架，再进一步引导各个小组分别选取某一方面的活动小主题，在老师的指导下进行研究性学习探究活动。之所以选择研究性学习活动方式，旨在让学生通过了解乡土地理环境特点及各环境要素之间的相互关系，揭开黄土高原生态环境脆弱的神秘面纱，并通过这样的学习活动，一方面增强我们的自主学习能力和实践探索能力，培养学生理论联系实际，科学实践的能力，提高学生的观察实践、综合分析、调查研究和语言表达能力，培养和充实学生的环保意识并形成可持续发展观念，培养学生的创新意识和发现问题等多种能力；另一方面，通过指导学生研究性学习活动，促成师生共同参与，并收集整理乡土地理课程资源的素材。

（四）编制学习成果案例，实现资源共享

综合实践活动课程既是一种活动，又是一种课程资源。从教学的角度看，综合实践活动课程具有非常开放的实施时空。综合实践活动课程的学习过程，是学生完全自主学习、探索、体验的过程。因此，以《综合实践活动指导纲要》为依据，在课题研究的引领下，根据课程的功能与独特的价值，以"研究性学习"为基本学习方式，课题组对乡土地理综合实践活动课程中的相关内容进行有机整合，渗透到教学活动的全过程之中。通过校本课程或者班本课程的方式进行教学实践操作，并对课程活动方案进行分析，及时总结完善，探索整理出具有当地区域特点和教育价值的乡土课程资源，编写校本教材，即乡土地理校本化课程方案。并以此为范本，在综合实践活动课程教学中加以推广应用，改变以往仅仅依靠现有教科书来组织教学的做法。从而达到乡土地理课程资源师生共建、师生共享之目的，实现从"教教材"到"开发利用课程资源"的转变。

四、课题研究过程

（一）制订课题实施方案

1. 明确组织分工。从课题申请、阶段性研究到课题总结，课题组举行了多次交流讨论，确定课题思路，明确任务分工，课题主持人总体协调，全面负责课题的申报、研究和结题工作，书写论文、研究报告，课题组成员配合制订研究方案、调查问卷和总结材料。

2. 设计问卷调查，分析整理问卷调查和交流访谈资料，组建以乡土地理为主要教学内容的第二课堂教学班，暨乡土地理综合实践研究性学习小组。结合我校校本课程选课活动的开展，以第二课堂的形式，将乡土地理课程资源引入到教学课堂中，推动乡土地理课程的校本化实施。

3. 制订乡土地理综合实践研究性学习活动方案，提交乡土地理研学考察活动计划书。组织相关考察实践活动，并举行学习分享、交流展示活动。

（二）课题研究实施步骤

1. 课题准备阶段：制订课题研究计划；确定实施方案，落实人员分工；查阅相关的研究资料；举行开题论证会，并提交课题论证、设计报告等。

2. 研究实施阶段：问卷调查，访谈交流；通过教学实践探索开展案例研究，提交阶段性研究报告。

3. 结题总结阶段：编写乡土地理综合实践活动课程—研究性学习活动案例，撰写结题报告等。

（三）乡土地理课程的校本化实施

课题研究的实施，借助于日常课堂教学平台，把乡土地理课程资源的开发与课程实施相结合，以探索和开发乡土地理课程资源为主要任务，确定了以庆阳市区域范围内和西峰区周边地区的环境为切入点，以乡土地理课程资源的教学活动为重点，设计和制订乡土地理教学活动方案，在理论和实践层面上，积累以"西峰区南小河沟水土流失及其治理"等为代表的典型案例，形成了乡土地理课程资源开发利用等方面的经验。初步建构了符合我校学情的乡土地理教学模式和相应的校本课程内容。目前，以课题为引导的第二课堂——乡土地理校本课程和班本课程，已在我校的初一初二和高一高二四个非毕业年级推进，目前已经进行了两个学期，每学期开设校本课程13—15课时，产生了良好的效果。

（四）综合实践课程的整体推进

以课题研究推进地理教学，有力地促进了我校综合实践研究性学习活动课程的整体推进。由于在研究性学习活动指导方面不断探索和实践，积累了一定的经验。在实践和总结的基础上，本人向学校提出建议，在新一届高一年级八个班普遍推广实施研究性学习活动，得到了学校的许可。于是，我们同年级的政史地学科的六位老师达成共识，共同组成了文科研究性学习指导团队，大胆实施、全面推开了以"黄土高原生态环境与可持续发展"为主题的研究性学习活动。在教研室和年级组的大力支持下，动员全年级所有学生全部参与，组建了140多个研究性学习小小课题组，在研究性学习课题指导小组各位老师的共同参与和指导下实施课程计划，各项活动过程顺利完成。结合汇总的各类材料，包括学生研究性学习活动计划书、开题报告、小论文和调查报告等500多份，组织学生一起参与了活动的综合评价，集中利用一个下午的时间，分班级进行了汇报交流、分享展评活动，评定了获奖课题，邀请学校领导、教务处、教研室负责人及各位班主任老师参观指导。对参与研究性学习活动的学生给予了肯定，极大的鼓舞了学生参与研究性学习活动的热情。这一环节在老师的指导建议下，整个展示过程的组织安排、联系场地、设备的准备以及分享交流、鉴定评价、记录，包括邀请领导等各项任务，几乎全部由学生自行组织完成，整个展示活动圆满成功，在学校领导和老师中引起了极大反响。在整个活动的带动影响下，学校进一步鼓励，将研究性学习活动在高中年级普遍推开，教研室多次组织由政、史、地老师牵头的全校研究性学习活动交流培训会，同时学校制订了相应的考核和奖励办法，激发了研究性学习活动的广泛开展。综合实践研究性学习课程，在全校范围内，尤其是在高中教学阶段有了较大的突破。

五、课题研究解决的问题

（一）合作探究，鲜活了地理课堂

开放的课堂，丰富的课程资源，必然培育开放的思维。以乡土地理课程资源为主要内容的研究性学习活动的实施，必然形成开放的课堂，激发学生的兴趣，活跃学生的思维。

学生在以乡土地理为主要素材的研究性学习课程实施过程中，往往会经历一个发现问题、分析问题和解决问题的全过程，并且许多任务可以通过个人之间，小组之间相互合作，共同研究来完成，通过交流展示分享，不仅可以相互促进，共同提高，达到资源共享的目的。还也是一个优势互补一个互学互助的学习过程，也可以看作是一个结对帮扶的"扶贫共济"优帮弱的学习过程。学生一个个都成了鲜活而富有创新力的行动者，学生学习地理的兴趣更加浓厚，学习的主动性明显增强，学生彻底改变了读死书的状况，焕发出勃勃生机。

（二）激发兴趣，便能激发出潜能

乡土地理研究性学习课程充分体现了学生的自主性，所以在课程的组织实施中，比较容易调动学生的主动性和积极性，更容易激发他们的潜能。

在乡土地理研究性学习中，有指导老师耐心的指导、不断地启发，同学们会表现出前所未有的高涨热情，有些学生提出的问题甚至让我们大为惊叹，他们的思维、他们的想法，尽管在大多数情况下还显得是那么幼稚和单纯，但在幼稚中透着奇特，透着奇妙，甚至大胆。为了保护同学们的热情和积极性，我在鼓励他们的想法和做法的同时，也给予适时恰当的指导。在整个研究性学习活动过程中，同学们也会表现出非凡的组织和管理才能，他们学会用新的思维和方法去解决新的问题，甚至会找到将书本知识与实际结合起来的新的途径。到后来，他们不但解决了当初连想都不敢想的一系列问题，而且还显得那么从容和自信。有些同学积极性很高，不厌其烦三番五次地来征询我的意见，问他们的选题是否合适，他们的想法是否可行，他们的做法是否正确等等。所有这些，不但给了同学们以自信，同时也给了我以鼓舞。可以说，乡土地理研究性学习活动的开展，为同学们开放的思想注入了一剂活力。我辅导的学生左芳瑞等的社会实践论文《关于巴家咀水库运行问题的研究》在全国第二十七届学生论文评比中获得一等奖。本人获得中国教育学会"优秀辅导教师"称号。

（三）课程资源，师生共建，教学相长

地理实践意识是地理教育个性化风格的表现，个性化的教学风格有助于成就个性化的教师，也为学生个性化的发展奠定基础。发挥教师的个性特长，教师创造性地教，才能引导学生个性化的学。乡土地理课程的利用，让学生在实践中获取知识，让学生自己发现问题和解决问题。这一过程离不开教师的指导，长期积累的经验，在不断地总结中，就会形成自身的教学特色和风格，我认为这就是教师成长的过程。

以课题研究带动课程实践，组织教师参与课题研究的方式，共同组成综合实践活动指导团队，组织教师分析课程活动方案，编制活动案例。课题研究与课程实施的结合，一方面促进教师的专业化成长，另一方面形成个性化的教学风格，让地理教育焕发出新的生命力。在课题组及课程参与的各位老师协同努力下，经过多次课程活动及评价总结，从几百个研究性学习课程案例中，筛选出了多个优秀案例，汇集编辑了庆阳三中《综合实践研究性学习》一书，作为学校综合实践活动课程的校本教材（内部使用），该教材在庆阳市校本课程评选中获得二等奖。由本人指导开展的"黄土高原小流域综合治理"研究性学习小课题，曾获得甘肃省教育厅"研究性学习活动优秀案例"评比三等奖。

（四）跨学科合作，优势互补

以课题组为中心，吸收教师广泛参与课程活动。吸收了不同学科，尤其是文综组政、史、地等科目老师的共同参与，集中力量解决主要问题。在课程实施过程中，经常会遇到有学生曾经学过的其他学科的知识，在地理学习中，用不上，不会用的现象十分普遍，十分突出。譬如在物理上学过，山上煮面条，水容易沸腾，面条不容易煮熟的道理。但在地理课程上，却不知道，山上气压低于山下气压的事实。同样，学习了气压公式，但却不能理解气压与空气密度的关系等等。而在乡土地理课程研究性学习活动中，类似这样的问题大多数都会迎刃而解。所以让更多的教师参与跨学科的课程指导和交流，有利于解决跨学科的知识难点。

（五）开放的课堂，三维目标好落实

立德树人是教育的根本任务。党和国家领导人习近平总书记在全国教育大会上的重要讲话指出，"要把立德树人融入思想道德教育、文化知识教育、社会实践教育各环节，教师要围绕这个目标来教，学生要围绕这个目标来学"，同时指出"要在增强综合素质上下功夫"。乡土地理课程的实施，能使学生具体而深刻的认识和了解自己的家乡，了解家乡的自然环境与经济发展的实际情况，从而培养学生热爱家乡热爱社会主义祖国的崇高感情。从问卷调查来分析，学生对于自己感兴趣的东西表现出的学习态度和目标更为积极，教育督导专家也表现出浓厚的兴趣。让地理知识和地理能力服务于生产生活实际，更容易使学生体会到地理的实用价值，创新地理教学活动方式，丰富地理教育内容，更有利于进一步培养学生的爱国情感和乡土情怀，促进学生的全面发展和核心素养的形成，促进"知识与技能、过程与方法、情感态度价值观"的三维目标的实现。

（六）建构开放课堂，感受人文情怀

地理课程的学习不仅在课堂上，更应该在广阔的大自然中，在丰富精彩的社会生产生活实践中，正所谓"生活处处皆学问"。乡土地理综合实践活动课程具有开放的时空和开放的课程资源，必然培育开放的思维。乡土地理课程可以说是一门学生自主学习、合作探究、切身体验的开放性课程。乡土地理课程学习的过程、是学生认知乡土乡情的过程，也是区域认知的过程。从课本知识到认知乡土，从封闭的课堂到置身大自然、投身社会生活，也是学生地理核心素养的培育过程，更是培养学生热爱乡土情感的过程。乡土地

理课程资源的利用，有助于创新地理教学活动方式，丰富地理教育内容，有助于进一步培养学生的爱国情感和乡土情怀，增强学生对家乡对祖国建设的成就感和自豪感，促进学生的全面发展和核心素养的形成。

六、研究结果分析及自我评价

（一）重构地理课堂，教学观念与个人成长相得益彰

地理新课程倡导转变传统的教学模式，乡土地理课程资源与地理教学的有机结合就是一个很好的突破口。教师在这个过程中也会重新定位与学生之间的关系，重点采用启发式、体验式、探究性、研究型等多种恰当的教学模式，或者将相关乡土地理课程资源以情境导入的方式教学，或者设定一个与学习内容相关的主题，引导学生开展合作、探究性学习。多种教学方式的运用，会重构地理课堂，帮助学生对地理知识进行直观形象的理解，有利于学生综合能力的培养。

将乡土地理素材有效的渗入课堂，对地理教师提出了更高的教学能力要求，不仅要对不同教学模式有较准确的把握，还要考虑学生的实际，了解学生已有的知识水平、对学生的能力水平进行预估，尤其要考虑不同学生的年龄、兴趣、意愿、态度、意志等个性化因素的差异。因此这是一个"教学相长"的过程，提升学生综合能力和素养的同时，也会促进教师的专业化成长。

通过课题研究与课程实践，新的课程观、教学观逐步形成，教师的教育科研意识和能力也有了一定的提高。在积累经验、认真总结的基础上，撰写心得体会和论文。近年来，本人先后有多篇与课题有关的论文在各级各类杂志上发表。其中《高中地理"研究性学习"活动实践与探索》发表于《中小学教育》，《利用乡土地理资源，践行我的环保教育之路》发表于《素质教育》，《地理学科的时代性特征与学科素养》发表于《中学生导报·教学研究》，《乡土地理课程开发利用教学案例—以南小河沟综合治理为例》发表于《教育学·教师教育论坛》，《课改形势下，教学活动中的尴尬》发表于《中国教工》等。本人被评为庆阳三中"研究性学习优秀指导教师""课改先进个人""校本课程研发先进个人"等。

（二）提高学校、社会对地理教育的关注度

乡土地理课程的开发以及在教学中的利用，必然使地理课程的形态更加开放，同时也密切了课堂与学校、社区、公共活动场所的联系，在拓展地理课堂的深度和广度的同时，也对地理学科起到了一定的促进作用。一些人对地理学科抱有偏见，认为地理是气象、地质、考古等专业人士研究的，对于学生而言是"副科"，因此重视程度有限。因此，将乡土地理素材渗入到课堂，"学习有用的地理"让学生认识到，地理是对生活有用的学科知识，引导学生更加主动的学习地理知识，观察认识身边的地理事物。也使人们真正感受到地理与我们的生活息息相关，有利于重塑地理学科新形象。学校和社会也必然会更关注中学地理教育，有利于地理学科和教育事业的发展。

七、存在的问题及努力方向

（一）课程体系和理论指导上的缺乏

乡土地理综合实践课程作为一种新兴的综合课程，在内容选取、课程实施等方面都缺乏理论指导。在新课标学习和素质教育方面加强学习和研究，在构建课程实施模式和实践探索方面需要进一步加强，通过多种实践的方式检验、验证、丰富和发展教育理论。

（二）课程实施和推广应用上的困难

由于种种原因，绝大部分教师和学生对乡土地理课程不熟悉、不了解，或许是由于考试指挥棒的影响，广大师生对它仍有"陌生感"，而教师自身又缺乏课程意识和指导能力，致使课程的实施中整体上只停留在零散的活动层面。就目前来说，乡土地理作为一门课程资源，在真正意义上进行系统开发、有序建设和大范围推进应用，仍然有很长的路程要走。

（三）在时空条件和固有观念上的障碍

首先，大多数教师都习惯于在课堂上组织常规的教学活动。面对乡土地理活动课程完全开放的教育空间，甚至有一种找不到"常规教学"的感觉。其次，课程实施受时间和空间上的局限，课程的实施与课程的特性和要求存在一定的差距。学生缺乏探究和研究的体验，就难以获得切身的体验与感悟，

可能使课程的价值目标落空。第三，由于综合实践课程不是中考、高考课程，目前并不能被社会所完全接受，学校和家长并不能从根本上重视，所以课程的常态化实施依然是一个难点。

（四）课程的利用还有很大的空间

全新的课程带来清新的气息，也激发了部分师生的好奇和潜能。从课程的实施过程来看，综合实践活动课程尽管深受学生的欢迎，也受到专家的肯定，但是在常规教学活动中的实际运用程度较低，课程的实施应该有计划有安排，有课程有落实，有评价有考核，不应该成为所谓的"三无"课程。因此在课程资源的开发、实施办法、课程管理、评价体系的建构等方面，都具有很大的空间，今后还需要多下工夫。

八、今后的设想

（一）实现校本课程的常态化

从综合实践活动的课程目标出发，从学生的发展需要、认知水平、心理素质出发，不断实践探索，总结经验，及时把经验成果转化为实施方案和措施，进一步促进我校乡土地理校本课程实施的常态化和持续化。

（二）利用"互联网$^+$"提高研学的有效性

如果能结合信息技术，创建便捷的信息化平台，将乡土研学与网络信息技术相互融合，实现"互联网$^+$"的应用，乡土地理课程资源的建设和应用的有效性则会大大提高。

甘肃省教育科研课题鉴定证书

证 书 号：GSGB[2020]J2589
课题类别：甘肃省教育科学"十三五"规划课题
课题名称：乡土地理课程资源的利用研究
课题负责人：刘向学
课题组成员：刘研淼，乔艳丽

本研究课题经专家组评审，通过鉴定，特发此证。

甘肃省教育科学规划领导小组办公室
2020 年 9 月 23 日

甘肃省教育科学规划课题
立项通知单

庆阳第二中学：

经甘肃省教育科学规划领导小组办公室组织专家评审，贵单位田巧荣老师申报的课题被列为甘肃省教育科学规划课题，现将有关事宜通知如下：

课题名称：初中数学综合实践课的实践与探究
课题类别：2018年度甘肃省"十三五"教育科学规划一般自筹课题
课题立项号：GS[2018]GHB3148

课题负责人所在单位要为课题组提供相应的保障条件，确保课题组按时保质完成研究任务，监督课题组规范使用下拨的课题经费，督促课题组一个月内组织开题。

2018 年 7 月 23 日

初中数学综合实践课的实践与探究

开题报告

《初中数学综合实践课的实践与探究》是2018年度甘肃省"十三五"教育科学规划课题，2018年7月23日已正式立项（课题立项号：GS[2018]GHB3148）。我们已确定了课题参与人选，今天正式开题，现将相关工作汇报如下：

一、研究背景

《基础教育课程改革纲要》在谈及新一轮课程改革的具体目标时，谈道："积累数学活动经验、培养学生应用意识和创新意识是数学课程的重要目标，应贯穿整个数学课程之中。""综合与实践"是实现这些目标的重要和有效载体。通过"综合与实践"，学生经历问题的提出、设计与解决的全过程，可有效的培养学生的应用意识、创新意识、沟通协调能力、合作探究能力，激发学习数学的兴趣，提高数学的核心素养。因此，作为一线教师，我们就应该积极响应课程改革的需要，重视数学综合实践活动，通过"数学综合实践课"的过程，鼓励引导学生积极参与，积极动脑、动手、动口，让学生不断地积累活动经验、展现思考过程、交流收获体会、激发创新潜能，为学生的终身学习奠定良好的基础，为提高教师的教研教改能力、快速走向专业化发展寻找一条途径。

二、选题的意义和研究价值

数学综合实践活动是新的课程标准中的一部分重要内容，也是为配合我国新的人才发展而采取的战略措施。开展综合实践活动，不仅能巩固所学知识，调动学生的积极性，让学生在有趣的活动中完成学习任务，还能让学生在活动中做数学，体验数学与实际的紧密联系，有助于学生主体意识的萌发和培养，符合新课改理念。同时通过数学实践活动的参与，一扫数学课堂的单调、枯燥与沉闷，激发学生强烈的兴趣和参与欲望，培养学生的动手能力、合作能力、探究能力、创新能力、数学素养，进一步开发学生的思维，提高学生应用数学的意识和分析问题、解决实际问题的能力。这些能力和要求，正是国家人才发展战略和新课程改革对教育实施者的迫切希望和要求。

然而，在应试教育的压迫下，许多的评价部门仍然不断地向一线教师要成绩、考试排名，所以好多教师急功近利，在教学中忽略数学实践活动的开展，尤其对每章后面的"数学活动"和"课题研究"很少研究，常常采用的是让学生阅读、跳过或自学等形式来教学的。没有达到课标中预想的目的。而我作为一线的教师，深感数学综合实践活动课对培养学生诸多能力的意义重大，尤其对学生能力的培养所产生的长期效应可能是有些老师没有想到的，甚至是无法估量的。所以我们课题组选择了《初中数学综合实践课的实践与探究》课题研究，希望给学生提供进行实践性、探索性和研究性学习的平台，达到激发学生学习数学的热情，培养学生应用数学的意识和兴趣，努力促使学生动手能力、实践能力、探究能力、协作能力的发展和培养，为学生的长远发展、为提升我校的数学教学开创新的途径。

三、国内外研究现状

"实践与综合应用"是《数学课程标准》（实验稿）增设的内容。这种新的学习内容和形式，是数学课程改革的一个突破，也是数学课程内容的一个亮点。目前，数学综合实践活动课已受到国内外各级学校的广泛关注和高度重视，作为人才培养的一项国家战略，《新课标》明确规定了综合实践活动课的目标、意义和要求，各种版本的教材编写也都设置了不同的活动环节、数学专题活动、课题研究等，相关研究人员对数学综合实践课的教学模式、活动经验类型、实施特点、教法探究、活动形式、遵循的原则、优秀案例及实施方案设计等已经有相当的研究，得出了一些公认的结论。这对我们继续研究的教师有很大的帮助和启迪。

四、研究目标及内容

（一）研究目标

通过对本课题的研究，让学生更深入地了解开展数学综合实践活动的意义和价值，从而兴趣高昂地积极参与到各类数学活动中，主动探究、主动实践、学会协作、学会沟通和交流、学会应用数学知识解决生活当中的实际问题，激发学习数学的兴趣，通过书写研究反思、小论文培养对数学的情怀，提高数学的素养，提高分析问题、解决问题的能力，为更好地开展研究性学习奠定基础，不断丰富数学活动的经验，增强自主学习的能力和效果，最终改变学习方式，提高学习质量。同时转变教师对开展综合实践活动的重视，改变教师的教学方式、提高教师开展数学综合实践活动的能力，为校本课程的开发奠定基础，收获更多的经验。

（二）研究内容

1.学习《数学课程标准》等相关理论，调动老师开展数学综合实践活动的研究兴趣，提高理论认识水平。

2.帮助学生了解开展数学综合实践活动的意义和价值，增强开展数学综合实践活动的兴趣。

3.课题组老师搜集素材，确定活动内容、实施办法（包括场地、时间）。

4.制订"数学综合实践活动"的实施计划、实施方案、设计研究报告，并开始开展活动。

5.举办中期活动评价系列活动，促进活动开展的效果和质量。

6.研究活动开展效果，提出改进策略，修改、整理资料，逐步推广应用。

（三）本课题的拟创新点

课题实践活动开展后，学生的精神面貌逐渐发生变化，参与课堂活动的主动性、探究性、自信心、表现欲大大增强，思维的灵活性逐渐提高，解决问题的方法、思路、策略出现多元化，学生的主观能动性被激发，爱好数学、认为数学有用的同学多起来，学生也会进行研究性学习并成果不断，发表论文或论文集；老师课堂教学更重视探究活动的意义和价值，教法更加灵活、更注重学生数学素养和提出问题、解决问题的能力的培养，教学效果明显增强，实验班考试成绩逐步提高，老师参与课题研究、开展综合实践活动的兴趣浓厚，开发出校本课程，教研兴校蔚然成风。

五、研究方法

（一）课题的研究思路

先加强理论学习，转变教师观念，提高教师的理论认识水平，激发教师的活动热情，然后通过趣味数学活动、游戏的开展激发学生参与数学活动的热情，并及时开展专题培训，让师生了解、认识开展数学综合实践活动的意义和价值、以及国内外研究现状和取得的成果、应用情况。接着确定研究内容，研究方法，制订实施计划，确定协调保障措施，及时开展活动，定期调研、总结、改进、细化，不断增设研究内容、变换活动形式、扩大研究范围，总结阶段性经验，逐步推广应用，最终形成较为成熟的数学综合实践活动研究成果或校本课程在组内、甚至更大范围内推广应用。

（二）课题研究方法

1. 文献研究法
2. 行动研究法
3. 观察法
4. 问卷调查法
5. 个案研究法
6. 实验分析法
7. 经验总结法

六、本课题的研究进度计划

（一）准备阶段（2018年7月1日—2018年9月15日）

课题组成员进行理论学习，组织学生开展教学活动，商议课题计划等。

（二）研究实验阶段（2018年9月15日—2019年12月30日）

1. 确定课题研究目标，研究内容，制订研究方案计划，开题论证等工作，明确分工，细化研究目标和内容。

2. 活动实验阶段。本阶段主要是备课、上课、收集过程性资料。课题组成员根据前期指定的活动计划，提早备好课，提前一周下发导学案，通知学生准备好活动的内容和需要的器材、应该搜集或查阅的资料，为活动的顺利实施做好充分准备。活动实施过程中录制好视频,活动结束后收集好相关资料。

3.举办中期活动评价系列活动，促进活动开展的效果和质量。活动中期举办"数学综合实践活动报告、活动成果展览"汇报活动、"数学综合实践活动心得"演讲活动，"小制作、小论文"评比活动，以及老师的"心得体会交流活动"等，提升活动开展的热情，促进活动开展的效果和质量。

（三）阶段性小结（2019年7月1日—2019年8月30日）

（1）在课题组内,督促检查分配任务的完成情况,交流实施的感想和建议,进行阶段性研究材料的补充整理工作，并书写中期评估报告和阶段性总结报告。要求课题组成员每人至少书写一篇心得体会，争取在刊物上发表。

（2）调研学生对活动开展的心得、建议，制订改进措施。

（四）总结提升推广阶段（2019年9月1日—2019年12月30日）

研究活动开展效果，提出改进策略，修改、整理资料，逐步推广应用。

通过问卷调查,学生谈话,家长谈话,分析成绩等措施,了解活动开展情况，借助教研组会，分析原因，寻找对策，提出改进意见，然后修改研究报告、研究内容、实施方案，整理资料，并扩大开展活动参与群体，让比较成熟的做法在校内推广应用。

（五）总结阶段（2020年1月—2020年4月）

分析积累的数据和资料，总结提炼完成课题，撰写结题报告，申请结题。

七、拟研究成果

1.论文：本课题研究的报告、总结、论文、心得体会、教学设计文本。

2.视频及课件：《庆阳三中初中数学综合实践课程资源库》。

3.《初中数学综合实践活动心得》论文集、《初中数学综合实践课》校本课程教材。

八、本课题组成员

课题负责人：田巧荣

课题组成员：李瑞阳、张小华

初中数学综合实践课的实践与探究

研究总报告

《初中数学综合实践课的实践与探究》是2018年度甘肃省"十三五"教育科学规划课题，课题于2018年7月批准立项，2018年6月开始课题研究，2020年4月结题。课题自实施以来，在庆阳市和西峰区教育行政部门、教育科研部门、学校领导的关心与指导下，课题组按照研究计划，依托课堂教学改革这一推手，以课题研究为抓手，以课堂教学为阵地，以班级学习共同体为载体，扎实开展研究，带动了学生探究实践能力与教师教学水平的提高。课题研究取得了一定的效果，得到校领导和同事的一致好评。现将课题各阶段实验情况总结汇报如下：

一、研究背景

"实践与综合应用"是《数学课程标准》（实验稿）增设的内容。这种新的学习内容和形式，是数学课程改革的一个突破，也是数学课程内容的一个亮点。目前，数学综合实践活动课已受到国内外各级学校的广泛关注和高度重视，作为人才培养的一项国家战略，《新课标》明确规定了综合实践活动课的目标、意义和要求，各种版本的教材编写也都设置了不同的活动环节、数学专题活动、课题研究等。这对我们开展数学综合实践课有很大的指导性和参考性。为了深化课程改革，真切体验数学与生活的密切联系，让学生在真正的数学活动中感受数学、思考数学、提出问题、解决问题，落实《课标》要求，激发学习数学的兴趣，我们选择了这门具有开发价值的课题作为我校的校本课程，希望在不断的实践与探究中总结经验，为学生的终身学习奠定良好的基础,为提高教师的教研教改能力、快速走向专业化发展寻找更多途径。

二、研究的意义与价值

数学综合实践活动是新的课程标准中的一部分重要内容,也是为配合我国新的人才发展而采取的战略措施。开展综合实践活动,不仅能巩固所学知识,调动学生的积极性,让学生在有趣的活动中完成学习任务,还能让学生在活动中做数学,体验数学与实际的紧密联系,有助于学生主体意识的萌发和培养,符合新课改理念。同时通过数学实践活动的参与,一扫数学课堂的单调、枯燥与沉闷,激发学生强烈的兴趣和参与欲望,培养学生的动手能力、合作能力、探究能力、创新能力、数学素养,进一步开发学生的思维,提高学生应用数学的意识和分析问题、解决实际问题的能力。这些能力和要求,正是国家人才发展战略和新课程改革对教育实施者的迫切希望和要求。

然而,在应试教育的压迫下,许多的评价部门仍然不断的向一线教师要成绩、考试排名,所以好多教师急功近利,在教学中忽略数学实践活动的开展,尤其对每章后面的"数学活动"和"课题研究"很少研究,常常采用的是让学生阅读、跳过或自学等形式来教学的。没有达到课标中预想的目的。而我作为一线的教师,深感数学综合实践活动课对培养学生诸多能力的意义重大,尤其对学生能力的培养所产生的长期效应可能是有些老师没有想到的,甚至是无法估量的。所以我们课题组选择了《初中数学综合实践课的实践与探究》课题研究,希望给学生提供进行实践性、探索性、和研究性学习的平台,达到激发学生学习数学的热情,培养学生应用数学的意识和兴趣,努力促使学生动手能力、实践能力、探究能力、协作能力的发展和培养,为学生的长远发展、为提升我校的数学教学开创新的途径。

三、研究的目标

通过对本课题的研究,让学生更深入的了解开展数学综合实践活动的意义和价值,从而兴趣高昂地积极参与到各类数学活动中,主动探究、主动实践、学会协作、学会沟通和交流、学会应用数学知识解决生活当中的实际问题,激发学习数学的兴趣,通过书写研究心得、小论文培养对数学的情怀,提高数学的素养，提高分析问题、解决问题的能力，为更好地开展研究性学习奠定基础，不断丰富数学活动的经验，增强自主学习的能力和效果，最终改变学习方式，提高学习质量。同时转变教师对开展综合实践活动的重视，改变教师的教学方式、提高教师开展数学综合实践活动的能力，为校本课程的开发奠定基础，收获更多的经验。

四、研究内容

（一）学习《数学课程标准》等相关理论，调动老师开展数学综合实践活动的研究兴趣，提高理论认识水平

我校教师对于教材上安排的数学活动和课题学习基本不在课堂上做安排，常常是跳过或让学生课后阅读、课后自学。因此，我们开展课题初期首先要反复学习《课标》，特别是其中对于"综合与实践"部分的课程目标、课程性质、实施建议，了解国内外研究现状、研究取得的经验成果和应用情况，调动教师开展数学综合实践活动的研究兴趣，提高理论认识水平。

（二）帮助学生了解开展数学综合实践活动的意义和价值，增强开展数学综合实践活动的兴趣

通过开展趣味性强、实践性强、参与度高的实践活动，让学生谈感想、谈体会，体验开展数学综合实践活动的意义、价值，然后请教师做专题讲座，进行理论宣传，营造积极开展数学综合实践活动的舆论氛围。

（三）课题组老师搜集素材，确定活动内容、实施办法（包括场地、时间）

课题组老师通过研究《课标》及提供的素材、教材中的"数学活动""课题学习"，并借鉴优秀"数学综合实践活动"案例，初步确定活动内容，专题活动至少不少于十节，并讨论活动开展需要具备的条件（包括场地、时间、参与对象人数、设备、器材等），同时讨论在日常教学活动如何充分利用好教材的现成资源，常态化的重视、积极开展数学实践活动，重视课堂教学的探究环节，提出建议和设想。

（四）制订"数学综合实践活动"的实施计划、实施方案、设计研究报告，并开始开展活动

以人教版数学初一、初二和初三的部分"数学活动""课题学习"为主、附加《课标》中推荐的素材，也可结合当地实情和学情搜集一些地方民俗文化素材，确定活动的内容、目标、活动开展方案、最终解决的问题，结果处理、评价办法等，并设计研究报告，着手开始活动，为期一年半。

（五）举办中期活动评价系列活动，促进活动开展的效果和质量

活动中期举办"数学综合实践活动报告、活动成果展览"汇报活动、"数学综合实践活动心得"演讲活动，"小制作、小论文"评比活动，以及老师的"心得体会交流活动"等，提升活动开展的热情，促进活动开展的效果和质量。

（六）研究活动开展效果，提出改进策略，修改、整理资料，逐步推广应用

通过问卷调查，学生谈话，家长谈话，分析成绩等措施，了解活动开展情况，借助教研组会，分析原因，寻找对策，提出改进意见，然后修改研究报告、研究内容、实施方案，整理资料，并扩大开展活动参与群体，让比较成熟的做法在校内推广应用，形成校本教材。

五、研究思路和方法

（一）课题的研究思路

先加强理论学习，转变教师观念，提高教师的理论认识水平，激发教师的活动热情，然后通过趣味数学活动、游戏的开展激发学生参与数学活动的热情，并及时开展专题培训，让师生了解、认识开展数学综合实践活动的意义和价值、以及国内外研究现状和取得的成果、应用情况。接着确定研究内容、研究方法，制订实施计划，确定协调保障措施，及时开展活动，定期调研、总结、改进、细化，不断增设研究内容、变换活动形式、扩大研究范围，总结阶段性经验，逐步推广应用，最终形成较为成熟的数学综合实践活动研究成果或校本课程在组内、甚至更大范围内推广应用。

（二）课题研究方法

1. 文献研究法：通过深入钻研《数学课程标准》、中小学教材、新课程理论、网络资源，积极寻找相关的理论依据，确定研究内容、研究目标，制订实施计划、方案，进行理论宣传，调动师生开展数学综合实践活动的研究兴趣。

2. 行动研究法：认真按照制订的实施方案、研究计划，有步骤、有重点地实施，在实施过程中研究、反思、调整，再研究，再调整，以实现研究目标，取得明显效果。

3. 观察法：通过此法及时了解学生对开展数学实践活动的兴趣、态度、参与情况、探究方法、解决问题的办法，为活动的开展、方案设计提供更多的参考依据。

4. 问卷调查法：通过此方法了解初中学生、家长对开展数学综合实践活动的认识、态度、做法、困惑、需求、支持情况、具备条件，了解活动开展的效果，然后制订改进措施，提出解决对策。

5. 个案研究法：通过对数学实践活动能力差的学生的观察研究，制订针对个案的措施，不断观察，调整思路，探索规律。

6. 实验分析法：通过此法提高数学综合实践活动课的设计水平，丰富活动的内容和形式，改变教师的教学方式、改变学生的学习方式，促进理想课堂的构建。

7. 经验总结法：通过调查问卷，观察、测试、评课议课等形式，认真分析原始数据，总结先进经验，提出改进措施，不断完善，不断提升。

六、研究过程

（一）准备阶段（2018年7月1日—2018年9月15日）

1. 课题组成员进行理论学习，研究《课标》特别是其中对于"综合与实践"部分的课程目标、课程性质、实施建议，了解国内外研究现状、研究取得的经验成果和应用情况。

2. 教师设计一些趣味性强、实践性强、参与度高的数学活动，让学生积极参与后谈感想、谈体会，体验开展数学综合实践活动的意义、价值，然后及时做关于"开展数学综合实践活动的意义、价值"的专题讲座。

3.课题组商议制订"数学综合实践活动"的实施计划、实施方案、研究内容，撰写开题报告。

4.组织学生成立学习小组（6—8人一组，按性格、动手能力、探究能力、自主学习能力强弱组合，并选定组长，组员编号，然后完善班级QQ群、微信群，为上传学习资料、研究内容、实验报告、发布活动信息、作业、活动视屏、图片、研究成果等做准备。

（二）实验阶段（2018年9月15日—2019年12月30日）

1.确定课题研究目标，研究内容，制订研究方案计划，开题论证等工作，明确分工，细化研究目标和内容。

2.活动实验阶段。本阶段主要是备课、上课、收集过程性资料。课题组成员根据前期指定的活动计划，确定了以下实施目录：第一课：翻牌游戏中的数学道理；第二课：月历中的数学问题；第三课：无限循环小数化分数的问题；第四课：看图时的错觉；第五课：绘制庆阳三中校园平面结构示意图；第六课：猜数游戏；第七课：平面镶嵌；第八课：最短路径问题；第九课：勾股定理的证明；第十课：数学中的折纸游戏；第十一课：选择最优方案；第十二课：体质健康测试中的数据分析；第十三课：点阵中的点数计算；第十四课：猜想问题中二次函数的应用；第十五课：图形变换问题中的坐标规律；第十六课：环形跑道的设计；第十七课：四点共圆的条件探究；第十八课：测量旗杆的高度；第十九课：自制测角仪测量建筑物的高度；第二十课：直觉的误导。到结题为止，已经完成18节教学设计，上课17节，录制视频13节。授过的课都收集了学生的活动作业和老师的教学设计、课件和部分活动视频，剩余的三课全是初三内容，受中考及疫情的影响，未能按计划完成。

3.举办中期评价系列活动，促进活动开展的效果和质量。2019年4月中旬举办了"初中数学综合实践活动成果展览"汇报活动、"初中数学综合实践活动心得"演讲活动，"小制作、小论文"评比活动，为期两周，学校领导、教研组对这次的活动成果做了积极评价，并提出了改进的良好建议，两个年级分别评选出了3个优秀团体和30名获奖个人，并颁发了奖状和奖品，极大地调动了学生开展数学综合实践活动课的热情，促进了数学综合实践课开展的效果和质量。

（三）阶段性小结（2019年7月1日—8月30日）

1. 在课题组内，督促检查分配任务的完成情况，交流实施的感想和建议，进行阶段性研究材料的补充整理工作，并书写了中期评估报告和阶段性总结报告。

2. 活动中期设计调查问卷，了解学生对开展数学综合实践课的意义、活动形式、选题情况的建议和想法。选取两个年级综合实践活动班的学生100名，做了调查问题，主要了解学生对这门课的开展有无兴趣，对数学课的学习有哪些帮助？对老师的教学方式和选题是否满意，还有哪些建议和想法，问卷结束后我们及时收集数据，整理和分析数据，并对这些学生的任课教师也做了访问，了解了这些学生的学习变化情况，听取了任课教师的良好建议，作为后期活动改进和推广的有力依据。

（四）总结提升推广阶段（2019年9月1日—12月30日）

研究活动开展效果，提出改进策略，修改、整理资料，逐步推广应用。通过问卷调查、学生谈话、家长谈话、教师座谈、分析成绩等措施，了解活动开展情况，借助教研组会，分析原因，寻找对策，提出改进意见，然后修改研究报告、研究内容、实施方案，整理资料，并扩大开展活动参与群体，让比较成熟的做法在校内推广应用。

（五）总结阶段（2020年1月—4月）

分析积累的数据和资料，总结提炼完成课题，撰写结题报告，申请结题。

七、课题研究的成果

（一）师生取得的显性成果

1. 田巧荣老师撰写的论文《一节有趣的数学活课》发表在《中华少年》2019年第3期、《庆阳三中校刊》第22期。

2. 田巧荣老师撰写的论文《提高初中学生运算能力的几个有效策略》发表在《中国校外教育》杂志2019年第8期。

3. 田巧荣老师撰写的论文《一颗糖的激励效应》发表在《考试周刊》2019年8月。

4. 田巧荣老师撰写的论文《开启学生智慧的钥匙——数学综合实践课》发表在《中华少年》2019年第10期。

5. 田巧荣老师撰写的论文《数学综合实践课中落实核心素养的几个重要环节》发表在《新智慧》2019年25-26期。

6. 张小华老师撰写的论文《浅谈化归方法在数学中的应用》在甘肃省2018年学前教育、中小学、高等教育教学优秀论文（教学设计、案例）评选活动中荣获省级三等奖、市级一等奖，并发表在《新课程》2018年第12期上。

7. 李瑞阳老师2018年9月10被西峰区委、区政府评为"西峰区优秀教师"、校级"优秀教师"。

8. 李瑞阳老师2019年6月16至7月15在陇东学院参加"国培计划（2019）"甘肃省乡村教师培训团队项目研修（180学时），并做了关于"中考压轴试题解题策略"的培训讲座。

9. 田巧荣老师2018年8月23日至24日在西峰区教体局组织的暑期继续教育培训活动中，前往西峰区什社中学承担题目为《成长路上的感悟和思考——班主任需要修炼的基本素养和秉持的育人理念》培训讲座1次。

10. 李瑞阳老师2018年8月23日至24日在西峰区教体局组织的暑期继续教育培训活动中，前往西峰区什社中学承担题目为《如何评价一堂数学课的好》培训讲座1次。

11. 李瑞阳老师被吸纳为"甘肃省金钥匙导师团"培训导师。

12. 田巧荣老师2018年9月10日被西峰区委、区政府评为"西峰区教育系统最美教师"，同时被学校评为"模范班主任"，也是"一师一优课、一课一名师"优秀获得者。

13. 田巧荣老师2019年8月被甘肃省教育厅评为"甘肃省骨干教师"。

14. 田巧荣老师2019年8月被庆阳市委、市政府评为"庆阳市领军人才"。

15. 田巧荣老师的初中数学课《测试》2019年9月在全市"一师一优课，一课一名师"活动中被庆阳市教育局评为优质课一等奖、被甘肃省教育厅评为二等奖。

16. 庆阳三中初二12班同学樊越的《〈平面镶嵌〉心得体会》刊登在庆阳三中校刊第18期上。庆阳三中初二12班同学刘英姿的《〈校园平面结构示意图〉心得体会》刊登在庆阳三中校刊第 19 期上。

17.出版校内刊物《初中数学综合实践活动学生心得》论文集一本,编写《初中数学综合实践课》校本教材一本,配套光碟一盘。

（二）主要成果的影响

1.学生对数学综合实践课这个一向被忽略的校本课程开始重视,逐渐兴趣浓厚,学习热情不断增高。

比如上完《平面镶嵌》一课后,樊越同学在她的心得体会中这样写道:"听到老师要上这么有趣的数学课题活动,同学们个个摩拳擦掌,跃跃欲试。我也按捺不住自己激动的心情,期待着上课铃声的响起。

"课堂上,老师提出的问题多与实验有关,同学们在小组中分工合作,激烈讨论,做出一份又一份别致的平面镶嵌图案,并积极将作品展示在黑板上。同学们根据展示的作品一起讨论得出结论,对不正确的作品一起批评指正,对于还可修改的作品一起修改……在学习过程中,总会有一些奇妙的惊喜。在这次特别的数学课题活动中,我学到了许多知识和道理。我十分期待下一次的数学活动!"

实验中期,课题组对数学课和开设这门校本课做了一次问卷调查,统计结果显示,很喜欢数学课和数学综合实践课的比例均超过了50%：

	A（很喜欢）	B（较喜欢）	C（不太喜欢）
对数学课	79%	21%	0
对数学综合实践课	63%	35%	2%

2.大部分学生能积极地利用网络查阅相关资料,了解数学史,开始重视数学的课外阅读,讲数学家的故事。但是有部分学生自主学习能力偏弱,自我管理能力较差,在查看资料时,不能集中注意力去思考,去学习,而是浅尝辄止,并没有学到应该学到的内容。

3.从自主学习的过程来看,学生较之前的主动性有了明显增强,遇到问题能借助网络、参考书自主开展学习,自主探究问题的能力逐渐增强,探究能力不断提高,较活动之前有了细微的变化。

4.数学综合实践课的开展培养了学生良好的数学学习习惯。学生的动手能力有了明显增强，遇到问题能主动探究，比如在学习平行四边形一章时，我给学生教了图形记忆法和做几何题必须看图分析的方法，尤其是图形复杂、问题复杂时可以在演草本上画一个标准的比较大的图形，然后分析，解决问题的可能性就大了。还有一次函数的学习，主要运用数形结合思想理解图像的画法及性质的灵活运用，学生以往都懒用怕用演草本，随着老师的不断培养和数学综合实践课的开展，学生画图、验算或者做简易模型（如折叠问题）时，运用演草本的习惯逐渐培养起来，明白了在做中学数学、悟数学、探数学的学习方法。以往只用头想、用嘴说的学习数学的习惯逐渐被替代。有效提高了解决问题的效率，调动了学生的自主解决问题的积极性。问卷调查统计结果如下：

	数学综合实践课开设一段时间后你认为自己的哪些能力得到了提升
A（动手能力）	19%
B（与人合作、沟通能力）	30%
C（自主探究能力）	12%
D（自主分析、解决问题能力）	39%

5.数学综合实践课的开展培养了学生的合作意识，增强了沟通能力。同学们普遍认识到众人拾柴火焰高的道理，尤其是有难度的大问题，等老师讲没有太多的时间，一个人单打独斗，还是没有结果，就会逐渐丧失解决问题的信心，靠着小组的力量和智慧，有些问题反而是能够顺利解决的，提升了同学们的自信心，也让对数学有心理恐惧感的学生慢慢地消除了学习数学的心理障碍。在活动结束后写的心得体会中好多同学都感慨万分：协同合作的精神太需要了！这样的合作不但带给我们成功，而且收获了友谊，更增强了小组的凝聚力和拼搏竞争的意识！从此以后不懂就问的同学逐渐多起来，找老师问题的同学逐渐多起来，由此和老师的距离增进了，沟通谈心的机会多了，师生关系进一步融洽。

6.数学综合实践课的开展培养了学生数学核心素养的发展。

（1）数学综合实践课的实践性，为落实数学核心素养获取了第一手真实材料，让学生在真正的动手操作中，在失败的教训中学会了数学抽象，发现问题，提出问题，合作着思考解决问题。增强了探究、创新意识的培养。

（2）数学综合实践课的趣味性，让学生在快乐的体验中产生了发展数学核心素养的更多灵感。例如：《平面镶嵌》一课学完后，学生用一个统一的公式就概括出了平面镶嵌的可行条件：就是用"（n-2）×180°/n 的商乘以图形的个数 k 的积的和 =360° 是否有非负整数解，有几个？"……真是收到了令人满意的效果！让学生在积极的情感体验中产生研究问题的兴趣、增强探究问题的动力，在不断的成功中产生解决问题的灵感，发展了数学核心素养。

（3）数学综合实践课的综合性，让学生在多角度的探究中发展了数学核心素养。比如在"勾股定理的证明"这一课之前，我提前一个月给学生布置了任务：①查阅勾股定理的历史背景，了解我国古代数学的巨大成就；②查阅勾股定理的常见证法；③设计证明勾股定理的个性图形，并且能够结合拼图加以说明；④中外数学家的故事你知道多少？定理的证明有些是初三的内容，我担心他们有困难完不成，但等到上课展示时学生讲的头头是道，有些小组同学还制作了各种彩色的拼图，组员配合密切，配合图形讲解效果很好。这样的教学设计使学生既深刻了解了勾股定理的多种证法，也拓展学习了许多的超前知识和数学史料，直观想象能力得到锻炼，逻辑推理、数学运算、数据分析等核心素养一定会得到有效的发展。赵森森同学在她的心得体会中写道：在没上数学综合实践活动之前，我总觉得老师提到的数学建模、数形结合、直观想象、数据分析等思想离我们很远，但经过多次实践活动后，这些听起来"高大上"的方法，我们可以运用自如了，遇到问题不会首先想到借助手机，而是先自主探究，与同学讨论，实在不会再请教老师。每一次实践活动，对我来说都是一个成长的经历。刚开始，我在表达自己的观点时，由于不自信、扭捏，说话总颠三倒四，表述不清楚。但在一次次老师的纠正和同学的包容下我的语言表达能力和沟通能力明显增强，自信心也因此提升。

7. 同水平的实验班的同学和非实验班的同学成绩逐渐拉开差距，实验班同学的平均分已高出非实验班的同学 8 分左右。

平均分	2018年11月	2019年5月	2019年11月	2020年4月
实验班	126.05	121.08	123.45	126.23
非实验班	127.28	119.81	119.89	118.21

8. 教师在开展数学综合实践活动课后，更重视对学生能力的培养，教会学生如何在做中学数学、悟数学、用数学的方法。

9. 数学综合实践活动课的探究与实践也促进了教师专业能力的发展，具体表现在：

（1）教师对教材、课标、考纲的研究机会多了，有了新的认识和理解。

（2）教师对课堂教学环节中的合作探究部分的问题设计更加重视、合理，探究的问题更有价值。

（3）师生之间的了解、沟通、交流明显增多，教师对学情的把握准确度进一步提高。

（4）教师规范教学语言的习惯和能力逐渐培养起来。

（5）老师信息技术的应用能力明显提高。

（6）老师对科研促教的认识和积极性明显提高。

（三）主要创新点

1.2018—2019学年度第二学期，在课题组的申请下我校初中部开设了"数学综合实践活动"校本课，初一年级由课题组负责人李瑞阳担任这门课程的授课，初二年级由课题组负责人田巧荣担任这门课程的授课，原则上每个双周的星期二下午最后两节课活动，每个年级选取了各班的数学兴趣爱好者3—5名组建成一个固定的班级，田巧荣和李瑞阳老师分别承担每班的班主任，开学初我们向教务处提交了"数学综合实践活动"课的教学计划，每次活动结束又及时向教务处提交上课的教案，在第十八周学校还组织校领导和教研室的老师、数学教研组两位组长进行了活动课的现场验收。这样的安排使数学综合实践课的活动时间和场地都有了保证，使数学综合实践活动的开设常态化。

2. 老师对合作探究的教学环节逐渐重视，逐渐认识到这一环节对于学生能力的培养和数学素养的提高意义非凡。在应试教育的形势被迫下，有些老师急功近利，教学环节中不大重视"合作探究"环节，总是急于新知识的传授和学生练习环节，尤其我们现在的课堂一节课只有40分钟，如果课堂容量大或者教学内容难度大，留给学生"合作探究"新知识的形成过程，有时就是浪费时间，十几分钟过去竟然没有结果，但随着课程改革工作的大力推进，学校也通过教学技能大赛、推门听课等一系列措施推进教研教改活动，现在好多老师逐渐开始重视"合作探究"环节的重要性，认识到这个环节对提高学生的数学核心素养很有意义，我们作为数学综合实践活动课的承担者，也希望助推数学活动的开展能够常态化，课堂教学活动的探究环节就是一个推进数学活动常态化开展的很好的活动形式，现在我们在每双周进行教研组活动集体备课时，都会重点研究探究活动如何设计的问题，并且把讨论的结果做成了电子版的，收集整理下来形成资料，以后逐渐的再完善补充，就可以成为一本适合我校学情的教学设计教本了，截止结题为止，校本教材的纸质版已完成，并打印成册发放到社团活动小组的同学手中，并配有学案和课件。

3. 学生的阅读范围逐渐从重视语文、历史、科普等逐渐向数学过渡，数学小论文开始进入学生练笔的视野。学生在查阅资料的过程中，了解到许多的数学史和数学家的故事，逐渐扩大了学习数学的视野，拓展了数学知识，也产生了对数学史的阅读兴趣，了解更多数学家的兴趣。活动中期我们举办了"初中数学综合实践活动成果展览"汇报活动、"数学综合实践活动心得"演讲活动，"小制作、小论文"评比活动，并对优秀团体和优秀个人进行了奖励，颁发了奖状和奖品，极大地提升了学生积极参与数学综合实践活动课的热情，促进了数学综合实践课开展的效果和质量。截止结题为止，选取的学生优秀论文有24篇，我们打印成《初中数学综合实践活动学生心得选集》，在校内传阅。

4. 做中学数学、用数学的风气逐渐形成。《课标》对数学综合实践课的教学目标要求是：结合实际情境经历和体验设计解决具体问题的方案，并加以实施，在实施的过程中从数学的角度发现和提出问题、分析和解决问题；用数学的眼光观察世界，用数学的思维分析世界，用数学的语言表达现实世界；发展数学应用能力及创新意识；养成良好的数学学习习惯和思维品质。这种做法让学生逐渐体会到了数学与生活的紧密联系，也领悟到了学习数学的方法。比如平面镶嵌这节课，它有点像美术课、也有点像课外实践活动课，同学们通过动手做、交流、探讨、拼接，在轻松自由的活动过程中，依靠小组集体的智慧，得出了甚至是老师不敢奢望的一些结论和规律。比如两种以上的正多边形可以进行平面镶嵌的可行条件可以转化为：二元（或三元）一次方程的正整数解的问题。还有同学受到这个结论的启发，试图尝试用一个统一的公式来概括平面镶嵌的可行条件……课后作业《活动心得》中好多同学都感慨这样的数学课很有趣，很快乐，让他们在轻松愉快的氛围中学到了抽象的数学知识，尤其通过动手实践，领会到了看似费解的数学原理，对生活中的数学逐渐产生了研究的兴趣，特别是平时课堂不爱发言的同学写到：知识的掌握离不开动手实践，原来我学不好数学的病因仅在于此！从此以后，这些同学的动手自觉性逐渐培养起来，遇到问题做模型、画标准图、特殊图的习惯渐渐有了，解决问题的可能性自然提高了。

5.教研风气逐渐浓厚，教师对教研促学、教研促教的认识日趋浓厚。随着课题的有序开展和学校一系列的推研助教活动，申报课题的老师越来越多，原来每年申报课题的最多一二个人，今年多达十几人。

八、课题研究中主要存在的问题

1.课题组成员人数较少，广泛开展初中数学综合实践活动的实践与探究的风气还没有完全形成，需要逐渐影响和带动，尤其是有了显著成果时影响力就会更大一些。

2.进入初三，迫于升学压力，学校不再安排社团活动时间，所以当初计划选取的初三部分内容没有实施，但初三教材中的一些素材特别值得研究，也最能锻炼学生的数学应用能力，很是遗憾！但校本教材的编写加进去了这部分内容，以后尽力争取上。

3.学校从2019年3月开始在初一、初二安排了每双周星期二的社团活动，我们可以利用这个机会充分的开展我们的课题活动，但干扰因素太多，每学期真正开展社团活动的次数只有4—5次，当然课题负责人田巧荣2019年3月—7月正在担任初二的课程，利用课堂和下午自习时间积极开展本课题的研究，全部顺利完成了初一、初二计划的教学内容。

4.由于受应试教育的影响，推广应用没有大面积实行。加之我校校舍紧张，缺乏活动场地和录制条件，我们的活动开展次数有限，开展了的活动有些没有录制条件因而没有活动视频，初三年级也没有安排数学社团的活动时间和场地，所以我们开发的校本课程没有得到大面积推广应用，这是今后我们应该努力的方向。

九、今后的设想

1. 加强培训学习采用"请进来、走出去"的方式拓展学习的广度和深度，加强理论与技术的学习。

2. 挖掘更多的现有资源，充实综合实践课的资源库在原有的素材基础上，广泛搜集各种版本的现有资源，开发本土的地方特色资源，充实研究的素材，扩充校本教材的资源库，提高教师的科研水平，以满足更多学生和老师的需求。

3. 加强广泛宣传，大面积推广应用课题组成员要积极参与综合实践课的实施，并常态化应用于课堂教学的改革中，用实验班学生的优异表现和成绩说话，带动更多的老师改变教学观念，积极接纳和开展数学活动、数学课题研究，为我校、我地区的教育增光添彩。

4. 成立研究性学习小组，让数学综合实践活动发展成为学生业余和假期的一项兴趣爱好，带动更多的学生参与。

十、结语

总之，通过一年多的实践与探究，我认为数学综合实践课就像开启学生智慧的一把钥匙，把学生的思维、兴趣、灵感……一步步的激活，让学生逐渐感受到了学习数学的奥秘。同时数学综合实践课的丰富的教育资源，在落实好教学目标的同时，培养了学生的数学核心素养，让数学综合实践课真正起到辅助教学的目的，提高了课堂教学的效率。课题结束时，收集学生的优秀论文24篇，教师撰写论文5篇，编写校本教材一本。实验班的学生成绩和能力较之前有很大的提升。这些成果在全校反响良好，收到校领导和其他老师的好评，要求我们课题组老师继续完善资料，扩充改进，形成质量更高的校本教材在校内推广应用，让更多的老师参与其中，让学校的社团活动搞出特色、搞出规模，促进我校教育教学质量的进一步提升。所以，我们认为本课题具有研究意义和推广价值，操作方便，基本达到预期的目的，值得研究。

甘肃省教育科研课题鉴定证书

证 书 号：GSGB[2020]J2586
课题类别：甘肃省教育科学"十三五"规划课题
课题名称：初中数学综合实践课的实践与探究
课题负责人：田巧荣
课题组成员：李瑞阳，张小华

本研究课题经专家组评审，通过鉴定，特发此证。

甘肃省教育科学规划领导小组办公室
2020 年 9 月 18 日

甘肃省教育科学规划课题
立项通知单

庆阳第三中学：

经甘肃省教育科学规划领导小组办公室组织专家评审，贵单位王正甲老师申报的课题被列为甘肃省教育科学规划课题，现将有关事宜通知如下：

课题名称：互联网+高中政治教学行动研究
课题类别：2018 年度甘肃省"十三五"教育科学规划一般自筹课题
课题立项号：GS[2018]GHB3208

课题负责人所在单位要为课题组提供相应的保障条件，确保课题组按时保质完成研究任务，监督课题组规范使用下拨的课题经费，督促课题组人员自行组织开题。

2018 年 月 日

"互联网⁺高中政治教学"行动研究

开题报告

一、研究背景

新颁布的《思想政治课程标准》中明确的要求提高教学方法的针对性、有效性与时代感,并提出有条件的学校,应当利用现代信息技术手段进行教学,进一步实现教学手段现代化,互联网⁺高中政治教学是构建高效课堂的关键,也是信息技术教育富有生命力的有效保障。

但是随着互联网⁺的广泛深入,在高中政治课堂教学已经得到了有效的应用,但是高中政治课堂教学始终采用传统的教学方式,即使有部分应用了互联网⁺技术,但是依然停留在比较低的水平上,缺乏有效的整合。因此探究"互联网⁺高中政治教学"行动研究已经成为了当前高中政治课堂改革的关键所在,同时也是进一步强化高中政治教学改革、全面地推进素质教育,提升高中学校教学质量的迫切需要,是实现学生全面发展的有效途径。

二、国内外研究现状

(一)国外研究现状

各个国家已经将互联网⁺当作国家发展的战略来抓,比如美国启动了国家教育技术工程,欧盟发布了信息社会中的学习,欧洲教育创新了行动规划,新加坡推出了全国教育信息计划,在这样互联网⁺发展的大背景下,互联网⁺已经深入到教育的方方面面,深入到课堂教学的每一个角落。

（二）国内研究现状

王梓瀚（2019）在《"互联网$^+$"下的中职学生思想政治教育分析》中指出随着社会经济的不断发展，我们迎来了互联网时代，在"互联网$^+$"的时代中，它不光给我们的生活带来了很多的便捷，尤其是中职学生们的思想政治教育也发生了改变，迎来了很多的机遇与挑战，所以，在目前认清"互联网$^+$"时代是一大必要趋势，而且中职学生思想政治教育也必须要采用合理的策略，才能最好地融入到"互联网$^+$"时代中。

刘雪（2019）在《"互联网$^+$"背景下高校思政课改革的多元研究》中指出随着大数据网络时代的到来，互联网技术被运用到了各个领域。在高校的思政课程改革中，互联网技术是一把"双刃剑"，不仅改变了学生的娱乐和生活模式，也对传统的高校政治课堂带来了冲击与挑战，削弱了课堂教学的主导型和权威性。思政课程改革需要和互联网技术进行有机的结合，对互联网所具有的优势性加以充分的运用和发挥，使其成为高校思政课堂教学的催化剂，巩固高校思想政治教育的主阵地。

三、研究目标与研究内容

（一）研究目标

通过本课题研究旨在改变过去高中政治课堂教学注重知识的教学，强调学生的自主学习能力的培养，促使学生掌握基本的政治知识的同时，形成正确的世界观、人生观与价值观，改变传统的政治课堂教学方式，倡导学生的自主探究学习。同时课题小组成员借助互联网$^+$技术实现高中政治课堂教学效率的提升，从学生的兴趣出发，选择微课与慕课的方式，让学生根据自己的学习能力掌握一定的政治知识，促进高中政治高效课堂的构建。

（二）研究内容

1. 借助比较法探究国内外互联网教学模式的理论与实践的研究，并汲取其中先进的教育思想运用到高中政治课堂教学实践中。

2. 采用分析了解当前高中政治课堂教学现状，了解教师的教学水平与能力，并深入地探究学生的具体学习情况，针对所存在的问题提出有效的解决对策，借助互联网⁺的方法，创新课堂教学方法。

3. 以构建主义为基础，借助微课与慕课的方式，构建"互联网⁺高中政治教学"模式。

4. 确定互联网⁺高中政治教学具体的操作步骤与实施流程，确保高效课堂的构建。

5. 结合互联网⁺高中政治课堂教学模式，制订合理的课堂教学评价。

四、研究方法与实施步骤

（一）研究方法

本课题研究主要采用了比较研究法、行动和研究法与案例分析法等研究方法。

（二）实施步骤

1. 第一阶段：准备阶段（2018 年 4 月—5 月）

搜集国内外的关于互联网⁺具体教学模式，并进行分析与整理，初步了解当前高中政治课堂教学现状，分析其存在的主要原因。

2. 第二阶段：实施阶段（2018 年 5 月—2019 年 12 月）

制订课题研究实施方案，并完成开题报告，制订互联网⁺高中政治教学模式，主要包括实施流程与评价方式等，并在实践中进行改进与完善，组织课题小组成员针对其中所存在的问题进行积极的交流，完成阶段性研究成果报告。

3. 第三阶段：总结阶段（2019 年 12 月—2020 年 4 月）

收集与整理课题研究资料，完成结题报告。

五、预期研究成果

（一）实践成果

通过研究，针对不同的学生，不同的群体，不同的课，借助互联网⁺设计一些可以激发学僧的积极思维，主动学习的微课与慕课，而这些微课与慕课的重点在于解决高中政治的重难点内容，让学生们学会学习与合作，倡导学生积极主动地参与到高中政治知识的学习中去，进一步分化高中政治的重难点，促使学生有的放矢，培养学生的高中政治综合学习能力与实践能力，促进学生的全面发展。

（二）理论成果

1. 成果主件

《"互联网+高中政治教学"行动研究》结题报告。

2. 成果附件

①研究论文、优秀教案集。

②课题研究的总结和实验报告。

③优秀课堂教学实验课实录、课件集及课题研究的音像制品。

④建立适合学校高中政治学科教学学习的资源库。

"互联网⁺高中政治教学"行动研究

研究总报告

一、课题立项的必要性及理由

（一）课题研究的目的

随着现代化信息技术的高速发展，我国已经进入了"互联网⁺"的全新时代，互联网在我国各个行业都逐步得到了有效的应用，为各行业的发展与进步带来了极大的便利。对于教育行业来说，互联网的普及也为进课堂教学提供了更加广泛的教学资源与更加丰富多样的教学形式。而高中政治作为素质教育中的一门重要学科，是实施教学改革的主要阵地，应该跟随时代发展的脚步，不断对课堂教学模式进行创新。本课题通过对"互联网⁺高中政治教学"的政治课堂教学新模式展开分析研究，旨在了解当前高中政治教学现状，根据调查结果总结现阶段高中政治课堂中所存在的问题以及现代化信息技术的应用情况，提出具有针对性的改进策略。在此基础上充分挖掘互联网信息技术对于政治教学的有效价值，构建全新的政治课堂教学模式，以此加强学生的政治学习能力，提高高中政治课堂教学的效率和质量。

（二）课题研究的意义

1. 理论意义

通过对"互联网⁺高中政治教学"的全新模式展开行动与研究，能够在一定程度上丰富相关课题的理论研究成果。在本课题调查与研究期间，通过问卷调查访谈和教学实验，从不同的角度与层面全面探究互联网高速发展对于高中政治教学的帮助及构建"互联网⁺高中政治教学"新模式的重要意义，提出将现代化信息资源与技术与高中政治课堂教学有机结合的实际方案。通过课堂教学实践活动，在实际课堂中总结应用实施"互联网⁺高中政治教学"新模式过程中所容易产生的问题、对应的解决办法以及可用的教学方式与手段，形成优秀的教学案例成果，为各位教师开展创新教学活动提供有效示范，为后人的相关研究提供理论支撑。

2. 应用意义

通过对"互联网⁺高中政治教学"的全新模式展开行动与研究，能够充分发现现阶段高中政治课堂教学工作的实际开展情况以及现代化教学资源与互联网技术在高中政治课堂教学中的应用程度。使教师的教学理念能够得到与时俱进的创新与发展，教学方式与教学手段紧跟时代潮流，充分享受信息化技术所带来的便利，提高政治课堂的趣味性和教学内容的丰富度，增强学生的政治学习能力，为教师开展高中政治课堂教学工作提供新模式、新思路。

（三）课题研究的目标

通过对学生与政治教师开展问卷调查与访谈工作，从师生双方的角度全面了解高中政治教学工作的开展情况，倾听学生对于高中政治课堂教学的感受以及高中政治教师在进行课堂教学时的教育理念、常采取的教学方法和教学手段，形成高中政治教师在政治课堂中创建"互联网⁺高中政治教学"新模式的实施方案，促进高中政治高效课堂的构建。

（1）促使高中政治教师对自己的课堂教学工作展开总结回顾并进行教学反思，分析课堂教学中存在的问题与不足。

（2）通过组织高中政治教师对现代化信息技术的集体学习，完成提升教师对于互联网技术的熟练掌握并在课堂中进行有效应用的目标。

（3）提升学生的自主学习能力，培养学生独立思考的学习习惯，促使学生掌握基本的政治知识的同时，形成正确的世界观、人生观与价值观。

（4）搭建互联网政治学习平台，促使教师与学生之间能够随时随地沟通交流，方便学生利用碎片化时间进行政治学习，使课堂教学得以延伸。

（5）建立校内政治微课与慕课资源库，实现教师之间的网络资源共享。

二、课题的相关概念界定

"互联网⁺"是指"互联网⁺各个传统行业",但这并不意味着只是二者之间的简单结合,而是指应用互联网平台和资源交互技术,让互联网技术与传统行业领域之间能够进行相互利用,从而诞生出崭新的发展势头,有利于传统经济在今后发展中焕发出旺盛的生命力。它是网络不断发展的实践硕果,是互联网思维的具体表现形式,通过促进传统行业的运营方式不断发生改变来引领社会经济命脉的快速发展。在信息化发展的今天,"互联网⁺"为传统经济的改革、创新以及迅速发展提供了前景广阔的网络平台。

三、课题主要内容、研究途径和方法

(一)课题研究的主要内容

(1)了解课题的核心概念,查阅相关的文献资料,对概念进行掌握,通过对概念的研究和界定,来明确课题研究的方向。通过文献与案例阅读探究国内外互联网教学模式的理论与实践的研究,并汲取其中先进的教育思想运用到高中政治课堂教学实践中。

(2)对课题实施的意义、途径和原则进行探究,研究当下高中政治课堂教学的现状与不足之处;高中政治教师对于互联网技术掌握情况和在课堂中应用状况。根据学生的课堂反馈来发现问题,提出具有针对性的解决策略借助互联网⁺的方法,创新课堂教学方法。

(3)以构建主义作为研究的理论基础,通过慕课等互联网教学平台,充分挖掘或制作高中政治教学网络微课资源并实现在教学中的有效应用,形成"互联网⁺高中政治教学"的新模式。

(4)对课题实施的策略从各个角度和层次方面进行研究和分析,确定互联网⁺高中政治教学具体的操作步骤与实施流程,确保高效政治课堂的构建。在此基础上完善教学的双向评价机制,实现合理的课堂教学评价。

(二)课题研究的工作途径

前期调研—课题论证(开题论证)—课题纲要—课题计划—实践探索—反思调试—总结分析—构建模式—形成报告—推广使用。

（三）课题研究的方法

1. 文献研究法

在进行课题研究的过程中，充分采用文献研究法来了解整个课题的研究背景，时刻关注研究成果的更新，根据动态及时地调整研究方案。课题研究者们充分地利用校内图书馆纸质资源和网络数字化资源，搜集与课题相关的期刊、会议成果、论文报告和学者的著作等各种可用资料，在大量阅读相关文献的过程中了解有关互联网$^+$在教学中的应用与教学模式相关研究成果，并对一些参考借鉴意义较大的文献进行深入分析，加入自己的创新，明确课题的研究方向。

2. 行动研究法

课题研究者根据自己亲身经历的教学实践活动，发现并总结高中政治课堂教学中所遇到的问题以及"互联网$^+$"背景给政治教学带来的改变，为课题的研究提供最真实、最前沿的资源。通过实践研究高中政治教师在"互联网$^+$"背景下有效运用现代化信息技术开展教学工作的重要意义，提出相应的方法措施并进行试验，在实际教学行动中观察这些措施的可行性和有效性。

3. 调查研究法

在研究的初期阶段，课题研究者们精心设计了与课题相关的调查问卷，以实验学校的高中政治教师与学生作为调查对象，通过问卷和座谈的形式开展调查研究，总结统计调查数据。通过数据分析现阶段高中政治教学工作中所遇到的难题以及应用互联网资源辅助政治课堂教学的实施情况和不足之处，在此基础上确定课题研究的内容、目标和重难点，制定课题的研究方案。

4. 案例分析法

在课题研究过程中，确定某个实验班级为研究案例，对该班级的班级管理工作与成效进行记录，并在此班级开展"互联网$^+$高中政治教学模式"的实验，观察实验的流程，记录实验前后学生的变化与反馈，利用政治测试等方法检测教学成果，对此教学案例形成深入全面的认知和结论。

5. 比较研究法

在大量阅读文献和掌握研究调查数据的基础上，探究国内外互联网教学模式的理论与实践的研究，利用类比法和比较分析法对互联网的时代特征、互联网对高中政治教学工作带来的便利以及互联网在政治教学中的有效利用策略展开了系统的分析研究。

四、课题进度计划

（一）第一阶段：准备阶段（2018年4月—5月）

1. 设计课题实施方案

课题研究者对本课题所涉及的理论进行学习和集体讨论，搜集国内外的关于互联网⁺具体教学模式，并进行分析与整理，初步了解当前高中政治课堂教学现状，分析其存在的主要原因。在此基础上，明确课题内容和研究思路，为整个课题研究奠定基石。

2. 上报课题申请评审书

通过论证，确定出实验学校、实验班级。

（二）第二阶段：实施阶段（2018年5月—2019年12月）

1.制定课题研究实施方案，并完成开题报告。

2.制定互联网⁺高中政治教学模式，主要包括实施流程与评价方式等。

3.针对实际情况的记录，发现课题研究过程中出现的问题和阻碍，并在此基础上对初步实施方案进行检测评估，根据研究进程不断进行修改和完善，充分考虑各种现实因素，避免类似问题的出现，确保课题研究进程地顺利推进。

4.进行阶段性成果总结，召开课题研究经验交流研讨会，完成阶段性研究成果报告。

（三）第三阶段：总结阶段（2019年12月—2020年4月）

1.课题组收集整理课题研究的数据资料，并进行统计分析。课题组提交能反映课题研究的项目案例、课题研究报告、校本教材、学生成果、多媒体资源等资源。

2.撰写并提交研究总报告，申请对课题进行结题鉴定。

五、预期成果

（一）有关课题研究的成功资料以及案例

1.研究报告：通过对课题研究过程和研究结果的分析整理，形成《"互联网+高中政治教学"行动研究》研究报告。

2. 论文：在对课题进行深入研究实验的过程中，研究小组成员根据自己的研究发现，撰写并发表《互联网+背景下高中政治高效课堂的构建》论文或总结汇编《"互联网+高中政治教学"行动研究》论文集。

3. 优秀教学成果集锦：在开展课题实践研究中，通过对互联网+高中政治教学模式的探究及推广，根据相关课堂教学活动编汇优秀教案集，形成优秀课堂教学实验课实录、课件集及课题研究的音像制品等优秀教学成果集锦。

（二）展示学生在课题研究中所产生的反馈与成果

通过研究，针对不同的学生，不同的群体，不同的课程内容，借助互联网+设计一些可以激发学生的积极思维，主动学习的微课与慕课资源。而这些微课与慕课的重点在于解决高中政治的重难点内容，让学生们学会学习与合作，倡导学生积极主动地参与到高中政治知识的学习中去，进一步分化高中政治的重难点，促使学生有的放矢，培养学生的高中政治综合学习能力与实践能力，促进学生的全面发展。

六、实验研究所取得的策略

在本课题的研究过程中，课题研究小组成员积极行动，全面展开调查分析探究，在教师与学生的配合下取得了一定的改进策略。通过长期的观察，研究小组发现当前高中政治课堂教学中还存在着不少问题。在传统的政治课堂教学模式中，教师仍然将自己置于教学活动的主体，而学生在课堂中只能被动地接受知识的传输。在教学方式上习惯于采用单一的知识讲解模式，长此以往学生很容易感到枯燥与厌烦，从而失去学习的兴趣。为了改变这种情况，必须要采取相应的解决策略。首先，教师要改变自己的教学观念，明确学生在教学活动中的主体地位，不端创新自己的课堂教学方法，带给学生更加丰富多样的政治课堂。在课堂中利用微课、慕课等新型互联网教学资源，打破教学中的时空限制，提高学生的学习兴趣，实现优质教学资源的共享。其次，教师可以利用互联网资源，帮助学生整合政治知识，形成清晰完善的知识网络结构，以此来提高学生构建知识体系的能力。此外，教师还可以利用互联网资源创设相关的教学情境，利用各类互联网软件加强师生、生生的课下交流，从各个方面提高学生的参与度。

七、实验研究所取得的理论成果

（一）课题研究成果

1. 研究报告：通过对课题研究过程和研究结果的分析整理，形成《"互联网⁺高中政治教学"行动研究》研究报告。

2. 论文：在对课题进行深入研究实验的过程中，研究小组成员根据自己的研究发现，撰写并发表《"互联网⁺高中政治教学"行动研究》论文或总结汇编《"互联网⁺高中政治教学"行动研究》论文集。

3. 优秀教学成果集锦：在开展课题实践研究中，通过对互联网⁺高中政治教学模式的探究及推广，根据相关课堂教学活动编汇优秀教案集，形成优秀课堂教学实验课实录、课件集及课题研究的音像制品等优秀教学成果集锦。

（二）课题组的理论成果

1. 提高了高中政治教师的教学能力与水平

在本课题调查研究的过程中，始终不断地督促并鼓励教师关注新课程标准改革背景下的全新教学目标与教学要求，帮助教师了解并掌握互联网高速发展下的现代化信息技术在课堂教学中的运用，使教师能够独立的搜索数字化教学资源，实现多媒体信息技术在高中政治课堂中的使用，跟随时代的发展与脚步不断更新自己的教育教学理念，创新课堂教学方式与手段，最终实现互联网⁺背景下教学能力与水平的提升。

2. 加强了学生的学习积极性与政治学科素养

在本课题的研究过程中，课题研究小组成员对现代化信息技术在高中政治课堂中的有效应用方式以及"互联网⁺高中政治教学"的全新教学模式展开了全面地分析探究。通过对现代化信息技术的手段的运用，高中政治教师改变了单调枯燥的传统教学模式，添加了更多趣味性强、富有吸引力的教学流程，营造了更加轻松活跃的课堂教学氛围，收获了比较理想的教学成效。在这种情况下，学生获得了更为丰富的学习体验，在课堂教学活动中始终保持着积极向上的学习情绪，促进了学生对于政治学科知识的理解与吸收，发展了学生的政治学科素养，提高了学生对于政治课堂的学习兴趣，使得学生的学习积极性得以加强。

甘肃省教育科研课题鉴定证书

证 书 号：GSGB[2020]J2585
课题类别：甘肃省教育科学"十三五"规划课题
课题名称：互联网+高中政治教学行动研究
课题负责人：王正甲
课题组成员：秦寿华，杨贵新

本研究课题经专家组评审，通过鉴定，特发此证。

甘肃省教育科学规划领导小组办公室
2020 年 5 月 13 日

甘肃省教育科学规划课题立项通知单

庆阳第三中学：

经甘肃省教育科学规划领导小组办公室组织专家评审，贵单位张晓红老师申报的课题被列为甘肃省教育科学规划课题，现将有关事宜通知如下：

课题名称：初中生健康生活方式养成研究——以庆阳三中为例

课题类别：2018 年度甘肃省"十三五"教育科学规划一般自筹课题

课题立项号：GS[2018]GHB3267

课题负责人所在单位要为课题组提供相应的保障条件，确保课题组按时保质完成研究任务，监督课题组规范使用下拨的课题经费，督促课题组一个月内组织开题。

2018 年 2 月 23 日
办公室

初中生健康生活方式养成研究

开题报告

一、课题重要概念及研究意义概述

（一）本课题核心概念的界定

健康生活方式是指有利于学生身心健康的生活行为习惯，健康的生活方式包括身体的健康和心理的健康，身体健康是心理健康的物质基础，没有身体的健康，也就谈不上心理的健康。研究主要是怎样矫正不利于健康的过错行为。本课题研究的对象是12—16岁初中生生活方式是否有利于身心健康，哪些方面值得保持，哪些方面需要改善，促使青少年养成良好的生活方式。健康的生活方式对青少年以后的生活幸福有极大的影响，是幸福人生的基础。

（二）国内外研究现状

1999—2011年，"中国博士学位论文全文数据库"中共检索出14篇有关心理健康教育的论文，其中7篇是讲中学生心理健康教育的论文。在"中国优秀硕士学位论文数据库"中共检索到889篇有关心理健康教育的论文有64篇是关于中学生心理健康教育的论文。由这些数据可知，我国近年来对中学生心理健康问题的关注越来越大，并逐渐形成重点。国外研究现状表明，从20世纪50年代西方国家开始系统地研究和实践心理健康教育，在大量实践研究基础上，开始探讨引起心理问题的根本内在原因。进入21世纪后，西方国家已经形成了心理健康教育的社会体系。国内外的研究表明，在中学生中存在不同程度的，不同类型的心理健康问题，心理障碍的平均检出率大多在 20% 左右。在对中学生心理健康教育的研究中，其中相当一部分是关于中学生健康生活方式的研究。保持身心健康的前提，就是养成健康的生活方式，健康的生活方式是心理健康的保证，因此，中学生的成长过程也是良好生活习惯养成的过程，国内外的学者，在饮食，营养，锻炼，情绪，睡眠，交际，学习策略等各个方面都有研究和建树，也有许多方面有待进一步研究，改善，落实。

（三）课题意义

学生有健康体魄才能为国家更好的做贡献，促进学生有充沛的精力投入到学习中去，从学生角度来说，养成健康行为，使学生终身受益。

（四）课题的价值

主要是了解当前中学生生活方式是否健康合理，是否符合中学生身心发展规律。如果有不合理的生活方式，应该采取合适的措施进行纠正。中学生只有养成良好的生活习惯才会健康的成长，关注中学生的健康问题，也就是关心祖国的下一代人健康的问题，只要少年强，则中国强，为未来的中国培养更加健康的人，是每个教育工作者的责任和义务，也是为国家的强大，人民的幸福做贡献。

本课题的研究，对当前中学生生活方式做深入的了解，认识问题，解决问题，对于中学生生活方式中存在的问题要呼吁社会给予重视，并且得到解决，对于好的方式要继续坚持。因此，这个研究能够促进中学生健康生活方式的养成，为学生发展提供契机。

（五）研究目标

本课题的研究目标是促使青少年养成健康的生活方式，摈弃不良生活习惯，让初中学生从学校的课堂中学到知识，更要学到如何生活。在学校的课堂中，引入健生活方式教育，让学在心理上、生理上都遵循健康科学的生活方式养成良好习惯，为祖国的繁荣富强做出贡献。

二、研究内容、创新点

（一）研究内容

中学生的饮食、作息、人际关系、锻炼、卫生、环境、情绪、休闲娱乐等，都是这次课题研究的内容，在研究活动中探索下列研究内容：

（1）探索家校结合的沟通，环境的教育促进初中学生的健康的方式。

（2）研究以学生为主体，主动参与到健康生活的养成过程。

（3）研究师生同心、同行、同乐，使学生追求健康生活。

（4）探索实践活动中渗透学生健康生活的培养的方法。

（5）在教学过程中，培养学生健康生活方式的养成。

（二）研究假设

中学生健康生活方式，应该有充分的睡眠，每天早上七点钟起床，八点到校，晚上最迟十点钟休息。每天有牛奶，鸡蛋，肉，蔬菜，水果，不可以每天以白开水，馒头为主食。每天可以放松锻炼一小时。一个礼拜可以组织一次特长兴趣班，让学生接触自己喜欢的项目。学校减轻学生的课业负担，让学习不再成为使学生身心疲惫的负累。建成花园般的校园，花草亭榭，置身其中，心旷神怡。

（三）拟创新点

本课题以加强初中学生健康方式自我意识的培养为入手，研究初中生在学校生活中如何培养健康行动，扬长抑其之短，增强立德树人教育的针对性、实效性和主动性，探索一条适合新形势下，初中立德树人教育方式的新途径，通过研究现实学生养成健康的生活方式，形成学生心理健康，体质强壮，能经得起挫折和冷静对待突发事件，培养有利于健康的生活方式，形成学生不被网络等有害学生健康的事情，建成新的学习环境。

三、本课题研究的研究思路

本课题研究的对象是针对中学生成长过程中出现的身心健康问题进行研究，主要从以下几个方面入手：①强化学生的健康生活的理念。②教师具有健康的体魄和具有健康体魄的名人进行榜样示范。③文化熏陶促进学生的健康生活，校园绿化设计和文化建设等校园文化。④家庭健康环境。

中学生良好生活方式的养成需要长期坚持，保持终生。在学校常规教学过程中，开展心理健康教育，开设心理健康课，教育学生养成良好的生活习惯，注意营养，加强锻炼，保持个人、家庭、环境卫生清洁，保持平和的心态，学会调控自己的情绪，解除不良情绪的困扰。一个人的健康是一生必修之课题。强健的身体也是长期坚持良好的生活习惯的结果，营养，饮食，情绪，作息时间，心态，情绪，人际关系等诸多因素综合的结果，这其中有一项出了问题，没有得到及时修复、调整、重塑，身心平衡失衡，某一方面的陷落，给身体留下疾病的隐患，长此以往，会酿出大病，让人痛不欲生，发生人生的悲剧。

作为教育工作者，应该有为人师为人父母般的慈悲情怀，把教育的视角转向学生生活的各方面，关注每一个个体生命的发展过程。学生的整个青春期的大部分时间都是在课堂、教室、校园里度过的，学校的各项设施，建筑、道路、教室布置，操场，食堂等个个局域都需要合理布局，注重发展，注重绿化，注重美化，有利于学生身心健康发展。

健康教育作为校园一项新生事物，正在走向正轨，这也是全体师生应该努力办好的一件事，社会对人才的需求越来越高，比如交际能力、组织能力以及自我保健的能力等，所以，我不厌其烦的提出心理健康教育的重要性，好的生活方式的养成，这都是铸造更强大更全面的行业精英的需要，也是每一个普通人的需要。

在课题研究期间，我们打算采用问卷调查法、访谈法、询问法、抽样调查发总结心得法、文献研究法、调查分析法、个案研究法、比较研究法等对12—16岁在校青少年的健康生活方式进行追踪调查研究。

四、研究的技术路线与步骤

技术路线：在我校进行前期调研—请教陇东学院的专家进行课题论证—设计课题纲要—设计研究方案—在我校实践—反思调适—收集资料—总结分析—构建策略—形成报告—推广应用

五、研究的重要过程与方法

（一）2018年12月—2020年1月

1. 建立实验班学生家长微信群、学生qq群及时了解学生在家中的表现和学生上网的情况，创建行为习惯疏导辅导室为实验班级不良习惯的学生进行心理疏导，引导学生做《吐露心声日记》为心理问题学生倾诉困惑提供交流渠道。在家长生日当天要求学生向家长唱生日快乐歌，在学生生日多想一想家长的辛苦。

2. 开展"健康行为——成长的阶梯"辅导讲座，让学生遇到急事时如何保持冷静，避免冲动行为，克服逆反心理期，学会倾听，善于沟通。开展"早恋的危害"辩论赛；"健康生活、快乐学习"演讲赛；举办"健康行为、你我他"有奖征文活动；开展"请指正我的不健康的方式"活动；开展"践行生活"调查活动；组织学生"西峰小崆峒"远足活动锻炼学生的毅力；"红色南梁——缅怀英烈"陶冶学生的精神情操，树立为国家奋斗的理想；敬老院送温暖活动使学生学会关心他人；开展"给我一次机会——帮助你一次"活动加强同学之间的友谊。

3. 开展"网络的利与弊"辩论会，引导学生合理利用网络资源为学习服务，不迷恋网络游戏，欺凌同学，用健康的方式约束自己的行为；开展"拒绝玩手机——不当低头族"签名活动，号召学生不当低头族，要求家长进行监督，开展家长当着孩子的面也别玩手机的签名活动；教师不当低头族签名活动，；组织学生到社区开展"远离毒品——净化社会环境"宣传活动，让学生在宣传活动中体会毒品的社会危害；"为了他人健康——请不要吸烟"宣传活动，也呼吁教师戒烟活动，开展无烟校园，净化校园环境。

4. 为初中生制订《健康生活行为准则》，养成健康的饮食习惯，健康的行为习惯，同学之间的正常交往，避免早恋现象发生，组织学生开展"西峰我的家"环境调查，引起学生环保意识。

5. 从吃、穿、住、行、待人接物、为人处世等生活细节做起，与人和谐相处。引导学生做到以下几点：

①合理饮食，注意营养搭配；开展不在小摊贩处购买食品活动，保证健

康安全，不饮酒，上课坐得端正，读书时眼镜与书保持一定的距离，不跷二郎腿的不良行为。

②微笑面对学习和生活，倾诉烦恼；开展吐露心声活动，及时为学生化解心中的不快，管好自己的情绪，不冲动。

③注意不破坏教室环境卫生；向学生发出《教室我的家——干净靠大家》倡议书。

④根据自身特点参加体育运动，分享与同学交往的乐趣；不从事危险的事情，不独自到池塘、河流去游泳，不在马路边上踢足球，开展体育活动注意学生的人身安全。

⑤坚持有正确的坐立姿势，摒弃不利于健康的坏习惯，不在公共场所乱涂乱画。

⑥树立健康的意识，坚持每天锻炼一小时，快乐健康一辈子。

⑦在教师指导制订自己的健康生活准则，学会自律，合理使用电子产品；

⑧今天我有不健康生活行为吗？反思自己不良习气并加以更正，做到"吾日三省吾身"。

6.指导学生学习高效的方法，学得好，才能玩的好，才能快乐。

7.做好研究过程的资料收集和保存工作，为研究报告准备必要的第一手资料，其他由主持人完成后续工作。

初中生健康生活方式养成研究

研究总报告

一、问题的提出及其研究的意义

随着我国综合国力的提升,我国的GDP在2019年接近100万亿元,以美元计算人均突破一万美元,我国人民生活已经解决温饱问题,并且逐渐走向小康社会,人民生活富足,文化水平不断提升,由于生活水平提高,我国初中生营养丰富并呈现出多元化特征,由于受到上重点高中影响,家长对初中生学习成绩特别重视,对体育锻炼、健康生活方式养成很少过问,也带来了初中生健康方面的许多问题,造成初中生体质下降,如奔跑速度、爆发力、活动的耐力、力量、肺活量等体能指标下降明显,肥胖学生数量大幅度增加,偏食造成的营养不良学生也明显提升,初中生眼睛近视率也有抬头趋势,在课题研究期间对庆阳三中初中三个年级学生进行"你最爱吃什么?"主题调查,调查结果显示麻辣条、油炸薯条、麻辣饼、油炸鸡腿、汉堡包等食物是学生最爱吃的,学校食堂给学生配备营养丰富合理的饭菜,有炒油菜、芹菜炒肉、茄子、黄瓜、烩牛肉、鸡蛋等丰富的食物,品种多样,搭配合理,做法有炒、烩、凉拌等多种形式,但是在学校食堂吃饭的学生较少,大部分学生仍然喜欢到学校周围的小食品店、摊点、小餐馆去吃饭,街边的小食品摊点生意非常火爆,主要是麻辣类食品、油炸类等食品,经过调查庆阳三中初中生近视率达到69.6%,庆阳三中学生的近视率明显高于2018年全国儿童青少年总体近视率为53.6%水平。

革命家、教育家徐特立说:"一个人的身体,绝不是个人的,要把它看作是社会的宝贵财富。凡是有志为社会出力，为国家成大事的青年，一定要十分珍视自己的身体健康。"初中生健康问题引起党中央、国务院的高度重视，2007年印发《关于加强青少年体育，增强青少年体质的意见》，在关于青少年饮食方面教育部印发《中小学健康教育指导纲要》，要求学校对学生进行科学营养方面的教育，教育学生养成健康的饮食习惯，为此我们提出初中生健康教育方式教育的课题，研究培养初中生养成健康生活方式的教学教育，提高初中生健康生活水平。

二、庆阳三中初中生生活方式的现状

梁启超在《少年中国说》中提到："故今日之责任，不在他人，而全在我少年。少年智则国智，少年富则国富，少年强则国强，少年独立则国独立，少年自由则国自由，少年进步则国进步，少年胜于欧洲，则国胜于欧洲，少年雄于地球，则国雄于地球。"亚当斯说："健康是这样一个东西，它使你感到现在是一年中最好的时光。"关注初中生的健康教育问题，是关系到中国强大的重要因素，对初中生综合素质提高也是教育界最热门的话题，初中生的健康在教育中具有举足轻重的地位，我们对庆阳三中初中生进行调查发现，初中生不健康生活方式主要存在饮食不健康、体育锻炼不足、学生学习压力大，生活习惯差，健康意识薄弱，体能基础薄弱，目前学校对学生生活方式教育不够重视。

1. 饮食方面：早餐是对初中生学习效率和身体的成长起到提供能量保障作用，调查发现庆阳三中初中生经常不吃早餐的比率11.8%。饮食均衡方面有51.2%的学生具有暴食的习惯。

2. 睡眠方面：28%的同学睡眠时间在7—8个小时，6—7小时的学生占有大多数，调查表明庆阳三中有59.8%初中生睡眠不足，睡眠是一种生物节奏，关系到身体的健康，原因多是学校布置作业多造成的。

3. 网络生活方面：我校学生在网络学习方面花费1—3小时时间上网的人数较多，但是把网络时间花在学习和看新闻等对学生成长的事情上只有34.6%，许多初中生上网多是娱乐放松，甚至达到沉迷的程度。我们可以换一种教育方式，正确引导他们上网，查找资料、观看学习视频等。

4. 生活方式方面：学生饭前洗手、外出回家后立即洗手，调查表明只有 34.4% 的同学能够做到，按时换洗衣裤等生活方式的普及不容乐观，而这些生活习惯在新冠"防疫"时期尤其重要。更加凸显课题研究重要现实意义。

5. 学校学习要求坐立端正，每天参加课间操、眼睛保健操、课外体育活动，勤洗手等，调查发现学生不能按照学校要求认真完成，存在完成任务式操作，锻炼教学流于形式。存在眼睛保健操不到位状况，甚至做着样子自己睡着了，令人担忧。

三、健康生活方式理论研究

国内外对健康生活方式研究也不是太多，例如美国学者提出八条健康生活方式，包括健康饮食、积极的体育活动、减轻体重、戒烟等八条合理建议。2000 年世界卫生组织提出"合理膳食、戒烟限酒、心理平衡、合理运动。"健康生活方式标准，国内在"十五"期间也有过研究，总结出"八注意"，主要内容是"合理膳食、劳逸结合、保障睡眠、适当运动、规律起居、戒烟限酒、心理平衡"等，总体来说对健康生活方式的研究成果很少，对初中生健康生活方式的培养教育方面的研究就更少了。

健康生活方式是追求人与大自然、人与社会和谐发展，利益共享式相处生活的方式。健康生活方式教育是以健康生活理念为出发点，以初中生生活实际为起点进行教育研究，从初中生的学习兴趣和自身的需求为研究目标，进行健康生活方式的教育。以学生自身需求为依据，按照初中生的兴趣和所关心的问题出发，实现人与大自然、身心与社会的和谐相处的教育，课题研究构建学校、家庭、社会等相结合的教育网络体系，从不同的层面、不同的领域形成健康生活方式的整合，促进中学生以健康的方式生活。

世界卫生组织对影响健康的因素进行了如下总结：健康 =60% 生活方式＋ 15% 遗传因素＋ 10% 社会因素＋ 8% 医疗因素＋ 7% 气候因素，本课题研究主要是健康生活方式的教育。

（一）健康生活方式的概念界定

生活方式是人在自然环境中，受到社会条件制约下，在世界观和价值观引导下，为了满足自身生活需要而采取的活动形式和行为习惯的总和，生活方式的内容比较广泛,它包括人们的衣、食、住、行、劳动、学习、休息娱乐、社会交往、待人接物等物质生活和精神生活等方面,同时包含价值观、道德观、审美观、民族、阶级和社会群体的生活模式。它是人的社会化的内容,决定了个体社会化的性质、水平和方向,生活方式的变化直接或间接影响着一个人的思想意识和价值观念。因此,社会生活方式是通过一个人的思想意识与心理结构的形成影响着一个人的行为方式和对社会的态度,反映了一个人的价值观念;即世界观的基本倾向。规避不良嗜好,就必须和社会相适应、与环境相和谐共处,要有健康的人生观与世界观,一分为二地看待世界上的事,摆正自己在社会生活中的位置,这是心理健康的基础。须知先有"我为人人",才有"人人为我",对人宽、责己严,自然达到了情绪健康,规律饮食,遵守作息时间,坚持运动等等,这便是健康生活方式。

(二)初中生健康生活方式教育的含义

初中生健康生活方式的教育是指学校根据国家教育要求,从学生的身体实际出发,结合考虑初中生心理发展状况,联系学校实际,有计划指导与帮助学生树立起健康的生活理念,引导初中生采取健康的行动,在行动中确立健康生活方式的行为,从而建立起良好生活习性,提高初中生的学习与生活质量,增强初中生身体素质。初中生具有很强的可塑性,少年时期形成的习惯终身受益,现在的生活和健康直接受益于生活方式,而且对未来产生深远的影响;学校教学应该有组织、计划,有目的安排进行,它关系到青少年的未来健康生活方式的确立,健康生活方式教育使初中生和教师形成健康生活方式的终极目标。

健康生活方式:有利于身体与心理健康成长的生活方式,它可以预防慢性非传染性疾病的发生;合理的膳食结构有利于促进健康,满足青春期对营养的需求,保证生长发育正常的生活习惯。研究表明:充足的睡眠有利于生长发育和健康(初中生每天睡眠时间9小时,高中生每天睡眠时间8小时),正确的坐立姿势,预防脊柱弯曲、驼背的发生,看书时保持眼睛与书一尺的距离,身体与桌子一拳,手与笔尖一寸,看书1小时后向远处眺望绿色植物,可以预防近视的发生;每天进行1小时的体育锻炼,增强机体免疫力,俗话说"每天锻炼1小时,健康快乐一辈子。"学会识别有毒食物,避免食物中毒(食物中毒的常见原因:细菌性、化学性、有毒动植物等);教育学生发现病死禽畜要报告,不吃病死禽畜肉;适宜保存食品,腐败变质食品会引起食物中毒;不吸烟、不酗酒;了解毒品对个人、家庭和社会的危害,拒绝毒品,通过教育使初中生认识到吸毒违法,拒绝毒品。

四、课题研究相关概念的论述

(一)健康生活方式概念的论述

健康是指人体各种生理机能正常,没有疾病和生理缺陷,一个人在生理和心理上能够适应自然与社会变化,保持人体处于良好的状态。本课题研究涉及到健康的生活方式教育包括:饮食方式、运动方式、睡眠方式、作息方式、调整心理状态的方式、行为方式等方面的教育,使初中生在体质、心理、生理上适应周围环境变化而处于良好的状态。

1. 生活方式是健康生活的基石

生活方式对健康的影响深远,健康生活方式是身心健康的桥梁与纽带,健康生活方式是人的一生健康生活的阶梯,当今的初中生生活习惯发生变化,初中生以后的健康情况与学生的生活方式和初中养成的行为习惯密切相连,初中学生具有较强的可塑性,中学以后人的生活方式逐步固化,初中学生形成良好的卫生习惯和健康生活方式对学生的成长起着决定性作用。

2. 初中生生活方式的现状

中考体育现场考试之引体向上评分标准

分数	10	9.5	9	8.5	8	7.5	7	6.5	6	5.5	5	4.5	4	3.5	3	2.5	2	1.5	1	0.5	0
引体向上(次)	13	12	11	10	9	8	7	6	5	4		3		2			1				

从2002年国家对中学生的调查可以看出,我国初中生身体素质令人担忧,健康、爆发力、柔韧性、视力、肺活量等均有下降,初中生心理状况也令人担忧,初中生抗击挫折能力、面对困难的勇气、危机意识能力以及与他人合作的意识等都很薄弱,初中生因为心理健康问题出现自残、自杀现象时有发生。

据统计，我国18岁以下的肥胖人群已达1.2亿，中国12—18岁的孩子中，1.9%患有糖尿病。2019年庆阳三中初三（4）班学生毕业体能测试中，在男生引体向上测试中，考试规定需要做5次引体向上才能合格，及格只有51.6%；对庆阳三中初三（4）班学生来说，手无缚鸡之力的形容毫不夸张；更让监考老师吃惊的是，参加测试的很多学生，没有完成引体向上测试的强烈欲望，表现出的是对体质测试和体育成绩没有丝毫在意的态度。

白岩松在2012年《新闻1＋1》访谈栏目中说："根据调查数据是，高血压患者超过2亿，每年新增1000万人，糖尿病患者9240万人，1.4亿人血糖在增高，心血管疾病患者超过2亿人，占全国每年总死亡人数的1/3。"这些都是慢性病，占死亡比例的83.3%，这些慢性病是由于不良的生活方式所造成的。

3. 产生的原因

初中学生心理脆弱，体质下降的原因是多方面的，首先是社会对学生学习成绩要求较高，庆阳市也存在同样问题，每年对会对中考进行排名，直接影响学校的招生，家长更喜欢将孩子送到升学率高的学校学习，而对生活方式教育视而不见，造成学校片面追求升学率，家长也期望孩子考进重点高中，学生学习压力较大，造成学生课业负担较重；其次我国从事生活方式教育的师资缺乏，硬件、资金投入少，健康生活方式的教育主要有体育教师、班主任、老教师等负责，学校对健康生活方式考核基本上没有，使得教师在对学生教育积极性不高，再加上缺乏系统的培训，也使教师不具备专业知识，教师在生活方式教育上研究较少，使得初中生生活方式教育薄弱。再次学校资金匮乏，投入少，现代教育技术难以应用到生活方式教育上来。

（二）开展初中生健康生活方式的意义

1. 初中生健康生活方式对学生成年后慢性疾病有很好的预防作用

国内外研究发现，好多心脑血管疾病的形成与少年时期生活方式有关，初中阶段，10—14岁少年儿童的骨骼系统正处于发育成长期。此阶段骨组织中的水分和胶质较多，钙质较少，骨密度较薄，弹性和韧性很好，坚固性差、容易弯曲变形。到15—16岁时水分和胶质逐渐减少，钙质增多，很多部位的骨组织未完成骨化，坚固性仍较差。初中阶段，学生的大脑皮质抑制过程发展较快,分析综合能力不断提高,能较快的建立各种条件反射,但由于分化能力尚不完善,又受到小肌肉群发育较晚的影响,掌握精细动作较为困难。第二信号系统的机能进一步发展,联想、推理、概括等抽象思维活动逐渐提高。初中生上课时坐立端正,看书时与书保持一定的距离(25—30厘米为宜),经常参加体育锻炼,教育学生不要咬笔头等,可以预防脊柱弯曲,驼背,预防近视,心血管疾病等。

2. 学校是健康生活方式实施教育的最佳场所

学生健康生活方式的教育可以在任何环境中进行,由于国家对义务教育的重视,学生在学校时间较多,使学校成为初中生健康生活方式教育的最有影响力的教育场所。学校开展健康生活方式教育有很多优点:①生活方式教育与学校教育是相辅相成的,学校的教育目的是发掘学生潜能,教育学生适应社会,有强健的体魄为社会服务,培养学生各种素质来面对走向社会后面临的各种压力和挑战。②学校是中学生生活和学习的主要场所。③学校具有从事健康生活方式教育的硬件、软件设施,也具有资金投入条件。④学校具有实施教育的师资力量,在进行教育过程中最大限度取得家长的理解和支持,得到社会各界力量的配合。⑤学校对学生的健康生活方式的培养成果进行评价。

(三)健康生活方式对初中生的身心的影响

1. 健康生活方式对初中生成长影响

2014年针对我国初一至初三在校学生的《中国青少年烟草调查》结果显示,目前,我国初中学生吸烟率为6.9%,其中男生是11.2%,女生是2.2%,并且有11.9%的初中学生曾经尝试过烟草制品,其中82.3%的学生尝试吸烟的行为是发生在13岁之前。初中生处于身心发育的重要时期,也是健康生活方式逐渐形成的关键节点,健康的体魄成长的黄金时期,学生在良好的习惯下,会有一个幸福的生活,终身受益。健康的生活方式会使初中生逐渐养成不吸烟、不喝酒、不迷恋网络游戏,不偏食、不吃垃圾食品,学会调节自我心理,保持健康心理状态,生活方式上要有合理餐饮习惯,积极参与体育锻炼,充足的睡眠等。

2. 不良生活方式的影响

近日，国家卫健委在举行例行发布会时表示，我国6—17岁儿童青少年超重率是9.6%，肥胖率6.4%，二者相加达到16%。在不满17岁的青少年儿童中，有1/3的孩子至少出现了一种心血管危险因素。中国12—18岁的孩子中1.9%患有糖尿病，相当于美国同龄人（0.5%）的四倍。新华网报道：2018年，我国发布首份《义务教育质量监测报告》，报告指出四年级、八年级学生视力不良检出率分别为36.5%和65.3%。相比之下，美国青少年的近视率约为25%，澳大利亚仅为1.3%，德国的近视率也一直控制在15%以下。

不健康生活方式会使初中生沾染上偏食、吸烟、酗酒、迷恋网络等坏习惯，例如不健康的饮食习惯会造成营养结构不合理，会出现营养不良或营养过剩，学生会出现身体瘦弱或肥胖等症状，冠心病、糖尿病等都与不健康生活习惯有关。

庆阳三中为了杜绝初中生吸烟，制作宣传牌，宣传吸烟的危害，积极创建无烟校园活动，向教师发出倡议书，不在校园吸烟，为庆阳三中初中生做榜样。

（四）初中生健康生活方式教育的内容

1. 合理的膳食

饮食是人获得热量和营养的必要途径，初中生处于身体成长的关键时期，学生活动量大，身高增长快，中学生身体需要的能量多，初中生学习和生活所消耗的热量均来自于食物，身体的成长需要的各种营养也来自于食物，每天的膳食必须合理并且营养均衡，偏食或者厌食都不符合初中生身体需求，合理的营养才有一个健康的体魄，根据初中生对营养的需求，应该多吃蔬菜、水果、薯类、五谷杂粮，每天还应该吃一些鱼、瘦肉、鸡肉、蛋类、牛奶、豆类或者豆类制品等，尽量少吃肥肉、荤油、油炸食品等高热量食物。

庆阳三中指导学校食堂合理安排食谱，例如早餐必须提供鸡蛋、牛奶、包子、小菜等食品，午餐必须提供土豆丝、红烧茄子、青椒炒肉片等荤素菜肴，并提供一定量的水果，补充足够的维生素，保障学生的营养。

2. 培养初中生良好的行为习惯讲究卫生，预防疾病

巴尔扎克说道："有规律的生活原是健康与长寿的秘诀。"学校教育要

根据初中生自身的心理特点、心理特点，指导初中生养成良好生活习惯，合理安排学习、生活时间，参加适当的体育活动，参加适当体力劳动，做到劳逸结合，学习中安排适当的娱乐时间，制订合理作息时间表，保证睡眠时间；从小事细节做起，例如早晚刷牙各一次，每天做眼保健操、课间操，上课期间保持正确的坐立姿势，饭前洗手等。每天安排 1 小时参加体育活动，引导学生参加家庭体力劳动，增强体质，促进身体成长，提高对疾病的抵抗能力和免疫力。庆阳三中每天安排早操 20 分钟、课间操 20 分钟、眼睛保健操 10 分钟、课外活动课 40 分钟，确保学生健康活动需求。

3. 学习健康生活相关知识，自觉抵制不良生活习惯

初中生处于心理的断奶期，心理上的叛逆期，逐渐形成独立的思维意识，初中生的社会经验不足，容易受到不良习气的影响，初中生心理和生理变化较大，抵抗诱惑的能力较差，喜欢模仿一些不良习气，例如初中生看到成年人抽烟、喝酒、吸毒等不良习惯，就会激发初中生的好奇心和尝试欲望，喜欢去尝试，把合理的建议当作耳旁风，听不进家长的良言说教等。教师在教学中教育学生接受合理建议，抵制不健康的生活，形成正确的人生观，价值观，正确评价自我，不追求刺激和冒险。为了使学生抵御不良习气，课题组于 2019 年 4 月开展《拒绝玩手机——不当低头族》签名活动，号召学生不当低头族，要求家长进行监督，开展家长当着孩子的面也别玩手机的签名活动；教师不当低头族签名活动；利用世界禁毒日组织学生到社区开展"远离毒品——净化社会环境"宣传活动，让学生在宣传活动中体会毒品的社会危害，并开展反对毒品签名活动；利用每年的 5 月 31 日世界无烟日"为了他人健康——请不要吸烟"宣传活动，也呼吁教师戒烟活动，开展"无烟校园，净化校园环境，不抽烟"签名活动。

4. 合理安排体育锻炼，增强体质，增加免疫力

《吕氏春秋·尽数》："流水不腐，户枢不蠹，动也。"蔡元培说："人的健全，不但靠饮食，尤靠运动。"列夫·托尔斯泰说："生活就是运动。人的生活就是运动。"徐特立也说："必须从年轻时期就打好基础，随时随地去锻炼身体。"中国教育应该改变了，娇生惯养会让小孩子习惯撒娇，一点疼痛都无法忍受，一点苦也不能吃，其实，每一个小孩子都有无限的潜力，

只是看怎么调教和引导吧。

人的健康体质与遗传是分不开的，但后天的锻炼对健康的体魄也具有特别的作用，合理的食物结构，适当的体育锻炼，对健康身体也是至关重要，所以初中生进行体育锻炼和适当的劳动，持之以恒，适度是很有必要。根据新闻报道，宜昌某中学一个班级做了一项体能测试，在引力向上项目测试中，抽取20名初二学生，有两个学生做了2个以上，一个学生做了一个，剩余的一个都做不到，甚至握住单杠后几秒都坚持不了。按照标准，7年级4个及格，8年级5个，9年级6个，满分12个，据体育老师介绍在期末体育测试中，全年级没有一个做到满分，及格的也才7个。当体育老师被问到，这些学生里能拉起来，但是能达到合格的有多少？体育老师回答："那一个都没有。引体向上，坐位体前屈这些柔韧、灵敏、技巧性的项目，学生们越来越薄弱了！"而在广州市四所中学的3600名学生，开学前他们在一个训练基地统一集训，每次短短40分钟的操练时间里，总有学生晕倒在地或者因为受伤去了校医院，一天下来晕倒率竟达10%。

5. 加强心理健康辅导，预防心理疾病

"人生最大的财富是希望，人生最大的资本是健康，人生最大的幸福是快乐，人生最大的幸运是平安！"健康心理是健康体魄的基础，健康的心理才能经得起风雨，面对挫折才能冷静面对，积极改变被动的局面，总能保持乐观向上的心情，精力充沛，具有敢于克服困难毅力，在挫折面前不气馁，冷静、快速想出应对的办法来，对健康生活至关重要。

（五）本研究的主要内容

初中生健康生活方式的养成是一个漫长过程，不是一两天就能完成的，它对初中生生活质量具有关键作用，对他们的未来健康生活和幸福指数产生深远影响，探究初中生健康生活方式教育策略，落实立德树人教育思想是本研究的重要内容。

五、初中生健康生活方式的教育的内容

我们在教育孩子上的投入越来越大，但是我们孩子的身体素质却越来越差，这个问题绝对不是单方面的！在我国，初中教育对初中生的日常生活和

技能很少关注，有些教师认为心理和德育教育就是生活方式教育，随着新课程的深入实施，新课程的理念得到新的诠释，新教育思潮在校园涌现，初中生出现各种各样的生活方式问题，例如肺活量降低、近视率增高、校园欺凌事件时有发生，食物中毒事件在校园发生，学生卫生习惯差，上网、抽烟等不良习气在校园明显增多，给初中教育提出新课题，初中生健康生活方式迫切的教学日程上来。走进生活，关注生活，是新课程教育改革的一个重要方向。

（一）学习方式的教育

学习文化知识是初中教学的主要任务，初中生在升学的巨大压力下，对成绩要求很高，学习教育愈显重要，新课程要求初中进行教育方式和学习方式的重大变革，要求走进生活，面向生产实际，对学生教育主要体现在培养学生学习观念和科学学习方法养成培养上。初中生学习的目的是学会学习，学习到人生的受益的学习方式，获得适应社会和环境的内在动力，实现学习的生活方式化，生活方式学习化。为了改进学生的学习方法，在庆阳三中初中实验班倡导采用PBL教学模式探究，教学中基于学生的学，改变学生"看客"地位，注重学生的学习真实情景，鼓励学习者进行合作学习，它的主要流程是：设置问题情境—提出问题—分析问题—搜集相关问题资源—设计解决问题的方案—合作学习—解决问题—反馈评价—提出新问题。

（二）卫生习惯的养成教育

养成良好的卫生习惯是初中生必修课，卫生习惯是学生的身心健康基础，良好的卫生习惯是交往的基础，是学生建立自信和建立同学友谊的平台，例如：不随地吐痰、勤洗手、不乱扔垃圾等生活中微小细节，对疾病的预防，公众的健康起着关键作用，也是初中生养成公共道德和公共意识的条件，勤换洗衣服，保持清洁卫生，也是树立个人形象的条件，保持教室整洁同时也维护公共利益。例如庆阳三中学生小X，该生不讲究卫生，不爱理发、洗澡、勤换洗衣服，头发长，随手扔垃圾等习惯，学习成绩差。课题组经过了解，该生父母外出打工，缺乏有力的监管，缺失父母的关爱，属于留守初中生，与年迈的爷爷奶奶一起生活，爷爷奶奶文化低，没有能力辅导学生，放任自流。该学生本身懒散，独立意识不强，自我控制能力差，具有片面思维方式，对学习不感兴趣。沉迷于看电视，每天晚上看电视到深夜。同时，该同学的居住处，周围有网吧、歌舞厅、麻将馆等，对该同学产生不好的影响。

对他进行辅导和矫正，主要从下列措施入手：

（1）与家长沟通，及时关心孩子的成长，培训"第二家长，"加强监管力度，可以教孩子做一些力所能及的生活琐事，利用周末，指导学生处理自己的卫生，保持清洁、干净。辅导教师对学生进行生活行为指导，生活常识辅导，使他们树立起正确的自我认识，形成良好卫生习惯。

（2）进行心理疏导，正确认识学习与娱乐的关系，树立人生理想，学会如何面对挑战，提高学习成绩，如何从自卑、焦虑、自暴自弃的情绪中走出来。与科任老师沟通，在教学中注意该同学的行为，及时疏导，多表扬、鼓励。

（3）鼓励该同学参加体育运动，将他的注意力吸引到学校里来。目前该学生经过辅导和疏导工作，在各方面的合力指引下，学生的不良习惯得到有效的矫正，已经朝着健康生活方式方向迈进。

（三）心理健康教育的辅导和教育

初中生是心理问题最多的人群，容易发生沮丧、酗酒、精神问题、强迫症，心理健康的学生面对挫折时表现出坚强的意志，具有克服困难的勇气，一个心理健康的学生能够适应社会的变化，又能发挥自己的潜能和主观意志，具有乐观的性格，初中生在日常生活中表现为自学、自知、乐观面对困难，以宽阔的胸怀与人相处，遇事果断，面对挫折冷静，这都是一个心理健康的学生所表现出的良好心理素质。例如庆阳三中李雪（化名）是一个学习成绩优秀的学生，在班级举行活动时总是霸气十足，目中无人，指挥与安排别人做事，造成她在班级中比较孤立，究其原因是她不能为别人着想。老师发现这种情况后，与她谈心，改变不良行为，她很快融入集体，大家都喜欢与她交往了，目前还成为该班的班长。

（四）合理膳食，营养均衡生活习惯的教育

随着经济水平的提高，生活质量得到改善，初中生膳食结构发生翻天覆地的变化，肉类、豆类、蛋、鱼、奶成为食物的必需品，初中生体育锻炼较少，初中生中肥胖人数急剧增加，部分女生为了追求身材苗条，食物摄入量较少，

出现营养不良的现象，目前肥胖是初中生中突出的问题，教师要引导学生吃好早餐，少吃零食，饮用清淡饮料或者直接喝白开水，控制糖分的摄入量，注意五谷杂粮、鱼、蛋、牛奶、瘦肉、豆类和蔬菜的合理搭配，体育锻炼要适量增加，参加体力劳动，增强体质，减少肥胖的发生。

六、实施初中生健康生活方式的教育途径

（一）开设生活方式课程，优化初中生生活方式

我国目前在品德课和生理和健康课携带进行健康生活方式教育，主要引导初中生确立人生观和价值观的价值取向，对共产主义充满信心，增强民族自豪感，树立家国情怀，思想品德课在理论联系实际，贴近生活，贴近学生的生活世界，确立健康生活方式上还存在一定的问题，思想品德课虽然对学生的生活观的建立起来很大的作用，思想品德教师授课时更注重抽象的理论的灌输，着重思想上的引导，对健康生活方式缺乏具体的指引。课题组为了更好使初中生养成健康生活方式，创建辅导室，开设校本课程。

（二）安排辅导员进行生活方式进行教育辅导

初中生的生活方式的教育参与较多的是班主任和辅导员，学生遇到生活方面的困难时，学生也很乐意向班主任或者辅导员寻求帮助。班主任或者辅导员是初中思想教育的中坚力量，他们是学生思想成长的领路人，是初中生生活和学习的指引者，也是初中生生活的示范人。班主任和辅导员肩负学生生活与学习的指导的责任，他们努力成为学生人生和生活的导师与知心朋友。庆阳三中在初中班级设置3名导师制，协助班主任工作，负责指导学生思想、学习和生活常识的引导，日常工作包括学生校服穿戴、发型、在学校就餐排队、教室卫生保持、个人卫生等方面教育工作。

（三）学科教学中渗透健康生活方式的教育

学科教育具有隐性教育的功能，初中生处于心理的断乳期，逆反心理强，对思想政治课的说教听不进去，德育课堂初中生感到很乏味、产生逆反心理，学科教育中的隐形教育的功能越来越被重视，利用隐形教育渗透德育和生活方式内容，在学科教育教学中结合学科的特点，渗透思想教育和生活方式教育，

起到"润物细无声"的意想不到的效果。例如在数学教学中渗透科学家的生活方式的教育，语文教学中渗透爱国主义的教育，历史教学中渗透体育锻炼的教育和生活方式的教育，生活方式具有民族特色，在一定的文化背景下形成的特定的产物，生活方式的教育也有它的共性，在实施生活方式的教育时，要借鉴别人成功的经验。

（四）积极拓展健康生活方式教育的时空——采用多元化教育

采用多元化教育模式可以突破时间和空间的约束，突出初中生主体地位，课题组采用"教师为引导，学生为主体"的多元化教育模式，形成线上与线下相结合，课内与课外相统一，被动与主动相融合的多元化教育新模式。互联网+开启线上健康生活方式教育新模式，例如开展戒烟签名之前，可以让学生先在网上搜索吸烟的危害相关资源，教师将比较生动的实例放在微信群、钉钉群进行分享，在线上进行讨论与交流，在线下开展讨论会和辩论赛。课内与课外相统一，主要是课内时间比较少，课外时间比较充足，必须拓展为课内与课外，带领学生走进社区、养老院等场所，使学生亲身感受健康生活方式的重大意义。初中生既是被动接受教育者，更是健康生活方式主动传承者，通过自编、自导、自演将健康生活故事编成小品等节目，使学生多角度体会关于健康生活方式的思考与成长。

教育的多元化从实施单元上讲必须有学校教育、家庭教育、社会教育和自我教育的相结合，以初中生为教育的总节点，形成综合的作用合力，学校教育是实施健康生活方式教育关键一环，为了确保教育实效，庆阳三中每天7点30分—7点50分之间晨跑时间，10点—10点20分为课间操时间，为了弥补锻炼时间，特别开设17点30分—18点设立课外体育锻炼时间，确保初中生每天锻炼一小时的目标，每学期组织一次大型体育比赛，设置小型比赛基本上3次以上（如学校初中生篮球、乒乓球、羽毛球、排球等比赛，以班级为单位参加），设置春季和冬季长跑比赛。学校为了规范初中生行为，树立教师形象，开展无烟校园活动。课题研究期间开展卫生班集体、卫生先进个人评比活动，这些活动对初中生是一个鞭策和规范初中生的行为，激发了学生参与的兴趣，发挥集体教育功效；在餐厅张贴"合理饮食、文明就餐。""节约每一粒粮食是美德。"在体育场张贴"请运动起来，健康就在身边。""每天锻炼一小时，健康一辈子。"在教学楼墙壁上张贴"吸烟有害健康。""坐立端正，预防脊柱弯曲。"在校园道路旁张贴"运动使魅力常驻。""保护环境，就是保护自己。"等标语，开展健康生活方式辩论赛，创造校园文化氛围，在校园文化中辐射健康生活方式的养成，在校园文化中熏陶，让初中生处于健康生活方式养成浸润之中。

家庭是健康生活方式教育养成中的中心环节，良好的家教，对子女身心健康的形成有着极其重要的作用，家长应该树立榜样作用，家长学习必要的健康常识，掌握孩子健康生活需要，对孩子生活习惯进行引导，不断矫正孩子不良生活习惯，逐步养成健康生活习惯，课题组在2019年为初一级家长组织培训会，开讲了3期《健康生活方式知识讲座》，开讲1期《不健康生活矫正方法讲座》；争取家校融合的教育合力。

自我教育与社会教育是健康生活方式养成中关系到成败的一环，社会风气对健康生活影响深远，因为社会与个人交织融合，社会的荣辱观决定着价值取向，形成强烈的舆论氛围，为此组织初中生参加社会实践活动，我们每学期组织学生参加公益卫生实践活动，每学期组织初中生清理街道小广告活动一次，清理塑料袋活动一次，树立环境保护意识，养成健康生活方式。每学期开展一次手抄报、两次板报、一次文艺汇演、一次健康生活方式小论文等活动进行自我教育，通过自我教育将健康生活方式养成变为自觉行动。

七、健康生活方式教育模式构建研究

（一）教师树立起健康生活方式的教育理念

健康生活方式的教育涉及家庭、学校、社会，初中生的生活方式的教育要求各个学科相在教学中渗透，本身就涉及到跨学科的教育问题，教师必须更新教育理念，树立起健康生活方式与学科教学同等重要的思想，初中生现在的成长和未来生活与之息息相关，与学科学习一个都不能少，学校鼓励学科教学中渗透生活方式的教育，关注教育的未来期望，使智力教育与生活教育有机结合，从不同学科教育中使学生形成健康生活方式的理念，促进学生付诸行动中去。

（二）实现健康生活方式教育与学习教育相辅相成

生活方式教育体现出关注自然，爱护环境的价值取向，是初中生美好生活憧憬，爱护自然，与自然界和谐相处，共同发展理念的教育，保护我们的美丽家园，就是保护人类自己。研究表明，教师的关怀使初中生拥有健康生活方式，教师在教学中用自己的生活知识影响学生，通过趣味化的活动方式固化教育成果，让世界充满阳光，健康生活方式教育与初中生生活相结合，学生获得知识，加深对生活的理解，更好的掌握生活的技能，端正生活的态度，正确的人生观和价值观在初中生心中安家落户，潜能得到激发，并以健康生活方式处事，健康生活方式的教育使学生品尝到生活的快乐，唤醒学生对美好生活的向往，对生命的敬畏，远离不健康的生活方式，拒绝对环境的破坏，追求贴近大自然的健康生活。我校初一学生在西峰天禾农贸市场内发现有人贩卖国家保护动物锦鸡，向工商机关举报，在有关部门配合下，锦鸡得到救助，使遭到贩卖的十几只锦鸡被放归到子午岭林区，体现学生对大自然的保护意识明显增强。

健康生活方式的养成需要一定的生活技能指导，生活技能是初中生应付日常生活的基本方法，化解生活中问题的挑战本领，生活技能训练可以提高初中生综合素质，增进初中生应对环境变化，化解社会变化产生的矛盾的能力，促进初中生解决生活问题能力，处理基本生存问题得心应手，在训练过程中发掘学生的内在潜能。课题组在研究过程中，开展洗衣服比赛，生活知识抢答赛，卫生评比活动、课间操比赛、乒乓球、羽毛球比赛等活动，激发学生掌握生活技能的积极性。通过小组活动，调动学生参与活动的主动性，让初中生在活动中掌握生活基本技能，再应用到生活中去，矫正初中生的不良习惯，使初中生养成健康的生活方式。

（三）健康生活方式教育要研究学生的方方面面，实现家庭、学校、社会三方面合力

生活方式教育由于具有跨学科的特点，生活方式的教育内容所涵盖的范围比较广泛，生活方式的教育内容应该以学生所处的社会环境为基础，考虑初中生的文化背景和自然环境所赋予的条件，使学生掌握健康生活方式，解决各方面的生活问题，同时还要理解处理这些问题的关键，将各种因素进行

整合，生活方式教学应该是一个全面的整体。家庭、学校、社会紧密配合，确保教育效果显著。例如：庆阳三中的一名叫李星（化名）的同学，与同学不合群，课题组进行家访，了解到该同学主要爷爷奶奶照管，父母上班，祖父母年龄大，家庭情况好，对孙子溺爱，使他不懂得谦让别人，也没有教他一些生活技能，一切由他，生活上多是宠惯，爱吃零食，身体肥胖，课题组掌握情况后，与家长进行交流，家长表示配合学校教育好孩子，教导他懂得谦让，与同学和谐相处，课题组对他进行生活技能指导，并进行谈心，使他认识到合理饮食的习惯，肥胖对他产生不利的影响，经过老师的疏导，他也积极配合辅导，学会自己洗衣服等生活必备技能，身体的体重逐步恢复正常，成为一名讲卫生的好学生。

科技创新、机器人创客讲座现场

（四）健康生活方式教育内容和体系

健康生活方式教育的内容以生态和谐为教育内容，依据初中生社会和生活需求，初中生的兴趣和关心的问题等，构建健康生活方式的知识网络，从学校、家庭、社会等方面，按照不同层次，不同领域引导学生形成健康生活方式的理念，最终使学生形成健康生活方式。

1. 合理饮食，使初中生营养均衡，保障食品卫生

俗话说："选择食品，注意四点：味美色艳，营养保健，心悦就餐，身体康健；但有些人，不知保健，贪图味美，贪图色艳。忽略营养，忽略保健。吃出病来，为时已晚，损害身体，受罪花钱。敬劝诸君，合理膳食。心安神怡，强身健体。"

初中生养成良好的饮食习惯是健康生活方式的教育内容，饮食习惯虽然受到民族文化和当地的饮食习惯影响，例如：西方饮食肉类较多，我国北方面食较多，南方以大米饭为主食。在学校健康生活方式教育中应给学生进行营养与食品有关知识的教育，食物的种类，食物提供人体的热量和营养成分，各种营养成分对人体的作用与缺乏这些成分后的身体表现，绿色食品的营养成分及其对控制体重的作用，合理的膳食和卫生习惯可以保证人体所需的营养和保持机体正常功能，还有利于身体机能的增强，教育初中生不要吃野生动物，破坏生态平衡；降低各种慢性疾病的发生。

2. 合理的体育运动，养成活动中的卫生习惯

奥林匹斯山的岩壁上刻着一句名言："你想得到健康吗？那你就跑步；你想得到聪明吗？那你就跑步"。保持乐观情绪，遵循生活规律，每天适当的运动，身体就不会肥胖或者营养不良，按时休息，精神就会安逸。通过体育运动和各种活动就会激发机体的潜能，一个人要根据自己的身体状况和需求参加适当的体育运动，参加各种社会活动，体育活动或者社会活动对人的体型，身体的机能，心理状态会产生有利的影响。通过教育使学生对体育活动中的卫生习惯和体育活动中的安全做出理智的判定，最后做出合理的决策，使学生形成体育运动和社会活动都是学习和生活的有机部分，激发初中生的参与兴趣，通过体育锻炼增强体质，适应环境的能力，健康生活是人生快乐的根本。据统计中国青少年体质连续25年下降，尤其是在力量、速度、爆发力、耐力等指标。我们的孩子每天都被困在书本之间，上课听讲、学习，下课辅导班、兴趣班，回到家课后作业，近视率极高；家长总是比谁学习好，学校也以成绩评比学生，为什么我们不比活得更长更健康更好！例如：杭州某小学举行运动会，开幕式8点开始，9点半左右学生们出现"晕倒小高峰"，约20位学生被扶到场外。而在日本，却在强调"内在精神"。"体育"最重要的是不断超越自己，就是一种运动精神。

3. 防止吸烟，预防喝酒，杜绝滥用药物、抗生素的不良生活习惯

人常说："烟有百害，而无一利。吞云吐雾，伤害身体，污染环境，损人害己，劝瘾君子，戒烟勿吸。"吸烟会导致脑血管疾病、生育障碍、肺部疾病、骨质疏松等，吸烟还影响睡眠质量。酗酒对人体影响也很大，饮酒对肝脏的损害最严重，可引起酒精性肝炎、脂肪肝、肝硬化，甚至肝癌。抗生素的滥用危害极大，把人体内大量的有益细菌杀掉了，破坏了防止细菌侵入的屏障，导致人体免疫力的下降，滥用抗生素除了导致死亡之外，还会导致肾病、耳聋等一系列危害。从上可以看出吸烟、酗酒、滥用抗生素是影响身体健康的重要因素之一，在健康生活方式教育中培养学生的自控力，培养他们的自尊心，形成自信心，引导初中生形成抵御不良社会风气的技能与手段。在学校教育中向学生讲解吸烟、酗酒、滥用抗生素的危害，通过教育使初中生自觉抵制和保障自身不受不良习气的干扰，同时影响周围的人，劝导周围的人参与抵制不良的习气，保持健康的身体，保护我们共同的家园。课题组研究期间，发起"拒绝吸烟"签名活动，做了"饮酒的危害"专题讲座，学校提倡无烟校园活动，向全校师生倡导拒绝吸烟活动，要求教师在校园内不抽烟，取得显著效果。

4. 合理的消费，形成卫生消费习惯

每个人都有消费的权利，同时又肩负着合理消费的责任，合理消费无可厚非，奢侈的消费是一种贪婪的索取，是一种满足欲望的掠夺，教育初中生学会区分需求与欲望的区别，做出合理的消费，不能为了满足欲望而超期消费，对社会资源和不可再生资源的掠夺性开发和利用就是不合理消费引起的，例如人类对象牙的需求，造成大象的过度猎杀，对藏羚羊绒的需求，使藏羚羊处于灭绝的边沿，给我们生活的环境造成不可估量的损失，大量的垃圾和生活环境污染和破坏，使自然环境进一步恶化。学校对初中生的消费卫生教育应该包括下列内容：健康的商品消费、服务满足身体需求，消费中以绿色、自然、和谐为消费的根本宗旨，有利于健康和环境保护的消费。

5. 个人卫生习惯的培养教育

健康生活方式的教育目的就是让初中生懂得良好的个人卫生习惯的重要意义，它关系到初中生的个人机体的健康，同时对预防疾病具有不可替代的作用，个人卫生习惯是一种理性的应对相关个人健康问题和适应环境的一种倾向，自理的生活能力，良好的生活习惯，个人清洁卫生习惯，学习卫生习惯等都是教育的内容，初中生具有可塑性大，个人生活习惯容易培养和教育，不良的个人卫生习惯容易矫正，在初中是学生养成个人及其公共卫生的习惯，

在预防疾病中有着重大作用。个人卫生习惯应该包括：①饮食卫生方面，瓜果要洗干净再吃，腐败变质的食物坚决不吃，不挑食和偏食，不喝生水，饭后不要马上进行剧烈体育活动。②运动锻炼方面，坚持每天早起参加早操和晨跑，呼吸新鲜空气，每天应至少运动一小时，增强体质，提高抵抗力。③勤洗手方面，饭前便后应洗手，吃东西前应洗手，劳动（干活）后应洗手，做游戏后应洗手，触摸脏东西后应洗手，触摸传染病人的东西后应洗手，从公共场所回来后应洗手。④用眼卫生方面，应做到看书写字时要注意姿势正确，光线适宜，眼与书本的距离应保持一尺左右（30~35厘米），时间不可过久，走路乘车时不看书，不躺着看书，坚持做眼保健操。⑤保护牙齿方面，应做到吃东西后漱口，早晚刷牙，不咬过硬东西，不吃过冷过热的东西，睡前不吃东西，患牙病及时治疗，不咬笔头和手指等。

6. 环境保护的意识培养

初中生要培养关心社会环境和人类生存问题，作为人类的一员，同时还是未来的社会的建设者，必须知道社会社会的知识、能力、技能、实践能力、社会保护的意志，教育让他们知道自身的健康必须建立在社会环境之中，没有一个碧水蓝天的生活环境，自身的健康也无从谈起，生态系统的各个部分是相互联系的，对自然资源的保护，就是对自身的保护，对生态系统的维护。避免生态系统的污染是我们生存的基础，生态系统保护要依赖个体和社会团体的共同努力，通过环境保护意识的教育使初中生建立起环境保护意识和行动。触目惊心的环境污染随处可见：天空昏暗、空气污浊、污水横流、垃圾围城……连远在冰天雪地的南极企鹅体内也发现DDT等农药残余，珠穆朗玛峰遍地狼藉，蓝天碧水已经成为许多人儿时的记忆和遥不可及的梦想。南极臭氧空洞，是因为过去氟利昂用量过多，排放到空气中造成的，会有大量紫外线照射地球，皮肤癌等发率升高，地球温度升高；许多水域会发生赤潮等是因为生活工业废水进入水域，这些水富含氮、磷使水富营养化造成的，会导致鱼虾死亡，也会通过生物富集作用损害人们的健康；美国的原始森林遭破坏，是人为的，有很多树木都是被砍伐的，造成很多动物流离失所，甚至有些物种灭亡；这都影响我们健康的生存。

7. 心理健康教育

心理学家将心理健康的标准描述为以下几点：①有适度的安全感，有自尊心，对自我的成就有价值感。②适度地自我批评，不过分夸耀自己也不过分苛责自己。③在日常生活中，具有适度的主动性，不为环境所左右。④理智，现实，客观，与现实有良好的接触，能容忍生活中挫折的打击，无过度的幻想。⑤适度地接受个人的需要，并具有满足此种需要的能力。⑥有自知之明，了解自己的动机和目的，能对自己的能力作客观的估计。⑦能保持人格的完整与和谐，个人的价值观能适应社会的标准，对自己的工作能集中注意力。⑧有切合实际的生活目标。⑨具有从经验中学习的能力，能适应环境的需要改变自己。⑩有良好的人际关系，有爱人的能力和被爱的能力。在不违背社会标准的前提下，能保持自己的个性，既不过分阿谀，也不过分寻求社会赞许，有个人独立的意见。

8. 生态保护的道德教育

生态道德是思想道德的重要组成部分，是衡量学生基本道德素质的重要方面。加强学生的生态道德教育，是国家可持续发展的必然要求。目前，我国是世界上环境污染最严重的国家之一，这充分说明了我国生态危机的严重性。在这种严峻的形势面前，加强学生的生态道德教育就成了构建生态文明和实现可持续发展的长效途径。如果学生在校时没有接受系统的生态道德教育，没有具备生态文明素质，走向社会后可能会仍然沿袭以牺牲环境为代价来换取经济发展的传统思路。

学校作为育人的场所，应将生态道德教育纳入学校德育的内容。课堂是实施生态道德教育的主要阵地，对学生的生态道德教育也主要是在课堂内进行。可以通过各学科教学，一方面向学生系统地传授生态环境的基础知识、环境科学与环境卫生的知识；另一方面对学生进行正确的生态道德教育，培养其生态道德意识，通过课堂生态理论的学习，规范受教育者的生态行为。因此学校要根据实际情况，增设生态道德教育课，并将其设为公共必修课程（在各科教学中灌输生态道德观），培养大学生的世界观，激发学生的环境忧患意识，树立和培养生态道德，让初中学生具有良好的生态行为。

（五）初中生健康教育方式再认识

初中生健康生活方式建立是多方面因素共同作用的结果，在各种教育力量中学校教育是最关键的一环，从大量文献来看，学校教育在传播知识，培养学生素养，教会学生生活技能，培养学生创新思维发挥重要作用，帮助学生建立健康生活方式方面也具有重要地位和不可替代的作用，所以学校必须开展健康生活方式的教育。

1. 初中生是健康生活方式养成的关键时期

初中生不但是身体发育最快的时期，也是心理的断奶期，具有很强的可塑性，健康生活方式的形成与固定的关键时期，初中生健康生活方式的养成与形成习惯，学生会终身受益。

2. 学校是初中生健康生活方式的形成的最佳环境

学校是教书育人的场所，教师是学生"授业，解惑"的人生关键交往之人，学校又是学生必须经过的人生历程，教师利用这一有利条件，开展学生健康生活方式教育，会使学生乐意接受，也会使学校教育更趋完善。

3. 争取社会与家庭的支持才能更好发挥教育功能

学校教育必须争取社会、家庭的支持和理解，才能形成多方面的合力，发挥教育的重大功能，学生生活的时间不是全部在学校，据统计学生在学习阶段，有三分之一在学习，三分之二在家中和社会，周末、假期、吃饭时间、睡觉时间等均与家庭、社会相联系，学校教学生活方式的干预，是最有效的教育方法，也是最佳教育场所，但学校教育不是健康生活方式的全部，所以争取家庭、社会的支持才能发挥最大的教育效果。

（六）让学生理解不良生活方式的危害

课题组举办"合理饮食、预防慢性病"专题报告，通过专题讲座，让学生了解不良生活方式的危害，抽烟会造成肺部疾病，过多摄入高热量食品，会造成肥胖症，进一步造成高血压、高血脂、高血糖等疾病。

（七）教会学生健康生活方式的内容

合理饮食，蔬菜、五谷、肉、蛋、奶、水果等要合理搭配食用，才能满足身体需求，偏食、挑食是不利于健康的。每天都有参加适当的体育锻炼活动，看电视时间要适当，学习时间分配要合理。

八、研究主要成果及分析

（一）实践成果

1. 初中生生活方式的矫正方法教育取得可喜的成绩，通过矫正，使部分学生生活方式得到极大的改善，卓有成效地促使学生形成健康的生活方式

随着课题研究的不断深入，我们越来越感到学校对初中生的健康生活方式教育存在很多不足之处，庆阳三中初中学生生活方式存在很多不利习惯。宋代诗人周紫芝在《朝中措》写道："趁取老来犹健，登临莫放杯空。"宋代诗人陆游在《小室》中也写道："老去身犹健，秋来日自长。"元代诗人李齐贤写道："老喜身犹健，闲知兴更添。"可见身体健康的重要性。为了改变庆阳三中初中学生的不利于身体健康的生活方式，确定德育工作目标为我校工作重点，更新教育教学工作方法，努力提高教育工作实效。健康的生活方式的教育活动开展以来，课题组以活动为载体，通过开展系列健康的生活方式教育活动，对学生的卫生习惯、饮食习惯、运动习惯、睡眠习惯、作息习惯以及健康的心理、健康的行为等进行潜移默化的教育，用活动的形式达到教育的目的，在我们对健康的生活方式教育活动开展前后学生的健康知识和健康行为习惯进行抽样中发现，通过近两年的实践成果，学生在卫生、饮食、运动、睡眠、作息及健康知识等方面有显著的提高。

庆阳三中初中生行为习惯现状调查统计对照表
（在调查问卷中抽样 100 份调查表）

年级：初中一、二年级

生活方式	2017 年			2018 年			2019 年		
	好	中	差	好	中	差	好	中	差
卫生	49%	16%	35%	57%	28%	15%	68%	27%	5%
饮食	56%	23%	21%	61%	24%	15%	78%	14%	8%
运动	52%	23%	25%	69%	21%	10%	81%	14%	5%
睡眠	61%	14%	25%	75%	15%	10%	87%	10%	3%
作息	64%	16%	20%	78%	13%	9%	90%	6%	4%
健康知识	41%	27%	32%	67%	20%	13%	75%	15%	10%

由上表对比可以看出，庆阳三中初中通过开展健康生活方式教育活动，对初中生生活方式产生积极的影响，通过教育学生矫正不良生活行为，学生的生活方式逐渐向健康生活方式转变，按照合理的生活方式规范自己的行为，学生注意个人卫生、合理饮食、积极参加体育活动，按时作息，生活逐渐变得有规律，本课题的研究促进学生活泼、健康、快乐成长。人人争当健康学生，养成良好卫生习惯，崇尚健康生活方式成为学校的风向标和新潮流。

2. 加强了学生德育工作，为学生养成健康生活方式提供良好的育人环境

（1）加强了学生德育教育工作，使学生健康生活方式教育阵地多元化

本课题研究着重从学生的卫生、饮食、学习、运动、健康的心理、健康的行为意识等六个方面的养成进行研究和探索，校团委、校体艺卫为一体系，涉及到学生品质的形成，行为习惯养成的教育；关注学生一日生活制度，行为规范；整合学校、家庭、社会的"三结合"教育，组成三位一体的教育工作网络系统，使初中生健康生活方式教育经常化，使初中生健康生活方式教育在网络平台上多方面形成合力。在多方位教育作用下使初中生健康生活方式的养成教育取得成效，教育效果使学生具有健康生活的自觉意识，树立健康生活是人生根本的健康理念，在该理念的促使下，初中生能积极参加体育锻炼活动，自觉地按照健康生活方式的标准要求自己，能够自觉控制自己的行为，抵御不良风气的侵袭，具有一定的自我约束力，通过健康生活方式的教育使学生延伸到端正学习态度，明确学习目的，达到形成良好学习习惯的目的。同时对心理健康方面形成正确的认识，促使初中生树立起正确的人生观、价值观，俗话说得好：善待自己，幸福无比；善待别人，快乐无比；善待生命，健康无比！

（2）促进了学校核心素养教育工作的提升，使课题研究成果转化为教学效果，促进教学质量的大幅度提升。

通过课题研究，通过学校层面要求教师树立榜样，按照健康生活方式的标准要求自己，教师带头不抽烟，开展无烟校园活动，教师以身作则，在学校做到不抽烟，参加学校的课间操，早操等体育活动，给学生树立健康生活方式的榜样。本课题结合新课程改革，整合班会、团队活动、校本课程、科技创新等课程资源，同时开展学科教学中渗透健康生活方式的教育，寓教于学，

会起到潜移默化的作用,在课堂中渗透健康生活方式教育是初中生最容易接受的教育方法,发挥"好雨知时节,当春乃发生;随风潜入夜,润物细无声"的作用效果。向各学科教师倡议,参与到《初中生健康生活方式养成研究》课题中来,积极运用课题研究成果,并参与课题研究与探索方面的工作,号召每一科目教师都参与到课题研究中,积极运用已经取得的成果渗透到教学中去、每一堂课都要进行一定的健康生活方式教育。

通过健康生活方式教育活动,庆阳三中校内上课吃零食、乱丢垃圾、随地吐痰、说脏话、打架等不良行为明显减少,校外上网玩手机、吃垃圾食品、毫无节制看电视、玩游戏等行为明显减少,庆阳三中初中学习风气得到明显的提升,健康生活方式教育活动得到社会和家长的充分肯定。

(3)课题组提出班级管理"导师制",加强了初中生的德育工作,多方面齐抓共管,在一定程度上减轻了班主任的工作压力,优化了学校育人环境。

通过初中生健康生活方式系列活动,使学生树立起健康生活的理念,能够自觉抵制不良风气,庆阳三中初中生的精神面貌发生改变,学习态度发生变化很大,纪律观念增强,课题组提出班级管理"导师制",具体做法是,将班级学生分成小组,每一个小组有一名科任教师负责日常生活教育工作,班主任负总责,协调班级的总体实务;制订导师制各项工作制度,严格执行导师例会制度,定期召开导师工作经验交流会、座谈会。并将班级健康生活方式教育状况作为评价导师工作及评优的首要依据。认真选拔合理配备实验班的班主任,并注重理论与业务的培训。要求班主任细致积累、整理本班总体工作,导师认真总结健康生活教育工作案例,学生德育和生活素养得到提高,不良生活方式得到有效的纠正。

3. 通过健康生活方式教育使学生形成了求知乐善、乐观处事的心态、健康向上的心理,体现出一个合格初中生应有的核心素养

我们课题组提出口号:"拥有健康的身体,应该从一点一滴做起!如不偏食不厌食不挑食!并且要做到每天体育锻炼!还有多喝水,多吃水果。"在研究过程中,课题组成员与广大教师坚持"为了学生的一切,为了一切学生,一切为了学生。"的教育理念,始终将健康生活方式教育和德育工作作为庆阳三中工作的首要任务,让学生"学会做人,学会生存,学会感恩,学会健体"，逐步形成了"求知了善、塑德健体"的校风。学生的身心健康发展，树立了正确的世界观、人生观和价值观，意志坚强，诚实守信，具有较强的社会责任感和公德心，有乐观向上的精神，懂得了关爱、感恩、奉献、尊重，形成老师关爱学生、学生尊敬老师的和谐的德育教育局面。

4. 课题组为学生建立健康成长记录档案

课题组成立以后，向学校建议对初中学生每年体检2次，学校采纳了建议，庆阳三中聘请了医院的专业医生对三个年级的学生进行体验，制订庆阳三中初中生体检项目规范，通过规范的体检制度检测初中生的身体素质，应用现代医学检测仪器对学生日常生活行为和身体健康状况，例如身高、体重、肺活量、视力、营养状况、心脏等进行调查和检测，了解学生的实际身体素质状况，建立了庆阳三中初中生健康成长记录档案，使课题组掌握庆阳三中初中生的身体素质的情况，开展健康生活方式教育后的身体素质的变化，为课题组的课题研究提供实验数据支撑，健康成长记录数据让课题研究人员了解学生的实际情况，进行"因材施教"，提高学校教育教学效果。

（二）初中生健康生活方式教育的研究收获

1. 初中教育应该更新教育理念，树立健康生活方式比学习成绩更重要的教育思想

初中学生的学校教育关系到教育百年大计，教师和学校树立学生健康生活方式是学校的重点工作的教育理念，初中学生的健康生活方式是关系到祖国未来发展的宏伟蓝图，学校教育应该优先培养学生的健康生活方式，为学生的未来考虑，不能因为学习知识而牺牲学生的健康身体，身体健康是学生未来工作和学习的基础，学校一定把学生的健康生活方式培养放在教学的首位，积极营造良好的教育氛围，形成共识，培养学生的健康生活方式的养成教育。教师应该从学生的日常管理入手，强化初中学生的良好习惯的养成教育，在教学中渗透健康生活方式的教育，使学生有一个健康的体魄和幸福的人生，树立起身体健康第一的理念和学习的基础就是健康的生活方式。

2. 学校积极引导家长做好家庭教育工作，形成健康生活方式的家庭教育

家庭教育是学校教育的重要环节，家庭的健康生活方式对学生产生积极的影响，家长的健康生活方式对学生起到潜移默化的作用，家长的健康生活方式对学生具有榜样作用，父母是学生人生的第一位老师，家长就要改变不良生活方式，才能和学生一起建立起健康生活方式。学校对初中生家长进行培训，建立家庭学校机制。家长经常带学生到餐馆吃饭，在生活中经常叫外卖，学生也就学会叫外卖的不良生活方式，父母经常看电视到深夜，经常在家中玩手机、打游戏，打麻将，抽烟、酗酒等，学生耳濡目染逐渐学会这些不良生活方式，家长经常在吃饭时训斥和批评孩子，影响孩子的消化，不利于学生的健康；对于学生学习退步，经常大声辱骂孩子，影响孩子的消化，不利于学生的健康；对于不讲究卫生等不良生活习惯，在开办的家长培训班上要给予纠正，家长生活方式改变了，才能改变学生的生活习惯，家长的饮食合理，合理作息，健康生活，才能给学生起到典范作用，学生才能养成健康生活的方式，在学生心理种下健康生活方式的种子。让家长关注学生的日常生活，例如让学生参加力所能及的家务劳动，如放学回家后打扫地面、抹桌子，整理自己的被褥、自己的衣服叠放整齐，自己的日用品放入整理箱，穿脏的袜子自己来洗，不玩手机，不迷恋电视剧、养成早起早睡的良好生活习惯。

3. 以学校为学生健康生活方式养成的重要阵地，将培养学生健康生活方式作为学校教育的首要任务

学校不但要负责学生的智力教育任务，更要担起培养学生健康生活方式的重担，学校教学中多关心学生的健康生活方式的形成，不能只抓学生的学习，还要关心学生生活方式的养成教育，关心学生的生活，由于学生到校时间较早，学生多是在学校食堂、外边的早餐店等吃早餐，学校要抓好学校食堂的工作，注意初中学生的营养搭配，为学生做出健康营养的早餐，对周围早餐店要配合工商部门做好食品安全工作。引导学生不吃不安全食品，防止学生食物中毒事件的发生，建议教师与学生一起共进早餐，培养师生感情，学会交流，教会学生学会生活、学会学习、学会生活，在老师的影响下使学生学会就餐礼仪，促进师生沟通。学校要开展丰富多彩的大课间活动，多组织一些体育锻炼活动，课间组织学生唱歌活动等形式丰富学生的业余生活。

4. 健康生活方式是学校核心素养的重要内容和教学重点

"核心素养"是新时代教育的重要任务，目标是将初中生培养全面发展的人，新课程标准认为"核心素养包括六大素养：人文底蕴、科学精神、学会学习、健康生活、责任担当、实践创新"。健康生活是必不可少的一大素养，初中教育应该将学生的健康生活方式的培养放在重中之重。教师不能只关心学生成绩，不进行学生健康生活方式的教育，学校要教育教师以学生的健康为主，课间督促学生到教室外面进行活动、学校积极开展体育活动，开展课间操、加强学生课后运动时间等。学校要在课堂教学、课间活动、课外实践中积极加强健康教育以及学生健康生活方式养成教育，把健康生活的教育看作与文化课同等的教学地位，把现有学科内容与健康素养教育加以渗透，用适合初中学生乐于接受的内容、方式对他们进行健康生活方式的教育。在语文教学中开展学生以"健康生活方式"为主题的演讲比赛活动，生物课堂讲解健康生活方式对人的一生影响，历史课中讲解历史名人的健康生活方式，著名人物的饮食、作息情况，介绍著名人物长寿的秘诀，使学生得到启发，树立起健康生活方式的重要性，自觉形成健康生活的习惯。

5. 学校教育中将健康生活方式渗透到初中教育各个环节之中

利用学校的宣传平台向学生进行健康生活方式的教育，利用学校广播站、学校网站、校园学校宣传栏、黑板报等多种宣传媒体，开展健康教育内容，使得初中生健康生活理念渗透到学生的内心世界，使中学生懂得什么是健康生活方式，哪些是不健康生活方式，初中生不健康生活方式有：吃不健康的垃圾食品，例如麻辣条、方便面，使学生懂得人体需要多种营养物质，通过学校媒体推出各种适合初中生的健康内容，深入宣传健康生活方式的新观念、懂得健康生活方式的知识、方法、技能、规律等，鼓励初中生在参与、互动中学习健康生活方式，掌握健康生活文化和技能。

6. 开展各种活动，强化学生的健康生活方式的形成，学校充分利用社会资源，实现资源共建共享，服务学校教育

学校要通过各种活动，使学生在活动中形成合力，建立学生的健康生活方式，开展肥胖的危害系列讲座，讲解肥胖对身体的危害，肥胖的初中生多是学生在饮食上不注意，吃饭不定点，出现肥胖的初中生基本上多数是喜欢吃零食的坏习惯，家长对学生教育不够，学生的零花钱较多，也有些学生喜欢吃大鱼大肉，进食量比较多，不喜欢运动等原因造成，合理饮食，保持合理体重，有些女生少食，身体较弱，这些学生会产生严重的营养不良，学生出现贫血等疾病，学校要多开展体育活动：利用课间开展跳绳比赛，折回跑比赛，摸高活动、投沙袋活动等，利用课外时间开展球类比赛，如篮球、乒乓球、羽毛球等。增加学生的体育锻炼机会，增强学生的体质。教育学生在生活中不攀比，注重个人卫生习惯，例如勤换衣服，穿戴整洁，饭前洗手，在家中帮助家长打扫室内卫生，学会洗自己的衬衣、背心、袜子、手套、口罩等小型衣物，学会择菜、帮助家长洗菜等力所能及的家务，这样充分发挥社会资源的作用，为初中生成长提供资源保障。电视台、网络等宣传媒体应引导初中生重视健康生活的意义。近几年来，社会上以瘦为美成为很多青少年的审美观，一些媒体甚至是主流媒体，也把苗条等作为美的代表推到初中生面前，因此，有的青少年过度节食，有的青少年为减肥才锻炼。此外，青少年中还存在肥胖、厌食、吸烟、睡眠不足等显著的健康问题，需要家庭、学校和社会联合起来，形成干预合力，对有显著健康问题的青少年进行心理辅导和教育。一些从事健康保障的行业也可以结合自身优势，为青少年提供一些健康生活的专业化指导，更好地为青少年健康生活服务。

（三）课题研究的理论成果

1.教师的教育教学水平和教育理论上一新台阶研究促发展，推进了学校教育教学工作的全面发展，使学生终身受益。

几年来，广大教师在教育教学实践活动中积极践行"健康的生活方式养成教育"实践活动，并结合自己所任教的科目特征，在教育教学过程中渗透健康教育，撰写了大量的研究论文，在省、市、区、校级获奖论文近10篇：课题组成员发表省级论文《在数学教学中如何渗透健康生活方式教育》在《中学教育科研》2019年第一期，《初中生健康生活方式教育谈》在《新课程研究》2019年6月第六期，《中学生健康生活方式养成的教育方法》在《2018年教师教育能力建设研究专题研讨会论文集》，《中学生健康生活方式的养成》在《神州》2018年第17期。张晓红在2019年被评为庆阳市教学名师。

2.我们课题组立足教育教学根本，针对学生的生活习惯中的一些问题进行了探讨分析，及时总结，收集整理资料。并且积累了丰富的一线教育教学经验，汇编了教师论文选集。

九、研究成果的社会效益

（一）与庆阳市各个中学交流健康生活教育教学经验

课题组开展的"运动操实践活动""阳光体育活动""文艺汇演"等实践活动，为推广我校健康生活方式教育起到了积极作用，并与庆阳四中、黄官寨实验学校等交流健康教育成果。

（二）课题组主持人张晓红积极推广研究成果

张晓红老师在2019年4月为庆阳三中初中一年级学生做了《你健康、你快乐》专题讲座，2018年12月为庆阳三中教师做了《健康生活教育在庆阳三中开花结果》专题报告会，在2019年5月为初中学生家长做了《关系孩子健康就是关系孩子未来》讲座，受到师生、家长的一致好评，在庆阳三中引起极大的反响，课题组的研究得到庆阳三中领导的肯定，通过系列讲座，使课题组研究实践积累的经验，得以推广。

（三）社会及家长反响

近两年的健康生活方式的养成教育实践研究，提高了学校办学质量，促进了学生良好生活方式的养成。近年来，学生思想品德评价合格率为100%，学生犯罪率为0，没有发生学生欺凌事件，学生带手机进入校园的概率大幅度下降；学生体育课逃学现象没有发生，课间操出勤率100%，校园内乱扔垃圾的现象很少发生，教师在学校抽烟现象几乎没有出现；学生自觉打扫街道、为孤寡老人送温暖蔚然成风。

十、问题讨论

经过近两年的研究，课题组深入调查庆阳三中初中生存在的不良行为，经过课题组的研究和分析，在实验数据的支持下制订详实的研究方案，学习相关的文献与资料的基础上，进行大胆尝试，对庆阳三中初中生进行干预实验，提高了研究水平，课题组成员积极进行实践探究，在学生心理健康、行为方式养成方面做了一些有益的探索，积累了一定的教育教学经验，研究出一些教育方面的做法，提升了教师的教科研能力，有力地促进了学生健康生活方式养成教育，推动了学校教育教学的快速提升，也为健康生活方式教学提供了宝贵经验，达到了预定课题研究的目标。

  课题研究也存在着以下问题：部分学生生活方式根深蒂固，身体状况堪忧，通过教育是无法得到健康的目的；课题研究过程中存在宣传力度不足，没有争取到社会的广泛关注，造成社会配合不太理想；由于庆阳三中心理咨询室，缺少专职心理辅导教师，导致心理辅导不能全面铺开，压力较大，课题组的教师对庆阳三中初中学生心理调查还存在许多不足之处，还需要进行广泛而深入的研究，在制订研究策略和设计探究实践活动时对理论的理解还不够深刻，有些教育教学方式还缺乏理论依据，研究成果收效不够广泛，还不够理想；课题研究经费也比较紧张，没有办法让课题研究人员外出学习，也无能请专家来校指导研究，制约了课题研究；由于课题组研究人员多是从事一线教学的老师，需要他们付出更多的心血，在完成教学任务的同时，还要边实践边总结，既要做好实践者，又要做好理论家。课题组老师本身的任务重、压力大，所以，常有参与研究的老师倍感力不从心。

甘肃省教育科研课题鉴定证书

证 书 号：GSGB[2020]J2588
课题类别：甘肃省教育科学"十三五"规划课题
课题名称：初中生健康生活方式养成研究——以庆阳三中为例
课题负责人：张晓红
课题组成员：尚岚，贺彦博，何新军

本研究课题经专家组评审，通过鉴定，特发此证。

甘肃省教育科学规划领导小组办公室
2020 年 9 月 13 日

甘肃省教育科学规划课题
立项通知单

庆阳第三中学：

经甘肃省教育科学规划领导小组办公室组织专家评审，贵单位李远航老师申报的课题被列为甘肃省教育科学规划课题，现将有关事宜通知如下：

课题名称：智能手机对中学生的影响及对策研究

课题类别：2018 年度甘肃省"十三五"教育科学规划一般自筹课题

课题立项号：GS[2018]GHB3136

课题负责人所在单位要为课题组提供相应的保障条件，确保课题组按时保质完成研究任务，监督课题组规范使用下拨的课题经费，督促课题组一个月内组织开题。

2018 年 7 月 23 日
办公室

智能手机对中学生的影响及对策研究

开题报告

一、课题提出的背景意义

随着生活水平的改善，手机的普及率开始升高，而且使用者范围也开始扩张。10年前，拥有一部属于自己的手机，是一件很了不起的事，而且，还是大人们的事而已。但是今天，伴随网络技术的发展，越来越多的中学生都带上了手机，而且游戏、QQ、微信、购物、直播、小说……多样的手机功能使其不仅仅局限于一个通话的工具了。

有了手机，千里之外的父母可以随时和子女聊天视频；同学之间、师生之间可以通过信息互诉苦恼；学习上的困惑除了问老师还可以自己到网上寻求解答；精彩的瞬间、珍贵的画面也可以随时和最好的朋友分享。手机缩短了世界的距离，也拉进了人心的距离，方便了我们的生活。但一些问题也不容我们忽视，青少年身心正处于成长的关键阶段，好奇心重，缺乏自制力。本来用于通信联络的工具，渐渐变成了娱乐的工具。课堂上听歌、玩游戏、看小说、看视频等现象屡见不鲜。而且往往老师提醒多次、批评多次，仍然无法控制自己，为此有人将手机称之为"电子毒品"。对于学生手机的有效管理已经刻不容缓。

二、核心概念界定

智能手机，是指像个人电脑一样，具有独立的操作系统，独立的运行空间，可以由用户自行安装浏览器、游戏、导航等第三方服务商提供的软件，并可以通过移动通讯网络来实现无线网络接入的手机类型的总称。其具有便于携带、易于操作、网络功能强大的优点。

中学生，是指接受中等基础教育，年龄一般13—18周岁的学生。他们的生理发展极为迅速，但心理发展速度相对缓慢，其心理发展呈现出矛盾性的特点。他们处于成长的黄金季，好奇心极强，极易接受新事物并受到新事物的影响。

教育无痕，是指在教育孩子的过程中，教无定法、不留痕迹、善教无伤，即无论采取哪种教育方法，受教者越是感受不到施教者的意图，其教育效果也就越大；无论哪种教育方法，都不能简单粗暴，强禁硬堵。教育无痕主张用疏导的方法解决"禁"和"堵"不能解决的问题。

三、省内外同类课题研究状况

关于学生使用手机的课题研究有很多，对于学生使用手机的利弊分析也很透彻，大家也基本达成共识：手机禁不了，必须加强引导和管理。对于手机的管理各类课题研究的也很多，研究涉及小学、初中、高中、大学各个学习阶段。不同的学习阶段、不同的学习环境、不同的社会环境，使用手机的情况不同，那么管理手机的手段也会有所不同。什么方法才是最有效的、最适合的，只能在实践中因地制宜，不断探索。

四、课题意义

据调查，我校及周边学校拥有手机的学生在90%以上。智能手机给中学生与他人交流与沟通带来了便利，也给上网浏览信息带来了方便；同时我们痛心地看到智能手机更新及时的碎片化信息，使更多学生变成了"手机控"，严重影响到中学生做事的"专注力"，更有部分学生沉迷于网络游戏、网络小说不能自拔，智能手机正在与书本争夺中学生的青春年华。中学生过度使用手机已严重影响到其身心健康，使其荒废青春、贻误学业。科学引导中学生合理使用手机，对促进他们健康成长、全面发展具有重要的现实意义。

五、课题研究价值

消除攀比心理，树立正确地价值观。我校处于城乡结合部，据初步调查，农村学生的手机普遍比较高档，一是攀比心理作祟，二是网络游戏需要大内存、高运行速度的手机。帮助学生树立正确地价值观，消除攀比心理是解决中学生过度使用手机的有效途径之一。

疏堵结合，提高管理的有效性。各地各校在防治中学生过度使用手机问题上普遍重"堵"和"禁"，不重疏导。在通信和网络飞速发展的时代，完全禁止中学生使用手机已不现实。我们认识到，采用"疏"与"堵"结合的策略，变害为利，正确引导中学生合理使用手机是防止中学生过度使用手机的科学合理措施。

教育无痕，提高管理的易受性。教育意图隐蔽性越好，受教育者越易于接受。本课题组拟通过学校法制处、教研室等部门广泛开展"智能手机对中学生的负面影响的调查研究"为题的学生研究性学习活动，让学生亲历教育情境，亲自感知和认识过度使用手机的危害，从而完成自我教育，最终使我们的教育与管理达到"教育无痕"，润物无声的目的。

畅通管理渠道，构建三方"管理共同体"。中学生过度使用手机问题难管，其根本在于家长对问题认识不足，过分溺爱孩子；在于中学生自律意识不强，没有真正认识到手机带来的危害；在于学校管理方法简单粗暴，缺乏沟通。本课题组拟将中学生使用手机情况写成调查报告，在学生家长会上充分交流沟通，最终让家长、学生、学校达成共识，形成学校科学管理、学生自我管理、家长配合管理，构建"三防管理共同体"。

六、课题研究的基本方法

1. 文献研究法。查找省内外各类研究资料、论文、案例等，进行分析总结，为课题研究提供理论依据和研究思路。

2. 调查研究法。对学生使用手机的情况进行问卷调查，从数据中找到规律，对家长进行电话调查，了解家长对学生使用手机的看法及要求，为手机的有效管理指明方向。

3. 对比研究法。在调查研究的基础上，分组对具有代表性的学生尝试不同管理方法，并进行进行追踪对比分析，寻求最合适有效的管理办法。

七、课题组成员分工及预期研究成果

课题组成员共4人，预期1年内完成课题研究。李远航负责拟定课题研究计划，制订人员分工，负责课题的申报、过程安排、结题等工作；殷小华、杨贵新负责课题研究过程的资料收集分析，并形成一定的理论成果和科研论文；原永峰负责问卷调查整理分析，及时了解研究对象的心理波动及情绪反馈，并形成调查报告。具体研究安排如下：

主要阶段性成果（限报10项）

序号	研究阶段（起止时间）	阶段成果名称	成果形式	负责人
1	2018-07\2018-09	课题研究方案及计划	方案与计划	李远航
2	2018-09\2019-10	中学生使用智能手机的现状调查分析	调查报告	原永峰
3	2018-10\2018-12	智能手机对中学生主要的影响及对策研究开题	开题报告	李远航
4	2019-01\2019-03	智能手机对中学生主要影响及对策研究	论文	李远航
5	2019-04\2019-06	中学生合理使用智能手机的引导与管理实践	实施方案	殷小华
6	2019-06\2019-07	实施方案的反馈、修正与评价	评价报告	杨贵新
7	2019-08\2019-11	智能手机对中学生的影响级对策研究课题总结	研究报告	李远航

最终研究成果（限报3项，其中必含研究报告和系列研究论文）

序号	完成时间	最终成果名称	成果形式	负责人
1	2019年3月	智能手机对中学生主要影响及对策研究	论文	李远航
2	2019年5月	中学生合理使用智能手机的引导与管理	管理案例	原永峰
3	2019年12月	智能手机对中学生的影响及对策研究报告	研究报告	李远航

八、课题研究目标及内容

（一）研究目标

1.有效促成家长、学生、学校的共识共建，构建科学规范的管理体系。

2.确保中学生科学合理的使用智能手机，促使其全面发展与健康发展。

（二）研究内容

1.中学生使用智能手机现状的调查分析。

2. 国内外对中学生使用智能手机管理的比较研究。

3. 对中学生使用智能手机管理规范化学校的管理系统进行研究。

4. 家长、学生、学校"管理共同体"的研究。

九、研究假设和创新点

（一）研究假设

1. 教育管理是有规律可循的。中学生具有参与意识强和可塑性强的特点，根据中学生的心理特征可寻找出科学规范的管理方案。

2. 科学规范的管理方案能恰当引导中学生合理使用智能手机，变害为利。以尊重沟通为前提，以引导为方法，能在家庭、学生和学校之间架起一座爱的桥梁。

（二）拟创新点

1. 教育无痕。在学生中开展以"智能手机对中学生负面影响的调查研究"为题的研究性学习活动，让学生广泛参与调查研究、对比分析和自我反思，在管理与自我管理中达到教育效果的升华。

2. 构建"家庭、学生、学校管理共同体"，管理渠道畅通、效果持久。

3. 心理干预。对个别"网瘾"学生通过专业心理干预促其转变。

十、研究思路

通过广泛的调查，掌握我市范围内中学生使用手机和有关方面的管控现状；大量查阅网络资料和文献资料，借鉴国内外的先进经验；通过各种形式，与学生家长进行广泛沟通，争取家长配合；以研究性学习为载体，广泛发动学生积极参与；制定《中学生合理使用智能手机的引导与管理实践方案》并进行案例分析，最终形成有效的管理机制。

十一、研究方法

1. 文献法：通过文献研究，为本课题的研究提供理论支撑和技术指导。

2. 比较研究法：通过城市中学和乡村中学、高中和初中、示范性学校与普通学校、同类兄弟学校等在防治中学生沉迷网络和智能手机方面的管理制度、防治措施、实施细则等的对比中，总结更加科学、合理、有效的策略。

3. 调查法：通过命制科学的调查问卷，分类分层发放调查问卷，在大量问卷调查的基础上获取最新动态数据，为分析问题、解决问题提供准确详实的依据。

4. 案例分析法：通过对研究过程中的案例分析，归纳问题的普遍性和个案性，为解决问题提供依据。

5. 行动研究法：依照"实践—认识—再实践—再认识"的规律，不断总结、不断改进，使课题成果具有针对性和适用性。

十二、实施步骤

（一）准备阶段（2018年3月—5月）

1. 查阅文献、收集国内外最新研究成果资料，结合本校及本地区实际进行课题可行性分析。（2018年3月—4月）

2. 申请立项。（2018年5月）

（二）实施阶段（2018年6月—2019年12月）

1. 确定课题具体目标和任务，制订课题计划。（2018年6月）

2. 撰写开题报告，组织论证并开题。（2018年7月—2019年6月）

3. 制订课题实施方案，并组织实施。（2019年7月—10月）

4. 课题实施方案的反馈、修正和评价。（2019年11月—12月）

（三）总结阶段（2020年1月—5月）

1. 收集、整理课题材料。（2020年1月—2月）

2. 评价反思。（2020年3月—4月）

3. 撰写研究报告，申请结题。（2020年5月）

十三、技术路线

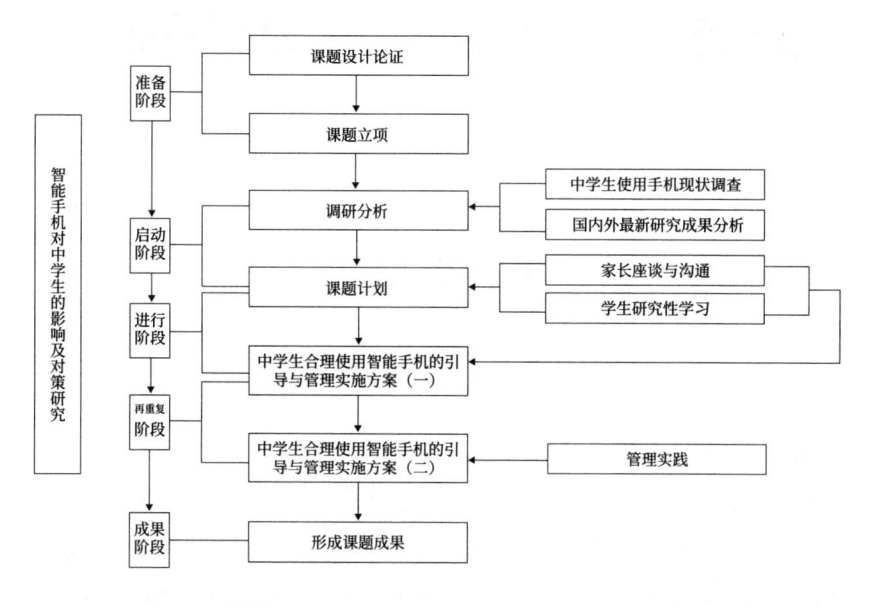

```
                  ┌─准备阶段──→ 课题设计论证
                  │              ↓
                  │           课题立项
                  │              ↓
智能手机对         ├─启动阶段──→ 调研分析 ←── 中学生使用手机现状调查
中学生的                         ↓        ←── 国内外最新研究成果分析
影响及对策         ├─进行阶段──→ 课题计划 ←── 家长座谈与沟通
研究                              ↓        ←── 学生研究性学习
                  │        中学生合理使用智能手机的引
                  │        导与管理实施方案（一）
                  ├─再重复阶段→    ↓
                  │        中学生合理使用智能手机的引 ←── 管理实践
                  │        导与管理实施方案（二）
                  │              ↓
                  └─成果阶段──→ 形成课题成果
```

十四、完成课题的保障条件

资料保障：学校图书馆的资料随时开放，课题需要征订的相关文献、资料等，学校全力支持。

管理保障：课题纳入学校教研室及市区教研室统一管理，按课题管理制度开题、实施与结题。经费保障：根据学校教研工作条例，对课题按规定拨付经费。时间方面：课题参加人主要为一线教师，熟悉学生生活状态，利于和学生交流沟通，充分利用德育课堂与课余时间，能够保证课题研究的实施。

人员保障：课题参与人员专业性强，研究能力强，且分工明确，能够保证课题研究的顺利实施。

单位保障：课题研究单位为"市级示范性高中"，地处庆阳市中心，交通便利，课题辐射性强。

智能手机对中学生的影响及对策研究

研究总报告

摘要：随着时代的发展和经济社会的进步，智能手机已成为一部具有独立操作系统，独立运行空间，可以由用户自行安装软件、游戏、导航等第三方服务商提供的程序，并可以通过移动通讯网络来实现无线网络接入的多媒体综合运用工具。它已经被越来越多的人所使用，中学生使用智能手机的人数也在急剧上升。中学生使用智能手机对其学业负面影响也越来越突出，个别中学生智能手机成瘾问题已经引起了社会的广泛关注。面对智能手机对中学生的危害，家长、学校、社会应积极应对，建立起"三方教育共同体"应对中学生手机成瘾问题，努力摆脱手机对中学生的危害，努力修好学业。

在本课题的研究性学习中，课题组带领高一（3）班研究性学习小组把课题锁定在手机对中学生的影响上。本文通过以庆阳市中学生为个案（不包括初三和高三两个年级），调查了中学生的手机使用情况，分析他们的手机的主要用途。最后呼吁：21世纪是知识经济和信息化的时代，尽管智能手机对中学生的学习和生活会带来负面影响和危害，但是，学校围墙已经无法阻隔以智能手机为代表的网络信息的渗透。因此，在高度信息化时代，要想使学生健康快乐地成长，除了政府对绿色网络的强力监管之外，主要是家庭和学校应主动迎接中学生携带并使用智能手机的挑战，充分利用智能手机的特点，及时更新家庭教育方法和德育观念，优化德育环境，拓展德育模式，建构适应信息时代特点的学校德育新框架和新模式。真正建立起以学校、家庭、社会为主的"三方教育共同体"，以哲学"矛盾论"的辩证方法解决中学生使用智能手机的"堵与疏"问题。

关键词：中学生；智能手机；成瘾行为；三方教育共同体

一、核心概念界定

智能手机，是一部具有独立操作系统，独立运行空间，可以由用户自行安装软件、游戏、导航等第三方服务商提供的程序，并可以通过移动通讯网络来实现无线网络接入的多媒体综合运用工具。其具有便于携带、易于操作、网络功能强大的优点。

中学生，是指接受中等基础教育，年龄一般13—18周岁的学生。他们的生理发展极为迅速，但心理发展速度相对缓慢，其心理发展呈现出矛盾性的特点。他们处于成长的黄金季，好奇心极强，极易接受新事物并受到新事物的影响。

教育无痕，是指在教育孩子的过程中，教无定法、不留痕迹、善教无伤，即无论采取哪种教育方法，受教者越是感受不到施教者的意图，其教育效果也就越大；无论哪种教育方法，都不能简单粗暴，强禁硬堵。教育无痕主张用疏导的方法解决"禁"和"堵"不能解决的问题。

二、国内外研究现状

一些发达国家认为：学生带手机进校园相当于把网吧搬进了校园，毒害青少年。一些西方发达国家及重要发展中国家严格禁止中学生带手机进校园。2018年4月20日，教育部办公厅下发了《教育部办公厅关于做好预防中小学生沉迷网络教育引导工作的紧急通知》，引发广泛关注。

各地中小学均采取措施预防中学生过度使用手机，由于大都采取"禁"与"堵"的手段，不注重正确疏导，因而收效欠佳，且引发的悲剧事件时有发生。因此，研究如何科学有效防治学生"手机控"现象迫在眉睫。

三、选题意义

据调查，我校及周边学校拥有手机的学生在90%以上。智能手机给中学生与他人交流与沟通带来了便利,也给上网浏览信息带来了方便;同时我们痛心地看到智能手机更新及时的碎片化信息,使更多学生变成了"手机控",严重影响到中学生做事的"专注力",更有部分学生沉迷于网络游戏、网络小说不能自拔,智能手机正在与书本争夺中学生的青春年华。中学生过度使用手机已严重影响到其身心健康,使其荒废青春、贻误学业。科学引导中学生合理使用手机,对促进他们健康成长、全面发展具有重要的现实意义。

四、研究价值

消除攀比心理,树立正确地价值观。我校处于城乡结合部,据初步调查,农村学生的手机普遍比较高档,一是攀比心理作祟,二是网络游戏需要大内存、高运行速度手机的需要。这种攀比心理导致中学生人人有手机,个个都高档。帮助学生树立正确地价值观,消除攀比心理是解决中学生过度使用手机的有效途径之一。

疏堵结合,提高管理的有效性。各地各校在防治中学生过度使用手机问题上普遍重"堵"和"禁",不重疏导。在通信和网络飞速发展的时代,完全禁止中学生使用手机已不现实。我们认识到,采用"疏"与"堵"结合的策略,变害为利,正确引导中学生合理使用手机是防止中学生过度使用手机的科学合理措施。

教育无痕,提高管理的易受性。教育意图隐蔽性越好,受教育者越易于接受。本课题组拟通过广泛开展"中学生使用智能手机的利与弊调查研究"为题的学生研究性学习活动,让学生亲历教育情境,亲自感知和认识过度使用手机的危害,从而完成自我教育,最终使我们的教育与管理达到"教育无痕",润物无声的目的。

畅通管理渠道,构建三方"管理共同体"。中学生过度使用手机问题难管,其根本在于家长对问题认识不足,过分溺爱孩子;在于中学生自律意识不强,没有真正认识到手机带来的危害;在于学校管理方法简单粗暴,缺乏沟通。本课题组将中学生使用手机情况写成调查报告,在学生家长会上充分交流沟通,最终让家长、学生、学校达成共识,形成学校科学管理、学生自我管理、家长配合管理,构建"三方管理共同体"。

五、研究目标及内容

（一）研究目标

1. 有效促成家长、学生、学校的共识共建，构建科学规范的管理体系。
2. 确保中学生科学合理的使用智能手机，促使其全面发展与健康发展。

（二）研究内容

1. 中学生使用智能手机现状的调查分析。
2. 国内外对中学生使用智能手机管理的比较研究。
3. 对中学生使用智能手机管理规范化学校的管理系统进行研究。
4. 家长、学校、社会"管理共同体"的研究。

六、研究创新点

1. 教育管理是有规律可循的。中学生具有参与意识强和可塑性强的特点，根据中学生的个性心理特征可寻找出科学规范的管理方案。

2. 科学规范的管理方案能恰当引导中学生合理使用智能手机，变害为利。以尊重沟通为前提，以引导为方法，能在家庭、学生和学校之间架起一座爱的桥梁。

3. 教育无痕。在学生中开展以"智能手机对中学生负面影响的调查研究"为题的研究性学习活动，让学生广泛参与调查研究、对比分析和自我反思，在管理与自我管理中达到教育效果的升华。

4. 构建"家庭、学生、学校管理共同体"，管理渠道畅通、效果持久。

5. 心理干预。对个别"网瘾"学生通过专业心理干预促其转变。

七、研究思路

通过广泛的调查，掌握我市范围内中学生使用手机和有关方面的管控现状；大量查阅网络资料和文献资料，借鉴国内外的先进经验；通过各种形式，与学生家长进行广泛沟通，争取家长配合；以研究性学习为载体，广泛发动学生积极参与；制定《中学生合理使用智能手机的引导与管理实践方案》并进行案例分析，最终形成有效的管理机制。

八、研究方法

1. 文献法：该课题近年来成为热门话题，本课题组通过对普通中学、职业中学以及高等院校已经发布的文献的研究，为本课题的研究提供理论支撑和技术借鉴。

2. 比较研究法：通过城市中学和乡村中学、高中和初中、示范性学校与普通学校、同类兄弟学校等在防治中学生沉迷网络和智能手机方面的管理制度、防治措施、实施细则等的对比中，总结更加科学、合理、有效的策略。

3. 调查法：通过命制科学的调查问卷，分类分层发放调查问卷，在大量问卷调查的基础上获取最新动态数据，为分析问题、解决问题提供准确详实的依据。

4. 案例分析法：通过对研究过程中的案例分析，归纳问题的普遍性和个案性，为解决问题提供依据。从庆阳三中高二年级中选取了3位沉迷手机较深的学生作为采访对象（匿名采访，不透露学生任何信息）。通过与他们的谈话，进一步了解他们沉迷于手机的原因，对他们的思想和行为都有一个比较细致的了解，获取第一手数据，为帮助他们转变观念，合理利用网络，打下了一个坚实的基础。

5. 行动研究法：依照"实践—认识—再实践—再认识"的规律，课题组通过前后两次问卷调查，不断总结、不断改进，使课题成果具有针对性和适用性。

九、课题研究的具体实施

（一）课题研究计划制订

课题研究的主要过程和活动为确保课题研究工作扎实有效的开展，课题组认真制订各个阶段的研究计划，并依计划扎实开展课题研究工作。

第一阶段：准备阶段（2018年7月—2018年10月）

1. 撰写开题报告，向学校教研室申请组织"庆阳三中2018年省级立项课题开题仪式"。

2. 动员课题组成员广泛搜集和学习国内外有关期刊文献、硕博学位论文、专著、教材和国家及地方教育管理文件，进一步为课题研究寻找科学的理论支撑和思想准备。

3.在大量理论学习的同时，认真撰写心得体会，为课题研究做行动准备。

4.根据学习和心得体会，组织课题组成员讨论并设计有针对性的前期调查问卷，进一步为课题研究的目标和内容明确方向。

第二阶段：实施阶段（2018年11月—2019年12月）

1.组织进行各学校学生、家长前期问卷调查。

2.整理分析并撰写前期调查问卷分析报告。

3.组织学生进行"智能手机对中学生的影响及对策研究"子课题研究性学习。

4.多场次组织关于"中学生携带智能手机的利与弊"学生辩论会。

5.案例分析报告。

6.撰写课题研究中期报告。

7.撰写课题研究论文。

8.设计后期调查问卷。

第三阶段：总结阶段（2020年1月—2020年6月）

1.制订总结阶段月活动安排。

2.完成后期调查问卷分析报告的撰写。

3.完成课题研究工作报告和课题研究结题报告。

4.依照甘肃省课题研究结题要求，整理资料，按时上报。

第四阶段：展示宣传阶段（2020年5月—2020年6月）

1.借助学校展板、学校网站、学校广播等多种渠道对本课题研究成果进行推广与宣传。

2.通过"家长进课堂"活动和召开家长会的机会，向学生家长开展"增强家校合理，抵制网络成瘾，科学使用手机，助我成长成才"的宣传活动。

（二）课题研究计划执行情况

1.课题组调查范围广，基础信息详实。一是本课题受到了本市兄弟学校的大力支持，课题组成员先后对本校高中部学生和庆阳一中、庆阳二中、庆阳六中、北京师范大学庆阳附属学校等学校的学生进行了问卷调查；二是课题组认真走访了上述学校管理层，详细调研了各个学校在学生手机管理方面的做法和实效；三是课题组认真查阅了庆阳市各县区教育局关于学生手机管理方面的相关文件和规定。通过上述行动，课题组全面掌握了庆阳市8县区教育主管部门和各学校在学生手机管理方面的成功经验和困难，以持续努力改进的策略，为课题研究进一步明确了方向和实用价值。

2.调查问卷设计科学，问题指向明确。课题组在设计调查问卷时，字斟句酌，充分考虑调查对象的心理因素和认知能力，坚决避免问题指向不明、针对性不强和概念模糊等弊端。比如在设计问题"携带手机会不会影响学习？"时，究竟用"使用手机"还是"携带手机"，课题组进行了谨慎地选择；通过问题"你认为手机对你来说很重要吗？"，课题组主要想了解学生对于手机的心理依赖和心理需求。在第二阶段问卷调查"你认为学校应该如何来对待学生携带手机？"时，课题组主要想了解学生对于学校在学生手机管理中的认知心理和参与管理情况等。

3.课题研究活动丰富，价值取向积极。课题组先后在各个学校开展了辩论赛、演讲赛、研究性学习、家长进课堂等活动，给学生搭建了广开言路、倾吐心声的平台，使学生在活动中充分展现他们积极的价值取向，家长充分了解学校在学生手机管理方面的积极努力。庆阳三中高一学生何丽娟在演讲中引用了周国平《把我们自己娱乐死》一文中的观点，她说："美国文化传播学家波兹曼《娱乐至死》是一篇声讨电视文化的檄文，而我们有些同学今天整天沉迷于手机游戏，难道不是"温水煮青蛙"，把自己娱乐死吗？"庆阳三中高三级学生周璇在辩论赛中说："毁掉我们的，正是我们所依赖的；而真正让我们进步的，是打败我们所依赖的东西。"高一学生张秀在研究性学习自评中说："通过这次学习,同学们很好的认识了中学生带手机的利与弊。"李彦平在心得体会中说"我学到了很多东西，我深刻地认识到手机在我学习和生活中的利与弊。""家长进课堂"活动中，一位家长在参加完主题班会时说："学校在孩子带手机方面的管理和疏导，使我们倍感欣慰，我们一定会好好配合，做好孩子的思想工作。"

4.学校重视课题研究，助推课题研讨。庆阳三中在教师课题研究方面支持力度非常大，为课题组提供一切必要的帮助。2019年11月，学校推荐本课题组负责人赴扬州大学参加了甘肃省"国培计划（2019）"中小学法制教育培训者培训项目，课题组负责人有幸与全省兄弟学校和专家学者，就中学生携带智能手机的话题进行了广泛深入的研讨，使课题组开阔了视野，注入了新鲜血液。同时，在课题组的建议下，学校安排了围绕"中学生带手机"为话题的系列主题班会课，包括"中学生携带智能手机的利与弊"、"中学生使用手机的危害""中学生应该如何使用手机"等，在全校学生中展开大范围讨论，使学生从思想认知层面提高认识，从而自觉养成合理使用手机的良好习惯。

十、课题研究成果

（一）智能手机对中学生的影响及对策研究分析

2018年4月，教育部下发《关于做好预防中小学生沉迷网络教育引导工作的紧急通知》，要求学校加强对学生使用手机的管理工作、全面排查学生沉迷游戏等问题。同时下发《致全国中小学生家长的一封信》，呼吁家长承担起对孩子的监管职责，积极参与预防学生网瘾工作。然而上有政策，下有对策。教育部的紧急通知在落实过程中还存在不少困难，与学生"斗智斗勇"成为不少一线教师的常态。

"教育部下发紧急通知之后，学校很快就转发给了全体家长。一直以来，学校都很重视对学生使用手机的管理，尤其是对于因此而出现的沉迷游戏等问题的管理。但在和家庭配合引导方面，还存在一些问题，甚至有家长把给孩子玩游戏、购买虚拟货币作为奖励。因此，究竟如何解决学生玩手机而沉迷网络游戏的问题，学校也很困惑。"首都师范大学附属丽泽中学校长张曙光说。

本课题组针对本地区的实际情况经过2年的深入探究，初步形成了如下研究成果。

（二）智能手机对中学生的影响

1.中学生使用智能手机具有普遍性随着我国经济社会的迅速发展，人民对日益增长的物质和精神需求不断提高，通讯及电子产品已经走进了千年万户，几乎达到了完全普及的程度。2018年8月20日，中国互联网络信息中心（CNNIC）发布第42次《中国互联网络发展状况统计报告》，报告显示截至

2018年6月，我国网民规模达到8.02亿，其中手机网民规模达到了7.88亿，占据了网民数量的98.25%。

而笔者在做《智能手机对中学生的影响及对策研究》的课题过程中，在对甘肃省庆阳市4所普通高中（这4所学校都严禁学生随身携带智能手机）300名学生的问卷调查中发现，100%的学生都有过使用智能手机的经历，98.7%的学生都曾经拥有过属于自己的智能手机，87.6%的学生现在拥有自己的智能手机，34.6%的学生随身携带手机。

通过对以上数据的对比分析和测算，我市普通中学学生使用智能手机相当普遍，如果学校和家庭不加以限制，中学生携带智能手机率可达100%。

2.中学生使用智能手机具有一定的成瘾性，且有些仅凭自身已经无法控制。本文所讲的中学生智能手机成瘾行为正是"电子游戏成瘾"和"网络成瘾"的结合，特指智能手机的成瘾和依赖行为。根据笔者课题组的调查，48.6%的中学生认为自己目前的生活离不开手机，没有手机会觉得上课思想不集中，情绪郁闷烦躁，精神消极萎靡，对老师有抵触情绪，这种表现是典型的手机成瘾行为。

（三）智能手机对中学生的危害

1.危害到中学生的心理健康。中学生的身心特点和个性特点，使他们无法约束和控制自己的上网行为，无法抵御网络虚拟世界的诱惑。因此，智能手机强大的网络功能极易使中学生的心理健康受到严重危害。近年来，由于"手机控"引发的中学生情绪抑郁、离家出走、自杀等悲剧时有发生，导致家庭、学校、社会出现不和谐、不稳定因素。有的中学生上不良网站，看不良视频等，严重影响中学生的正确价值观，也有导致犯罪的隐患。

2.危害到中学生的价值取向。中学生身心发育还未成熟，处于青春萌动期，思想和心理比较单纯，好奇心和求知欲很强，但判断力和控制力欠缺，世界观和价值观处于形成期；而手机网络信息无所不包，良莠不齐，特别是一些网络噱头、垃圾信息对中学生形成极大诱感。因此，在纷繁的手机网络世界里，中学生极易陷入浑浊的旋涡，扭曲世界观，偏离正确地价值取向。

3.危害到中学生的人际交往。2018年10月12日，初三级女生C某家长向学校法制处书面举报，孩子近期经常受到微信好友"阳光男孩"索要照片等骚扰和威胁。C某性格内向但好强，学习成绩优异，为了舒缓学业压力，不慎与"阳光男孩"在网上聊天，从而"引火上身"。类似事件在中学生中间时有发生，更有个别女学生约见网友，结果身心受到巨大伤害。有的中学生因为虚拟交往，对家长和老师抵触叛逆，与同学关系僵化，导致出现人际交往恐惧症。

4. 危害到中学生的学业和前途。据笔者课题组调查，100%的老师认为中学生携带智能手机对学习有严重影响，95.8%的家长有同样看法，82.6%的中学生承认自己曾经在课堂上有过发信息、拍照片、玩游戏的行为，88.5%的中学生承认自己曾经用手机熬夜聊天、玩游戏、浏览各种网页。这些数据和信息足以说明，智能手机对中学生的学业影响非常大，特别是对于毕业班学生，面临中考和高考，一旦功亏一篑，终生遗憾。

5. 危害到中学生的身体健康。众所周知，长时间使用手机打电话会使听力下降，而长时间盯着手机屏幕会造成视力下降，手指抽筋，颈椎劳损等症状，这些会严重影响学生的身体健康。

（四）正确应对中学生使用智能手机的策略

1. 强化学校的育人功能，提升中学生的网络素质

①开设丰富多彩的校本课程，引导学生充分张扬个性，施展才华。笔者课题组所在学校近年来通过开设形式多样、内容丰富的校本课程，吸引学生广泛参与，如科技创新、机器人研制、趣味物理、趣味化学、地球脉动、史学讲坛、时政解读、文学沙龙、手工制作、曲艺进校园、书画人生等二十多种校本课程。通过校本课程，让学生将沉迷于智能手机的那部分剩余精力投入到有意义的学习活动中来，让学生玩网络游戏的那部分课余时间变得更加丰富多彩。同时，校本课程可以最大限度地满足每个学生的兴趣爱好，让不同学生的个性特长和潜力得到最大化的培养和开发；为他们搭建施展才华的平台，从而转移他们对智能手机的依赖思想。

②完善学校管理制度，规范学生使用智能手机管理。通过校委会、家委会、学委会"三方管理共同体"达成共识，制定严格的学校管理制度，明确学校对学生使用智能手机的规定。通过组织全体学生认真学习制度，树立制度的严肃性；通过对违规违纪使用智能手机学生的教育，树立制度的震慑性；

通过对"手机成瘾症"学生的帮教,突出学校制度的人文性。刚柔并济,使学生从心理上认识到智能手机对自身的危害性。

③完善学校心理健康教育功能,塑造学生健康的人格品质。学校要与时俱进地加强心理健康教育师资队伍建设,及时跟进设施装备,强化心理健康教育。密切关注"特异学生"(包括离异家庭子女、单亲家庭子女、留守子女、性格内向和"学困生")的心理健康状况,最大限度地发挥各种心育阵地作用,通过系列化的疏导和教育活动,使他们了解自我、悦纳自我、调控自我、实现自我,超越自我;努力促进学生身心健康发展,提高学生的心理素质,培养学生的良好心理品质,从而避免学生沉溺于智能手机的网络世界。

④普及网络知识,促进网络教育。通过学校网络中心开设的信息技术课程,全面普及网络知识,促进网络教育,引导学生树立正确的手机上网观念,提升他们使用网络的素质。

2. 强化家长教育培训,家长带头杜绝"手机控"

加强家长学校建设,通过"家委会""家长会"等渠道,加强家长教育能力培训。当前,"独生子女"教育难成为许多家长的困惑,而"教育孩子首先要教育家长"成为教育界许多有识之士的共识。因此,作为"人类文明传播基地"的学校要与时俱进地承担起素质教育工程的时代重任,积极开展家长教育培训,提高家长自身素质,强化家长的教育责任感;提升家长的教育水平和能力,创建和谐温馨的家庭环境。只有在充满正能量的家庭环境里,家长带头杜绝"手机控",做好孩子良好行为习惯的示范者和引领者,才能有效防治智能手机和虚拟网络对孩子的影响和危害。

3. 强化政府部门网络监管能力,提供良好的网络空间

面对信息化时代和"网络$^+$"时代的来临,政府部门要迅速形成有效的控制网民健康科学上网的策略和制度,建立健全法律法规,制定出行之有效的惩处措施;对手机网络运营商不健康的信息进行有效监控和过滤,净化手机网络空间;加大网络市场监管力度;规范和引导网络娱乐产业研发适合并吸引中学生寓教于玩的趣味游戏,激励学生奋发向上,朝正确的人生轨迹发展,防止中学生手机上网成瘾。

（五）基本观点总论

21世纪是知识经济和信息化的时代。尽管智能手机对中学生的学习和生活会带来严重影响和危害，但是，在高度信息化时代下，学校围墙已经无法阻隔以智能手机为代表的网络信息的渗透。因此，在高度信息化时代，要想使学生健康快乐地成长，除了政府对绿色网络的强力监管之外，主要是家庭和学校应主动迎接中学生携带并使用智能手机的挑战，充分利用智能手机的特点，及时更新家庭教育方法和德育观念，优化德育环境，拓展德育模式，建构适应信息时代特点的学校德育新框架和新模式。真正建立起以学校、家庭、社会为主的"三方教育共同体"，以哲学"矛盾论"的辩证方法解决中学生使用智能手机的"堵与疏"问题。

另外，本课题组其他成员发表的与本课题研究相关的论文，这里不再赘加。

十一、课题研究成果的社会影响

1. 随着本课题研究的深入推进，一些符合中学生认知特点的管理方法逐渐被广大中学生所接受。例如，越来越多的中学生认识到携带智能手机对自己所造成的影响，他们愿意配合学校和家长的监督和管理，自觉克服对手机的心理依赖；有些学生自觉将手机放在家里，不带进校园；在非带手机不可的时候，有些学生主动将手机交给老师保管，放学后领取。

2. 一些学校在对中学生手机管理工作中更加理性和人文关怀。庆阳三中和庆阳六中在短时间内重新修订了相关管理制度，庆阳六中甚至在学生违纪处理规定中删除了学生携带及使用手机的相关条款；一些学校不再对中学生带手机进校园采取极端强制措施，不再对学生的手机视为"违禁物品"加以"没收"，而是妥善保管。适当的时候还组织学生使用手机帮助学习。

3. 根据追踪访问，在因疫情影响而进行的学生线上教学活动中，参与课题调查活动学校的中学生普遍手机使用规范，能积极发挥手机网上在线学习的优势，适时充分利用手机进行学习活动。

4. 一些学生家长纷纷反映孩子对手机有了明显的自控能力，沉迷网络游戏的现象有了明显的转变。个别家长反映孩子的"网瘾"有了很大改正。

十二、课题研究中存在的问题及今后研究设想

（一）课题研究中存在的问题

1. 课题组成员均为学校一线骨干教师，教育教学工作量大，承担的教育教学工作任务繁重，未能达到课题组设想的进行更深层次的访谈和调研。例如未能实现和更多"网瘾"较重的学生开展更深层次更大范围的心理咨询，未能和更多的教育主管部门甚至网络监管部门进行深层次的研讨。因此，课题研究的深度和广度距离课题组的设想还有一定差距。

2. 因为智能手机和网络是一对"孪生兄弟"，学生因为网络而成为"手机控"，因为手机而沉迷网络。所以，仅仅研究"学生手机控"的影响和对策而脱离研究网络对学生的巨大诱惑力的前因后果，未免使课题研究存在不充分不完整之嫌。

（二）今后课题研究设想

1. 进一步加强课题研究成果的宣传和推广力度。建立区域兄弟学校学生管理工作微信群，不断推送本课题参研学校在学生手机管理方面的成功案例，为区域兄弟学校提供借鉴，改善目前简单粗暴的管理现状是本课题组今后工作的基本设想。

2. 中国特色社会主义初期阶段的主要矛盾是"人民日益增长的美好生活需要和不平衡不充分的发展之间的矛盾"。包括中学生在内的广大消费者紧随时代发展的步伐进入"互联网⁺"和5G时代，正是对美好生活的一种基本需要。但是，在这样一个伟大的时代，学校和家庭面对学生携带和使用智能手机而一味地采取"严防死守、围追堵截"的方式，已经脱离了时代发展的规律。这种发展不平衡不充分的传统的管理理念和管理手段等，严重禁锢了学生利用网络这种快捷高效的学习平台的使用。所以与时俱进地发展学校的硬件和软件建设、更新学校的管理理念和手段成为本课题今后的最大追求。

参考文献

[1]《学生使用手机现象的省思》.钱镇宇.《青少年犯罪问题》，2004年6月.

[2]《中学生使用手机情况调查及建议》，洪环宁，曹秋秋，赵新宇.《新课程学习：基础教育》，2013年2月.

[3]《浅谈中学生使用手机的隐患及管理对策》.赵家顺.《东方教育》，2015年1月.

[4]《新班主任》（月刊），王玉梅主编.《心理学》，湖北教育出版社章志光等编.人民教育出版社，1992年版.

[5]《现代教育思想专题》.袁桂林主编.东北师范大学出版社,1999年版.

[6]中学生手机上网成瘾令人忧[N].林翠慧.闽东日报,2013424.

[7]中学生网络成瘾问题研究综述[J].瞿鸿雁，王晓宇.和田师范专科学校学报，2010（3）.

[8]青少年如何从网瘾中"破茧而出"[J].彭亚.法制与经济，2009219，2018年11月15日.

甘肃省教育科研课题鉴定证书

证 书 号：GSGB[2020]J2587
课题类别：甘肃省教育科学"十三五"规划课题
课题名称：智能手机对中学生的影响及对策研究
课题负责人：李远航
课题组成员：原永峰，殷小华，杨贵新

本研究课题经专家组评审，通过鉴定，特发此证。

甘肃省教育科学规划领导小组办公室
2020 年 9 月 18 日